阅读 你的生活

仪式过程

结构与反结构

[英] 维克多·特纳 ◎ 著

柳博赟 ◎ 译　　黄剑波 ◎ 审校

中国人民大学出版社

·北京·

本译著为北京语言大学英联邦国家研究中心成果

谨以此书纪念阿伦·洪博格

（Allan Holmberg）

序 一

维克多·特纳（1920—1983）不仅是一位伟大
的教师和学者，也是一位明星级的表演艺术家，他
在生命最后 20 年活力四射的学术巡演里进行了杰
出的表演。他能言善辩，谈吐中旁征博引，纵横捭
阖，细致入微，听者常常被他震得目瞪口呆。特纳
出身于苏格兰的一个戏剧世家（他的母亲是位演
员），有着模仿——有的时候甚至是引人发笑的模
仿——他人举手投足以及面目表情的才能。他在谈
话的时候，常常提到格拉斯哥，他童年的故乡。但
他是在曼彻斯特大学做政治性著述的时候，才一方
面接受了牛津、剑桥味十足的英式学术教育，另一
方面发展了他自己工人阶级式的谈吐方式。在曼彻
斯特大学，他进一步深造，在戏剧化的自我表现
（self-presentation）上有了变化。

有一些观点使初次涉足这一领域的人满怀期

望，想看到一些极富个人魅力的表现，而这些观点特纳十分赞同。在进行自我表现的时候，如果他觉得观众把这些看得过于严肃，就会不断扮演插科打诨或滑稽逗乐的角色。他确实可以被看作一个学术界的杂耍艺人——但是这位杂耍艺人有本事与同样老道练达的人结下深厚的友谊，并且别人不用非得把他奉为先知或巨星。对于那些从群体经历状况中提升出来的观点，他可以洋洋然自得其乐地欣赏并享受之，以至于他情愿扮演耽于宴乐的大师，也不愿被当作师尊（guru）。

vi   特纳最为深切关注的，就是有没有趣、好不好笑、开不开心。他在仪式中看到了"众神所做的工作"是如何进行的——但是"工作"的意思仅仅限于一个群体怎样发展出某些方式，来对共同的力量进行引导，并为这种行为赋予道德的意义。正是如此，他发现，在限制范围的社区中，比如赞比亚的恩登布（Ndembu），众神所做的工作同样也包括对超越个人的力量的展示。他在世的时候所享有的盛誉主要来自他的公开讲座以及发表的讲座内容。然而对于最为了解特纳的人来说，他在美国的研讨会和小型会议的工作环境中最放得开，他的见解表达得最充分。在这些场合，他可以与自己的同事和朋友相聚，他放松且生机勃勃。从20世纪60年代中期一直到80年代，他一直担当仪式主持人的角色，在一众社会批评家以及文化批评家中，他担任着司仪的角色。

    第二次世界大战爆发之前，特纳在伦敦大学学院（University College, London）攻读文学学士学位。在战时，他与伊迪丝（Edith）相识，并喜结连理，婚后他们生育了五个孩子。他们夫妻之间的关系十分亲密，特纳晚年的作品多为二人合力而著，即使有时特纳夫人的名字不在作者署名一栏，特纳仍然会向她致谢，承认自己观点的发展多蒙夫人的帮助。他们共同进行了许多次田野工作，特纳参加各个大型会议和研讨会时，他夫人曾多次陪同。

二战结束之后，特纳把工作的重心移到了人类学上，并在达利尔·福尔德（Darryl Forde）、梅耶·福蒂斯（Meyer Fortes）和雷蒙·弗斯（Raymond Firth）的指导下于1949年获得了人类学学士学位。他在曼彻斯特大学攻读博士学位的时候，马克斯·格拉克曼（Max Gluckman）是他的导师。特纳也是一位非常出色的教师和作家，而这段教师生涯，他是在美国度过的。他曾经执教于康奈尔大学、芝加哥大学以及弗吉尼亚大学。

身为象征人类学之"跨大西洋民族志运动"的领头人之一，特纳从对文学与哲学（特别是语义学和结构主义这两个领域）的广泛阅读的基础上得出一些观念并以此阐述自己的研究主题。他毕生的工作就是对土著行为的复杂性进行深入的研究，记录下其丰富的内涵，就如文学批评家在分析一部伟大的作品。未开化之民会为仪式 vii 器具及仪式手段赋予某些隐喻，而特纳常常不假思索地使用隐喻的能力和复杂性把他们与莎士比亚、布莱克这样的大家相提并论。当论及成长仪式（initiation）、治疗仪式，或涉及社会地位提升的仪式等这些转换仪式（rites of transformation）的时候，他对文学的兴趣总是促使他把注意力聚焦在土著思维系统的细微之处，以及其互相矛盾的冲动之中。

身为一名探索者和评论家，特纳也到同时代的那些文化文本的诠释者那里去寻求对比——其中包括肯尼斯·波尔科（Kenneth Burke）、埃尔文·戈夫曼（Erving Goffman）、克洛德·列维-斯特劳斯（Claude Lévi-Strauss）以及克利福德·格尔兹（Clifford Geertz）这些著名人物——尽管他对文化展现（cultural display）的动态细节的认识完全出自他自己。特纳和这些诠释者都认为需要倡导各种富于系统性的方式，文化在这些方式之中找到了最强烈的表达。

　　与其他人一样，特纳在"表演"（performance）这一生活的隐喻——比如文学、比如戏剧、比如叙述故事、比如游戏、比如电影剧本或剧情、比如交响乐——中发现了描述传统式的大规模的庆祝活动的方式。戈夫曼从游戏规则或戏剧的维度这两个方面对日常生活进行了分析；列维-斯特劳斯致力于通过交响乐结构的隐喻来解开神话传说的奥秘；格尔兹则确信文本分析的文学式风格是占首要地位的，它越过了参与者本身来查看文化行为。而使特纳心动不已的，却是群体生活本身，即由参与者的亲自经历表现出来的生活。使人类能够同欢笑、同哀伤的所有矛盾性特征也都在于此了。

　　与列维-斯特劳斯以及其他的结构主义者一样，特纳也在寻求完全展现特殊传统的动态活力与结合能力。而仪式与庆典所使用的语言为此提供了一扇大门，这扇大门能够通往真实的经历，而不仅仅是头脑中的储存或检索装置。如果说那些结构主义者的兴趣主要在于群体用何种方式，通过共同建立自己的文化文本来获得秩序及意义，那么特纳所寻求的，就是把读者也纳入这种经历，尤其是当这种经历能带来集体表达的一整套感官体验的时候。

viii　　与戴尔·海姆斯（Dell Hymes）以及其他研究传播的民族志学者一样，特纳也涉足于对一些方式进行彻底的改变，而这些方式也许能够对社区本身做出最恰当的描述。对于那些坚持认为文化是由群体生活中全体认同的体系——亲属关系体系、物资交换、支配统治以及宗教信仰——构建而成的人，这一更为新颖的观点是从调查一个民族的表达资源入手，来观察一致的思想以及经历是如何产生的，与他那个时代的民俗学家和社会语言家交流。

从 1950 年到 1954 年，特纳一直住在恩登布人中间，在此期间他参与了这些土著居民的日常生活，获得了许多一手资料，包括恩登布人以当地语言表达的社会行为、经济行为、政治行为以及宗教行为。根据这一经历，特纳发表了一系列的著作，其中以《仪式过程》最为著名。

特纳把内容丰富的民族志报告，与比较文化、比较文学的感受及效果，极具特色地融合在了一起，这使得在 20 世纪 60 年代中期，特纳的读者群体就已远远扩展到了人类学家这一范围之外。《仪式过程》一书，最早是在 1966 年作为罗彻斯特大学（University of Rochester）的系列讲座的讲稿写就的，出版于 1969 年。出版当时，社会正陷于秩序不稳、战事持久的大动荡，整个西方世界的学生都在质疑：面对这种情形，教育还有什么实际意义？特纳富于预见地提出他的观点，把简单社会中"野蛮人的头脑"中的逆反性因素，甚至有时是颠覆性因素与当时激烈又有趣的政治现象联系在一起，为讲授文化的教师提供了根据，使之能够解释自己的研究与当代学生所关注的问题之间是有关联的。

政治运动愈演愈烈，街道上随处可见。整整一代人沉迷于另类的生活方式，陶醉于公开选择将自己从社会中边缘化的做法。特纳对这一"非此亦非彼"（betwixt-and-between）的状态进行了讨论，这一讨论成为讲授与西方文明迥然不同的文化的方法，而在当时的美国，这一讨论是十分恰当与及时的。当时那一代人以对不同的生活方式的体验来达到教育的目的，而深切地经历其他文化这一做法，正符合当时这一潮流。

特纳还发展了阿诺德·范热内普（Arnold van Gennep）所提出的分析框架。在范热内普的分析框架中，仪式的进程包括三个步骤。首先，与日常生活中的各种事物分离（separation），这其中所涉及的是从门槛状态［或曰阈限状态（limen），这个拉丁文单词的含义是"门槛"］过渡到一个仪式的世界里，而这个世界脱离了日常的时间与空间概念。然后，模拟导致了分离危机的某些层面，在这一过程中，对日常生活结构的设定既受到阐明，又受到挑战（他把这些主题的重新出现称为"结构"与"反结构"）。最后，重新进入（reentry）日常生活的世界。在这三个主题之中，对于特纳所持的评论与描述的目的来说，最为重要的是模拟阶段。因为在这一阶段，通过含有社会性颠覆和仪式性逆反的行为，日常生活规范受到了最为重要的对抗。

事实上，特纳在对边缘社会状态的分析中使用的一些术语被广泛使用，结果招致了那些恶意批评者的非难，说他是在混淆简单社会与复杂社会之间的重大区别。针对有些人所指出的，"阈限"（liminality）与"交融"（communitas）之类的概念过于笼统和抽象，特纳回应道，这些观点曾经帮助过许多民族志作者描述他们的观察所得。不仅如此，他们提出的那些术语和概念也使文学评论家、艺术史学家、哲学家以及社会历史学家对自己持有的材料中具有象征性的文化层面进行更为密切的关注。他还发展了一些关于其他场景的个案研究，而这些场景恰恰能够证明这些观点是有效的。特纳的追随者们也争先恐后地为他辩护，拿出了许多研究的佐证。通过纳入特纳式的文化视角，这些针对不同文化场景的研究获得了更大的解释力。

与其他著作相比，《仪式过程》可以被称为是确立了特纳跻身于人类学理论众多学术巨头之中的一部书。20世纪六七十年代的那些事件急切地盼望得到一个解释：既然无论哪一个对象人群都已经确定了身为一个共同体的意识，那么为什么他们彼此之间还会发生冲突？特纳的同事米哈伊·兹克申特米哈伊（Mihalyi Czikczentmihalyi）进行了一系列关于个人在游戏中的创造性状态的研究。基于这些研究，特纳在晚些时候把变化的存在状态描述为"流动体验"（flow experiences）。在通过流动体验而获得交融的过程中，每一个参与仪式的人都会亲历一些即刻提升或逆转社会地位的行为，从而能够分享人类经验中无论是积极的还是消极的部分。这样，反结构的范畴也可被引入所有对抗性的行为之中，尤其是那些通过戴面具、改装扮、可预见的无序行为而为自己改头换面的做法。在特纳的诠释之中，以颠覆性力量为诱因的行为本身，就是文化的基石。因为在这些行为把世界搅得天翻地覆的过程中，产生了开放和改变的可能，而这种开放和改变的状态就是日后所称的"虚拟世界"（subjunctive worlds）。

特纳在发展自己的观点时，越来越深切地意识到，在达致交融的过程中，"经历分享"这一行为有着十分重要的意义。如果说20

世纪 60 年代的政治运动对特纳的这一思想做出了回应，那么作为社会心理学式发展模式的一个组成部分，转而关注"被改变了的意识状态"就成为 70 年代起仪式研究中最具有吸引力的方面。

特纳的研究并没有在学术话语的边缘徘徊。与之相反，特纳将自己置于社会思想的伟大传统之内，认为自己是致力于推动文化研究工作的一代英美同行之中的一分子。对于特纳的同行而言，他的论题主要是针对前一时代里程碑式的研究：社会理论家埃米尔·涂尔干（Émile Durkheim）、马克斯·韦伯（Max Weber）的著作以及英国结构功能主义民族志学者爱德华·埃文思-普里查德（Edward Evans-Pritchard）和布洛尼斯拉夫·马林诺斯基（Bronislaw Malinowski）的著作。但是最具重要意义的，是他对范热内普著作的解读。范热内普起初被文化科学的主流所遗忘，直到第二次世界大战后才被英国和美洲的一代学者发现，这个人写的小册子竟然与 20 世纪五六十年代众多人类学理论家的结构主义著作在精神上有着相通之处。

阿诺德·范热内普生前享誉甚少。他对文化现象的看法稍稍有别于埃米尔·涂尔干，而后者是当时法国社会科学界的泰斗。直到 20 世纪 60 年代，美国国内才把过渡仪式（rites of transition）的全局系统样式归到范热内普的名下。在那十年当中，一些英国社会人类学家——尤其显眼的是罗德尼·尼达姆（Rodney Needham）和维克多·特纳——在著作中把范热内普列在他们的学术谱系之中。在范热内普提出的提升仪式（elevation）、成长仪式（initiation）、治疗仪式（healing）、融合仪式（incorporation）和超越仪

xi

8

式（transience）的结构上具有相似性这一见解的基础上，特纳的任务一直是表现该系统是如何作为标志生命进程的方式，在共同生活工作的人们之间生效的。

在包括《仪式过程》在内的一系列研究中，特纳对仪式在一个具体群体中的地位进行了诠释，这个群体就是恩登布部落。范热内普及与他同时代的涂尔干和韦伯都曾经试图以一种超有机的方式来组织所有的文化行为，提出世界性的普遍化模式。而特纳是通过具体的田野资料来进行论证的。他以生动的描述揭开了一个位于撒哈拉沙漠以南的非洲信仰与行为系统的面纱，把读者带到了充满异国情调的族群（他就是在这一族群中开展了田野工作）中去，并以同时代西方理念的语言对自己的经历做了诠释。这本著作体现了特纳知识方面的兴趣所在。不仅如此，它一出版就被看作一本十分特别与奇怪的书，在很多方面都是如此。但是在知识界它还是占有一席之地的，因为它如此成功地把大陆理论与民族志报告的实践综合在了一起。

特纳吸收了范热内普的三步过程图式，这一分离/阈限/重合（separation/liminality/reintegration）图式必须被进一步改进，以使在相对更为宽松和更加世俗化的社会里，人们可以随意地看到仪式。他区分了"阈限"（liminal）和"近阈限"（liminoid）这两种不同的状态，前者是指在依靠仪式性分离才得以延续的群体中仪式的操作方式；后者是指开放的社会中特有的更为随意的行为类型。

20世纪六七十年代是全球学术界飞速扩张的时代。各种基金会通过十分显眼的研讨会和公共讨论进行活动，打出自己的知名度。　xii

刚刚成立的或是得到资助的大学也用这种方法使自己跻身于学术族谱之中。比如，罗彻斯特大学就通过建立并资助刘易斯·亨利·摩尔根讲座（特纳的论文就是在那里第一次得到发表），理直气壮地要求在学术界占有一席之地。

特纳并没有打算以公开露面的方式追求特别的名声。与之相反，他选择了些不甚出名的地方，以自己的名声为它提升知名度。在这些地方，互动交流的时间会长一些，所有的参与者都能够从彼此那里学到东西。他怀着喜悦的心情，全身心地投入这些高强度的活动。他在那些地方所结识的朋友恐怕对这些时刻记忆犹新，他在那里取得的成果要超过日后发表的会议成果。

特纳有着表演的爱好，在这些场合他会扮演一些角色。无论是扮演小丑、梦呓者还是圣哲，无论是扮演李尔王还是傻瓜，他都会吼叫、痴笑，把演技发挥得淋漓尽致。他还是一个怀疑论者，爱好神秘主义，在仪式导引者（他们可以在仪式性变革的重大经历里引领新手，却不会过分地专注于他们或自己）的神秘世界里，他最为游刃有余。他是一位出色的讲解者、活力十足的研讨会带领人和参与者，而且在生活的伟大短剧中充当着一位精力充沛、有时还具有"克里斯玛"（charism）魅力的演员。但对于与特纳私交很深的人而言，他们永远记得的是他那能激发别人深切关注的才干、富有深度的谈话，以及充满真诚的爱的人际关系。

罗杰·D. 亚伯拉罕（Roger D. Abrahams）

序 二

刘易斯·亨利·摩尔根自罗彻斯特大学建立之
初，就一直与之有着密切的联系。他去世之时，把
自己的手稿、藏书和存款都捐献给了罗彻斯特大
学，让该校用此来建立一所女子学院。一直到刘易
斯·亨利·摩尔根讲座开始的时候，除以他的名字
命名的女生宿舍楼一角以外，学校里并没有一处为
他所存留的纪念物。

这一系列的讲座能够开展，多亏当时多种有利
情况交织在一起。1961年，约瑟夫·R. 威尔逊和约
瑟夫·C. 威尔逊（Joseph R. Wilson & Joseph
C. Wilson）家族向罗彻斯特大学捐赠了一笔款项，
其中一部分用于社会科学。当时的人类学和社会学
系主任伯纳德·S. 康恩（Bernard S. Conn）教授
提出了一个建议：开设一系列讲座对于这位伟大的
人类学家来说，是与他相称的纪念，而且这一捐赠

也是物尽其用了。他的这一建议得到了麦克柯里·哈兹列特（McCrea Hazlett）院长（后来成为大学教务长）、阿诺德·瑞文（Arnold Ravin）院长和考夫曼（R. J. Kaufmann）副院长的支持。讲座的细节是由康恩教授和他所属的系里的教职人员制定的。

最初，摩尔根讲座的时间安排是共三个系列，一年一次，分别是 1963 年、1964 年、1965 年。如果情况允许的话，就继续进行下去。在最开始的时候，大家认为每个系列的内容都应当聚焦于摩尔根著作中的一个重要方面。因此梅耶·福蒂斯教授在 1963 年所做的讲座是专门针对"亲属关系"这一话题的，弗雷德·伊根（Fred Eggan）教授的讲座则把焦点集中在美洲印第安人上，而罗伯特·M. 亚当斯（Robert M. Adams）教授的讲座以都市社会为中心，来考察文明进程中一个特殊的方面。伊根教授和亚当斯教授的讲座内容于 1966 年发表，而福蒂斯教授的讲座内容稍晚，于 1969 年发表。

特纳教授的讲座所考察的领域，摩尔根当时并没有广泛涉及，而在这个修订本中，特纳进行了更深一步的探索，比最初的时候走得更远。在已经完成的研究之中，他介绍了一套完整的研究内容和激动人心的探索成果。在这一过程中，特纳教授成功地抓住了摩尔根的研究方式的精髓，而摩尔根讲座致力于使之不朽的，正是这一精髓。

就像更早几年一样，特纳教授的来访总能提供许多机会，以使为数众多的教职人员和学生共同进行非正式交流。所有曾经参与过的人都会幸福地回忆起特纳教授在那里的几年中，为系里的活动做

xiv

2

出了多大的贡献。正是以他起初的讲座为基础，本书才得以面世。这些讲座是特纳教授在 1966 年 4 月 5 日至 14 日于罗彻斯特大学举行的。

阿尔弗雷德·哈里斯（Alfred Harris）

罗彻斯特大学人类学系

前　言

　　参与摩尔根讲座的学者队伍日渐壮大，而当他 XV们回忆起在罗彻斯特大学度过的日子时，内心一定仍然激动不已。阿尔弗雷德·哈里斯教授和他的夫人以及那些好客的同僚给了他们皇家级别的款待，并且还让一群群的学生（你所能见到的头脑最敏锐的学生）挑战他们，有时还胜过了他们。那些学生和教师为我提出了许多极富启发性的建议，我对此怀有深深的感激之情，这些建议我也吸收进了这本书中。

　　我在摩尔根讲座中一共做了四次演讲，将其中的三次收录为本书的前三章。另外的那一次演讲，我所谈到的是恩登布人捕猎仪式的象征意义，因此会被收录于另外一本正在写作的单行本作品中。为了替换这一部分，我在本书中又增加了两章内容。这两章主要涉及的是"阈限"与"交融"，而这两个概念是在第三章中提出的。这本书主要分为两个部分。第一部分主要讲述恩登布仪式的象征性结构以及这一结构的语义，而第二部分从第三章的中间开始，探究的是仪式的阈限阶段的某些社会属性，而非象征属性。这一部分的着力点在于社会中各要素彼此间关系的"超"结构（"extra"-structural）或"超越"结构（"meta"-structural）的特性，而这一特性，我称之为"交融"。我还进一步探究了人类学的范畴之外——其中包括文学、政治哲学以及复杂的"普世"宗教的行为——被强调的交融、结构性局外人状态（structural outsiderhood）以及结构性低级地位（structural inferiority）之间的联系。

我对已故的阿伦·洪博格（Allan Holmberg）教授心怀感激之情。当我撰写摩尔根讲座手稿的时候，洪博格教授正任康奈尔大学人类学系主任一职，他帮我减轻了不少教学上的重担。我在此还要感谢我的朋友伯尔德·兰伯特（Bernd Lambert），他在此期间慷慨相助，代我上了许多的课。

摩尔根讲座的稿件修订和新增的几章成文时，我还是康奈尔大学人文协会的会员，因此我还要向协会主席马克斯·布莱克（Max Black）教授致谢。除此之外，我还要感谢协会的其他负责人，他们为我提供了宝贵的机会，使我得以不担负教学和管理职责，而能够整理在最后一次摩尔根讲座中产生的思路，并为之列出一个大纲。布莱克教授充满智慧而镇静自若的思考方式，他的敏锐头脑、善良心地和人格魅力对我那一年的会员生涯来说是一个极大的恩惠。不仅如此，更为重要的是在协会的大力支持下，我得以主持一

xvi

个跨学科研讨会，不同层次的学生及多个不同院系的教师都参与其中。在会上，我们考证了关于"门槛、过渡以及边缘"在仪式、神话、文学、政治和乌托邦式理念与实践上的诸多问题。这场研讨会所取得的某些成绩，对本书最后两章的撰写有着很大的影响，而其他的那些成绩在日后也会结出丰盛的果实。我对所有研讨会的成员表示衷心的感谢，感谢他们所做出的十分重要而富有创新意义的贡献。

在此项目的每个阶段，人类学系前台办公室的卡罗琳·普夫勒（Carolyn Pfohl）、米迦琳·库尔维（Michaeline Culver）和海伦·马特（Helen Matt），以及人文协会的奥尔嘉·弗拉纳（Olga Vrana）与贝蒂·塔米南（Betty Tamminen），都以专业、熟练而热诚的文秘工作为我每一步的著述给予了大力的帮助。我向她们表示感谢。

还有，与往常一样，我妻子对我的作品进行了编辑，也不断给我鼓励。这本书的出版是与她的帮助和支持分不开的。

维克多·特纳

1968 年 5 月

3

目　录

第一章　生死仪式中的分类层次

第二章　恩登布仪式中的双胞胎困境

目　录

第五章　谦卑与等级：地位提升与地位逆转的阈限

第一章 | 生死仪式中的分类层次

摩尔根与宗教

不得不承认，对于我和其他很多人来说，刘易斯·亨利·摩尔　　*1*
根是我们学生时代的巨星之一。他所有的著作都显示了出他所独有
的激情洋溢又条理清晰的风格。但是，在接手 1966 年摩尔根讲座
之后，我忽然发现，他有一个很严重的缺陷，这一缺陷可能会造成
深远的影响。尽管摩尔根十分严谨地记录下了很多宗教仪式，但很
明显，与他投注在亲属研究和政治研究上的富有洞察力的关注相
比，他没有把很大的注意力投入宗教研究。而宗教信仰与宗教实践
是我的演讲主题。有两段引自摩尔根的话可以证明他的态度。第一
段出自他 1877 年的经典著述《古代社会》（*Ancient Society*）：“宗
教观念的发展过程中遍布种种内在的困难。这就决定了做出令人满
意的说明性阐述几乎是不可能的。宗教在很大程度上涉及想象和情
感的特性。因此，这些不确定的知识性因素使得所有的原始宗教都
十分奇异怪诞，在某种程度上甚至达到了让人无法理解的地步。”
（p. 5）第二段话出自莫尔勒·H. 迪尔多尔夫（Merle H. Deardorff）
1951 年对汉森姆·雷克（Handsome Lake）信仰的学术性研究。摩尔
根的《易洛魁联盟》（*League of the Iroquois*）一书对汉森姆·雷克的　　*2*
混合信仰做了一些记述。他的这一记述是基于年轻的以利·S. 帕
克（Ely S. Parker）的一套笔记整理完成的（以利·S. 帕克是一位
塞尼加族印第安人，后来成了尤利西斯·S. 格兰特将军的军事参
谋）。这套笔记包括汉森姆·雷克之孙在托纳旺达（Tonawanda）

所吟诵的"福音"的原始版本和翻译版本。迪尔多尔夫指出："摩尔根完全接受了以利对'先知'的孙子吉米·约翰逊所说的话的记录，但他放弃了以利对其所做的注解，以及与之相伴的仪式。"（p. 98；亦可参见 William Fenton，1941，pp. 151～157）。

摩尔根与帕克之间的通信表明，如果摩尔根在当时能够更加仔细地听以利所说的话，那么他的《易洛魁联盟》一书就不会被读过此书的塞尼加族印第安人普遍批评："他所写的东西并没有错，但也不正确。他并不知道自己究竟在说些什么。"那么，这些塞尼加族印第安人非同一般的评论"究竟"是什么意思呢？这些评论似乎针对的是摩尔根的著作中易洛魁人文化中的宗教方面，并不针对政治方面。对我来说，塞尼加人的评论是与摩尔根对"想象的与情感的"不信任相关的。摩尔根本人不愿意承认宗教中有很重要的理性因素。他还认为，对于"高度进化"了的 19 世纪学者的头脑来说，如果一个事物看上去"奇异怪诞"，那么它必然在实际上也是"无法理解"的。他们还揭露了他心中与之有关的想法，即摩尔根不愿（或是不能）对易洛魁人的宗教生活进行共情式的探索，不愿去掌握或阐明查尔斯·霍凯特（Charles Hockett）口中的在异族文化中所获得的"局内人视角"（inside view）。通过这种视角，许多看上去怪异的因素和彼此之间的关系也会变得可以理解。事实上，摩尔根如果能好好掂量一下巴霍芬（Bachofen）的一段话，就会得到很多益处，巴霍芬在写给他的一封信中说："德国的学者试图以当今时代的流行观念去衡量古代的事物，以求得对它们的理解。这些学者在重新'创造'古代的过程中，会发现只有他们自己。透彻地了解与我们的头脑迥然不同的头脑有着什么样的构造，是一件极难完成的工作。"（Resek，1960，p. 136）最近，针对巴霍芬的这一说法，埃文思-普里查德教授（1965b）做出了如下评论："这确实是 *3* 一件极难完成的工作，尤其是我们现在所做的工作——跟原始巫术和原始宗教这样复杂的对象打交道。当我们把这些头脑相对简单的民族所持守的观念翻译成我们的语言的时候，往往会把我们自己的思想移植到他们的思想之中去。"（p. 109）我在这里还要加上一条附加说明：宗教就和艺术一样，在这方面没有哪个民族是"头脑相对简单"的，只不过有的民族使用的技术手段比我们的更为简单一些而已。人类的"想象"和"情感"生活无论在何时何地都是十分丰富而复杂的。至于展示部族仪式的象征意义能够丰富和复杂到什么程度，这就是我的一项任务了。不仅如此，我们所使用的"与我们的头脑结构迥然不同"这一说法本身，也不是完全准确的。这里所涉及的并不是不同的认知结构，而是从相同的认知结构派生出的众多各异的文化经历。

一方面随着临床深度心理学的发展，另一方面随着专业性的人类学田野工作的发展，对于很多被摩尔根称为"想象和情感的特性"的产物，人们也开始怀着尊敬与关注的心情来看待，并且以对待科学的热情来进行研究。弗洛伊德在精神病患者的幻想、睡梦中的模糊意象、机锋与双关语，以及患者令人迷惑的话语中，找到了正常心理结构的线索。而列维-斯特劳斯在对无文字社会中的神话故事和仪式的研究中，发现了（并进一步断言）在他们的深层智力结构中，有的属性是与一些现代哲学家的思想体系相似的。自从摩尔根的时代以来，其他许多坚定的理性主义学者都认为这一现象值得他们花费时间去研究，值得他们把数十年的职业生命奉献于宗教研究。如果我要对此加以证明的话，只需列出他们之中几个人的名字：泰勒（Tylor）、罗伯逊-史密斯（Robertson-Smith）、弗雷泽（Frazer）、赫伯特·斯宾塞（Herbert Spencer）、涂尔干、莫斯（Mauss）、列维-布留尔（Levy-Bruhl），还有休伯特（Hubert）、赫兹（Herz）、范热内普、洪特（Wundt）以及马克斯·韦伯。人类学田野工作者，包括博厄斯（Boas）和罗维（Lowie），马林诺夫斯基和拉德克利夫-布朗（Radcliffe-Brown），格里奥勒（Griaule）和迪特尔伦（Dieterlen），以及其他众多学者（无论是与他们同时代的还是晚于他们的）都在"无文字社会中的仪式"这片田地之中辛勤耕耘，对成百上千的展演进行了详尽而精确的观察，这些宗教研究专家还以深切的关爱之心为神话故事和祷告词的口语式行文做了记录。

4　　这些思想家之中的大多数都试图用隐含的神学态度来解释（或试图证伪）宗教现象是几种最为纷繁复杂甚至彼此矛盾的心理或社会因素的产物，从而否认宗教有超乎人类之外的起源。但是，在这些思想家中，没有一个人能否定宗教信仰与宗教行为的无比重要的作用，无论是在对人类社会结构与精神和心理结构的维持上，还是在对这些结构的剧烈的变革上。我在此无意于列出一大串写满神学名词的名单。与之相反，我会尽力把自己限于经验研究的范围之内，只对宗教的某个方面进行研究，我尤其会尽力对非洲仪式的某些属性做一个清楚的陈述。此外，尽管我十分敬重摩尔根在我们这一学科中的伟大贡献和地位，但还是要心存畏惧地接受他在无意之间对其后辈的挑战，并试图证明，当代的人类学家已经拥有了前辈传下来的卓越概念工具，能够把"无文字社会"中很多带有神秘色彩的宗教现象清楚地揭示出来。

非洲中部仪式的研究

让我们首先来仔细观察一下一个特定族群的宗教行为。这个族群就是恩登布人。他们居住在赞比亚的东北部，我曾经在他们之中进行了两年半之久的田野工作。就像摩尔根著作中记载的易洛魁人一样，恩登布人是母系社会，从事锄耕与狩猎，而这两项活动被赋予了重要的仪式意义。恩登布人属于西非和中非广义文化的一个大聚集群，这一文化群在擅长木头雕刻和形塑艺术的同时，还为仪式进一步赋予了细致而详尽的象征意义。在这些民族之中，相当一部分都有着复杂的成长仪式，参与这些仪式的新成员会与外界隔离很长一段时间，在灌木丛中接受训练，聆听秘传的知识，身边还常常有戴面具者舞之蹈之，象征祖先的灵魂或众神。恩登布人与他们北边和西边的邻近各部落，如卡坦加（Katanga）地区的隆达人（Lunda），以及卢瓦勒人（Luvale）、绰克威人（Chokwe）、卢察兹人（Luchazi）一样，为仪式赋予了重要的意义。至于恩登布人东边的各部落，包括卡恩德人（Kaonde）、拉姆巴人（Lamba），以及伊拉人（Ila），他们虽然也举行为数不少的仪式，但是看上去没有那么多种类划分很清晰的仪式，象征意义也不如其他族群丰富，而

5

且不为男孩举行割礼。不仅如此，他们的众多宗教行为之间没有清晰的关联和影响。

我刚开始在恩登布人中间做田野工作时，所凭借的是那些在罗得斯-利文斯通（Rhodes-Livingstone）社会学研究所工作过的前辈们所建立起来的工作传统。这个研究所位于北罗得西亚（今赞比亚）的行政首都卢萨卡（Lusaka）市，成立于1938年，是英属非洲最早开设的研究机构。当时，非土著居民在和土著建立长久和令人满意的关系上存在着种种问题，而这一机构的建立正是为了使以这些问题为对象的专门研究能有一个研究中心。指导研究所工作的，首先是高德弗雷·威尔逊（Godfrey Wilson）和马克斯·格拉克曼，后来是伊丽莎白·科尔逊（Elizabeth Colson）和克莱德·米歇尔（Clyde Mitchell）。在他们的领导下，研究所的工作人员进行了一系列田野研究，包括如下几个方面：部落的政治系统与司法系统、婚姻关系与家庭关系、城镇化进程与劳动力迁移、乡村结构比较，以及部落生态系统和经济系统。他们还做了很多的绘制系谱图的工作，根据血系关系将当时被称作北罗得西亚的那一片地区中所有的部落分成了六个群体。正如露西·迈尔（Lucy Mair, 1960）所指出的那样，罗得斯-利文斯通研究所的贡献在于对政策的制定产生了影响。像其他英属非洲的研究所一样，罗得斯-利文斯通研究所并没有仅仅局限于"为具体的情况提出适宜的行动方案"，而是用恰当的方式"对具体的情况进行分析，以使政策制定者（能够）更加清楚地看到他们所接触的各种力量"（pp. 98～106）。

在我开始进行田野工作的时候，仪式在所有这些"力量"中所占据的不过是一个相当低的地位。实际上，罗得斯-利文斯通研究所的工作人员从来就没有对仪式产生过浓厚的兴趣：雷蒙·埃普索普（Raymond Apthorp）教授曾经（1961）指出，研究所在近 30 年的时间里一共有 99 种出版物，涉及非洲生活的各个层面。但在这 99 种出版物里，只有三种以仪式为论述对象（p. ix）。即使是在五年后的今天，罗得斯-利文斯通研究所的 31 部研究报告——论及中非部落生活 6
的字数不多的单行本——之中，只有四篇是以仪式为主要话题的，而其中两篇都出自笔者之手。很显然，摩尔根对待"原始宗教"的态度仍然在众多领域内盛行。但是，罗得斯-利文斯通研究所的第一任所长高德弗雷·威尔逊却对研究非洲仪式颇感兴趣。威尔逊与他的妻子莫尼卡·威尔逊（Monica Wilson）一道，对坦桑尼亚的尼亚库萨人的宗教进行了集中的田野研究，而莫尼卡·威尔逊也出版过一些关于仪式研究的著作，水平亦出众。她曾经（1954）写有一段中肯的言辞："仪式能够在最深的层次揭示价值之所在……人们在仪式中所表达出来的，是他们最为之感动的东西，而正因为表达是囿于传统和形式的，所以仪式所揭示的实际上是一个群体的价值。我发现了理解人类社会基本构成的关键在于——对仪式的研究。"（p. 241）

如果威尔逊的观点是正确的（我相信这一观点是正确的），那么对部落仪式的研究，自然也就是在秉持罗得斯-利文斯通研究所最初所树立的宗旨而行："对在英属殖民地上如何与土著人建立持久关系这一问题进行研究"；以彼此之间很深的理解为基础，建立起"令人满意的相互关系"。与此相反的是，在东非和西非的研究所进行的诸多工作之中，对宗教的研究一直占据着首要的地位，尤其是各国在政治上取得独立前后，情况更是如此。我认为，在普遍的社会科学范畴之内，人们已经开始广泛认识到，宗教信仰和宗教行为并不是对经济、政治以及社会关系的"奇异怪诞"的反映，而是远远超乎其上。与其说它们是"奇异怪诞"的反映，不如说它们逐渐被视为能够帮助人们理解和感受这些关系，以及理解和感受这些关系所赖以存在的自然环境和社会环境的决定性因素。

对恩登布仪式的初期田野工作

我曾经在很长的一段时期之内认同"宗教之无音乐性"（religious unmusicality）这一说法（这一术语曾被马克斯·韦伯并不恰当地用在自己身上）。"宗教之无音乐性"是我这一代的社会科学研究者对宗教研究的基本态度，我自己最初也对收集仪式资料感到非常不情愿。在进行田野工作最初的九个月之中，我积累了相当可观的数据，其中包括亲属关系、村庄结构、婚姻与离异、家庭与个人预算、部落与村庄政治，以及农业周期。我在我的笔记本里写满了家谱记录；我画出村落茅屋平面图，收集人口统计的材料；我四处潜行，来暗暗听取那些被不经意间说起，平时又很少被提及的亲属称谓。但是，我仍然感到不自在，仍然感到自己永远都是一个向里窥探的局外人，即使在我能挥洒自如地使用当地俗语时也是一样。因为我总是发觉，就在我扎营地点的左近之处，仪式的鼓点又响起来了；而我所熟识的人，也常常从我身边离开，一走就是几天，去参加一些仪式。仪式的名字总是那样充满异国风情，比如恩库拉

（Nkula）、乌布旺乌（Wubwang'u），还有乌宾达（Wubinda）。一直到最后，我才不得不承认，如果我想要了解恩登布文化究竟是什么样子的，哪怕只是一鳞半爪，也必须克服自己对恩登布仪式的偏见，并且着手对其进行研究。

事实上，几乎从我刚刚住到恩登布人中间去的那一天开始，我就被邀请去参加当地常常举行的女孩青春期仪式〔恩康阿（Nkang'a）〕，我也试图去描述我所见到的景象，尽力做到准确无误。虽然观察人们在仪式过程中如何摆出固定的动作、唱出神秘的歌曲并不难，但深切地理解这些动作和歌词对他们来说意味着什么，却本质上是另一回事了。为了获得这方面的基础知识，我先是求诸地区手册。这是一本编纂而成的书，由殖民地行政部门的一些官员所完成，其中包括对他们来说算是有趣的事件、风俗，但都是随笔。在手册中，我找到了一些篇幅很短的记录，其中提到了恩登布人信仰一位至高的神祇，相信祖先灵魂的存在，并且还认为世界上有各种各样的精灵。在这些记录之中，有一些是对所观察到的仪式的记载，但大部分基于恩登布当地政府官员比如通讯员、办事员等的报告。在对这些事件的所有记录之中，他们几乎都没有为我所亲见过的历时甚长、复杂多样的青春期仪式提供令人满意的解释，尽管他们也提供了一些初步的信息，是关于我从来没有见过的仪式的。

我下一步的行动是约定一系列的会面，与一位能力十分出众的酋长进行交谈。这位酋长有一个称为伊克伦格（Ikelenge）的头衔，而且他还颇通英文。伊克伦格酋长马上就明白了我想要的是什么，然后为我提供了一系列重要的恩登布仪式的清单，还对每一种仪式

8

的主要特点做了简要的介绍。我很快发现，恩登布人对陌生人对他们的仪式体系表示出兴趣一点也不憎恶，只要来者带着尊敬的心情来看待他们的信仰，恩登布人就会十分坦然地向他们展现自己的宗教行为。不久之后，伊克伦格酋长就邀请我参加一场仪式展演，这种仪式是持枪狩猎者的群体［叫作乌杨阿（Wuyang'a）］所特有的。正是在观看这场表演的时候，我才渐渐意识到，如果没有掌握与追捕有关的仪式用语的话，那么至少对狩猎这一类经济行为的理解是几乎不可能的。这些对直接表现狩猎能力和男性气概的象征的认识的积累，使我得以体察到恩登布社会结构的一些特点，尤其是同代男性亲属之间的关系在一个母系社会中的重要性。恩登布社会是母系社会，社会结构的延续是通过妇女来进行的。我现在不想过多地涉及性别角色在仪式化过程中的问题，只是想强调，从对纯粹数据的分析——比如村庄的家谱、人口调查、职位的传递以及财产的继承——之中提取出来的规律行为，只有在仪式展演中的象征性动作所蕴含和表现出来的价值观的指引之下，才能被完全辨别出来。

　　但是，伊克伦格酋长所能够提供给我的，仍然是有限的。首先，他的身份和多重的角色使他不能长时间离开自己官邸所在的村庄；而且，他与当地基督教宣教机构的关系对他来说既有重要的政治意义，又很微妙。因为在他所处的环境之中，闲言碎语的传播速度是相当快的。这使他不可能参加很多次异教徒仪式。不仅如此，我自己的研究也很快转变为对村庄日常生活的微观社会调查。我把我的营地从酋长的官邸所在地搬到了普通村民聚居的地方。随着时间的推移，我的一家渐渐地被当地的社区所接纳，或多或少成了其中的一部分。随着我和我的妻子开始关注仪式在恩登布人的生活中所具有的重要意义，我们也察觉到恩登布文化的多个层面，起初由于我们戴着理论这块障眼布，因此总是对这些方面视而不见。正如纳德尔（Nadel）所指出的那样，事实随着理论的变化而变化，而新的事实产生出新的理论。

　　差不多就是在这个时候，我阅读了即将出版的罗得斯-利文斯通研究所报告中的第二部——高德弗雷·威尔逊和莫尼卡·威尔逊所著的《非洲社会研究》（*The Study of African Society*）——的部分内容。这本书讲述了在非洲的许多社会里，仪式仍然是人们所关注的，而很多专门从事宗教研究的学者已经做好了对此加以诠释的准备。后来，莫尼卡·威尔逊（1957）又撰文写道："如果分析不以被研究民族的文化中对象征的解释作为基础，那么这一分析就值得质疑。"（p.6）从那时起，我就开始寻找恩登布部落中的仪式人员，以从他们那里记录下我所观察到的仪式的诠释文本。我们能够对仪式表演进行考察，能够找到途径听取对仪式展演的诠释，实际上也是靠着绝大多数田野工作者都采用的方法：我们为那些土著人分发药品、包扎伤口，至于我的妻子（她是医生的女儿，在这些事上要比我大胆些），她还为那些遭毒蛇咬伤的人注射血清。因为恩登布人的许多仪式都是为病人举行的，而且欧洲的药品被看作与他们自己的药品一样具有神秘能力（虽然他们自己药品的药效要更好一些），所以，部落中那些专事治疗的人渐渐把我们当同事看待，并对我们参与仪式展演表示欢迎。

　　我记得自己在利文斯通博士所著的《宣教之旅》（*Missionary Travels*）一书中读到，他曾经立下一条规矩：给病人看病之前，先询问当地的医药师病人的情况如何。而这一做法在中非的一大片颇有影响力的族群内为利文斯通博士赢得了良好的声誉。我们也效仿他的做法，而这很可能就是为什么我们能够得到许可，参加一些仪式（这些仪式的步骤是有神秘意义的），并且还能够为其中所启用的众多象征做出较为可信的诠释（这些诠释都已经过反复的考察，被证明是正确的）。当然，我所说的"可信"并不意味着所有的诠释在整体上都彼此相一致。实际上，它们可以说是恩登布文化的标准化诠释体系的一个组成部分，而不是凭个人意愿所提出的自由组合或奇谈怪论。我们同样从非仪式人员的恩登布人——至少他们不是本书将要论述的仪式中的专门人员——那里收集对于仪式的诠释。大部分的恩登布人，无论男女，都至少属于一个崇拜团体（cult association），而找到一位对多个崇拜团体的秘密知识都"无所不知，无所不晓"的老人并不是一件难事。就这样，我们渐渐积累起一整套的观察数据和诠释性评论。当我们对这些数据和评论进行分析的时候，它们的一些规律就渐渐地明晰了。通过这些规律，我们可以整理出一个清晰的结构，并以一套模式来加以表达。我们下面还会对模式的特点进行考察。

　　自始至终，我们从没有向他们要求过仅仅为了我们进行人类学研究而特地举行一场仪式。事实上，从来都不缺即兴的、自发的仪式展演。最让我们感到难办的一件事，是在同一天之中，常常有两个甚至更多的仪式要参加，我们不得不决定究竟参加哪一个。随着日渐成为村庄生活的一部分，我们发现，做出举行仪式的决定往往与村民社会生活中的危机有关。我在别的地方曾经用一定的篇幅撰写过仪式展演的社会动态效应，在这些讲座之中，我打算只是对此提提便罢。现在我想说明的是，在恩登布人中，社会冲突和仪式之间有着紧密的联系，这一联系是在村庄和"村落"（我所用的这个词汇是指相互分离的村庄群）的层面上的，而多种多样的冲突情况是和仪式的频繁举行联系在一起的。

伊索玛仪式

我撰写本章的目的是探寻伊索玛仪式（Isoma）——恩登布人的一种仪式——的仪式象征的语义学，并从观察和解释资料中建构出这种象征主义的语义结构。这个任务的第一步，是详尽地观察恩登布人如何为他们自己所持有的象征做出解释。我的步骤是先从具体方面开始，然后渐渐转移到普遍的情况上去，一步步让读者深入了解我的论述。现在，我要仔细研究一种仪式，这一仪式我在三个 *11* 场合见到过，而我也有相当数量的诠释性材料。我在此还要恳请读者的谅解，因为我将不得不使用一些恩登布部落的俗语词汇。我这样做是由于恩登布人对象征的解释依靠民众对词源的追溯。一个具体的象征意义往往——当然并非一定——是恩登布人从指定给它的名字之中演化出来的。而这个名字的意义可以追溯到某个原始词汇或词根（常常是动词）。众多学者已经指出，在其他班图族（Bantu）社区之中，这常常是一个虚构化追溯词源的过程：依靠发音的近似，而不是去寻找那个共同的源头所在。但无论怎样，对于当地人自己而言，它是对某一种仪式的"解释"的一部分，而我们在此试图要发掘的，是"恩登布人内部的观念"，是恩登布人自己如何看待他们自己的仪式的。

举行伊索玛仪式的原因

伊索玛（或称 Tubwiza）仪式属于特定的一类仪式（muchi-di），恩登布人称呼这类仪式为"女人的仪式"或"生育的仪式"。而这类仪式本身还是另一类仪式"祖先灵魂或祖先阴影之仪式"（这一术语是我从莫尼卡·威尔逊那里借用的）的下属类别。在恩登布语言中，"仪式"一词叫作齐迪卡（chidika），它有另外一层含义，即"一项特殊的责任"或者"义务"。这是与一个理念分不开的，即每个人都有义务对祖先的阴影表示尊敬。因为，正如恩登布人所说："生你养你的，难道不正是他们吗?"而我所提到的仪式，实际上正是因为他们（个人或集体）没有尽到这个义务才会举行的。按照恩登布人的说法，一个人，无论是因为他自己的缘故，还是因为被当成了一个亲属群体的代表被祖先阴影"抓住"，而他所遭受的不幸，也是与他的性别角色或社会角色相符的。对于一名妇女来说，她所遭受的"合宜"的不幸，是自己的生育能力受到干扰。在恩登布人的理想之中，一个与身边的同伴和睦相处、对逝去的亲属心存敬畏的女人就应该结婚生子，拥有"活力十足、人见人爱的孩子"（译自恩登布人的表达）。但是，如果一个女人生性爱吵架拌嘴，或是有一群爱吵架拌嘴的亲属，而且"肝中（我们会说

'心中')忘记了她祖先（她逝去的母亲或外祖母或其他已经逝去的母系长辈）的阴影"，那么，她就有被受到冒犯的祖先阴影（ak-ishi）"扎起"（ku-kasila）生育能力（lusemu）的危险。

恩登布人生活在规模较小、流动性较大的村庄里，以母系一方来确定自己的血统归属，女性结婚后随丈夫居住。这样做的结果是女性成员——她们的孩子由她获得首要的世系关系和居住关系——会在丈夫所在的村庄度过她们的生育周期，而不是在母系亲属所在的村庄。恩登布人并没有特罗布里恩岛民（Trobriand Islanders）那样的规矩。特罗布里恩也是母系社会，但在那里，遵循上述婚姻模式的妇女所生育的男孩，一到青春期就必须住到舅舅或其他母系亲属所在的村子中去。这个规矩的结果就是所有生养众多的家庭反而变成了暗中的战场，丈夫跟妻子的兄弟们和舅舅们争夺孩子同自己居住的权利。因为母亲和孩子之间的关系是无法割断的，这种居住权的争夺，无论是历时很长还是较短，最后总是以母亲随着孩子回到自己的母系亲属居住的村庄告终。我所得到的恩登布人离婚率数字表明，在有可靠的定量数据的中非母系社会里，部落居民的离婚率是最高的，而且每一个部落都有十分高的离婚率。由于妇女离婚后才可以回到母系亲属那里去——这样她们的孩子就更可以与这些亲属居住在一起。事实上，如果一个村庄的延续是通过女性来完成的，那么这种延续就意味着婚姻的终结。但是，如果一名妇女同她的丈夫和年幼的孩子住在一起，遵从"妻子应当取悦丈夫"的现行社会规范，就意味着没有遵从另一项同样有效的社会规范，即她应当让自己的孩子成为自己所属的母系村庄的成员。

有趣的是，母方的直系亲属的祖先阴影——她自己的母亲或外祖母——让这名妇女遭受了生育上的紊乱，导致了暂时的不孕。当这些不幸的人得到占卜之言，说她们被母系祖先的阴影抓到的时候，她们之中的大多数都与丈夫住在一起。对此，恩登布人会说，她们之所以被抓，是因为她们"忘记"了祖先阴影——所谓的祖先阴影不仅包括直系的远祖，还包括更近一些的母系长辈；而以她们为核心成员的村庄并非丈夫的村庄。包括伊索玛仪式在内的治疗仪式具有一项社会功能，那就是"促使他（她）们记起"那些祖先阴影，而那些阴影正是当地共同居住的母系家族的结构节点。恩登布人认为，祖先阴影给人带来的不孕是一个暂时的情况，只要举行合宜的仪式就能够除去它。当一名妇女记起了使她遭受此难的祖先阴影，即记起了自己应该首先忠于母系祖先，那么加在她生育能力上的枷锁就会被卸下，她可以回去与丈夫一同生活，但她需要时刻铭记，自己与孩子们是应当始终忠于母系祖先的。互相矛盾的社会规范所导致的危机，就这样在富有象征意义和内涵的仪式下化解了。

过程的形式

伊索玛仪式与其他的女性崇拜行为有一个共同的历时性现象（diachronic profile），或过程的形式（processual form）。在每一次仪式之中，受礼的妇女都有紊乱型妇科病症，然后她的丈夫或一位母系亲属会去找部落里的占卜师，占卜师掌握了所有祖先阴影所致病痛的准确形式，而这些病痛，正如恩登布人所说，是"祖先阴影从坟墓里出来抓住了她"。根据病痛的形式，她的丈夫或母系亲属会聘请一位奇姆布奇（chimbuki，即医生），这位医生"通晓医药"，也通晓正确的仪式程序，以此来对致人病痛的祖先阴影进行安抚，作为仪式的主持者来预备下一场展演。然后，这位医生会召集其他的医生来帮助自己。这些人可能是曾经经历过同样仪式从而加入了治疗团体的妇女，也可能是与这位病人有母系亲属关系或有亲密关系的男人。病人（ayeji）必须被看作秘密会社成员的"候选人"（candidate），而医生们是她的"派内长者"（adepts）。恩登布 *14* 人相信，致人病痛的祖先阴影原来也是"派内长者"。就这样，秘密会社成员身份切入了村庄成员身份和世系成员身份，使这一人群可以被称为"受苦者社区"，或者干脆叫作"原先的受苦者社区进入临时运作状态"。原先遭受过同样病痛的人，就是现在使病人受苦的人。这样的秘密会社，比如伊索玛教派，其成员身份甚至可以跨越部落之间的界限，因为附近的卢瓦勒、绰克威还有卢察兹这些语言相近、文化相似的部落，其居民也有权作为派内长者来参加恩登布部落的伊索玛仪式，甚至在仪式中承担职分。　"资格老"（mukulumpi）或"地位高"（weneni）的派内长者一般都是男人，甚至像伊索玛仪式这样的女性仪式也不例外。正如其他母系社会一样，尽管社会位置乃是通过母系一方决定，但权力还是掌握在男人的手里。

　　女性秘密会社有三部分历时结构，而这一结构我们从范热内普的著作那里就已经熟知。第一阶段叫作伊勒比（ilembi），是把受礼者从世俗生活中分离出去。第二阶段叫作昆昆卡（kunkunka，字面意思是"在草屋里"），受礼者待在一个小草屋中，在一定程度上

19

与世俗世界隔绝。而第三阶段叫作库图布卡（ku-tumbuka），是一场节日性的舞蹈，人们以此来庆祝祖先阴影的惩罚解除，受礼者得以回归日常生活。在伊索玛仪式中，这一阶段的圆满以受礼者怀孕生子，并把孩子抚养到蹒跚学步之时作为标志。

本地人对象征的阐释

伊索玛仪式广泛的社会背景与文化背景就介绍到这里。如果我们现在还想进一步深入这一仪式，探究它的深层结构，我们就必须理解恩登布人自己是如何对其象征意义做出诠释的。我的方法与多数学者的方法相反：为数甚多的学者在最开始的时候，都是先标明其宇宙论，而且常常用神话传说的术语来表达，然后再用具体的仪式作为例子，去证明或表达他们在神话传说里发现的"结构模式"。但是，恩登布人十分缺乏关于神话、宇宙论或宇宙起源论的叙述。

15 所以，我们不得不从另一端开始，从最基本的建筑砖石即仪式的"分子"开始。这些东西，我把它们叫作"符号"。而从现在起，我将避开"符号"（symbol）、"标志"（sign）、"信号"这几个概念之间有什么区别之类漫无边际的争执。因为第一个步骤是从"局内人"的角度来看待问题，那么就让我们先来探索一下恩登布人是如何运用这些概念的吧。

在恩登布人的仪式背景下，几乎每一件被使用的物品、每一个被做出的手势、每一首歌或祷告词，或每一个时间和空间的单位，在传统上都代表着除本身之外的另一件事物，比它看上去的样子有着更深的含义，而且往往是十分深刻的含义。一个仪式的成分或者说单位被称作奇吉克吉鲁（chijikijilu），这个词的字面意思是"路标"或"树皮刻痕"。它的字源是 ku-jikijila，意思是"标记一条小路"——用一柄斧头在树干上砍出标记，或折断它的一根树枝。最早的时候，这一术语是从狩猎用词借用过来的，而狩猎是极富仪式性信仰和仪式性行为的职业。奇吉克吉鲁也含有"塔台"的意思，"塔台"是一片土地上的显著标志，比如一座蚁巢，以此能把一个人的花园或酋长的领地与另一个人的地盘划分开来。由此，这一词语有两个重要意义：（1）作为狩猎者的树皮刻痕标记，它代表着联系已知领域和未知领域的要素，因为正是凭着一系列此种要素的层层链接，狩猎者才能从陌生的树丛里找到回家的路，回到熟悉的村庄里；（2）它所包含的"标记"和"塔台"这两个意思都传递着这样一个信息：有结构、有秩序，而非无结构、混乱不堪。它在仪式上的作用已经有隐喻的含义了：它把感官可以感知、人们已经了解的世界与人们并不了解、人眼并不可见的祖先阴影世界联系了起来。它使神秘危险的事物变得可知可触。如果要更深一步地阐述的话，奇吉克吉鲁还有一个组成部分，既为人所知又不为人所知。在一定程度上，它是可以被理解的，恩登布人也有一些规则来对其进行解释。它有一个名字（ijina），还有一种外貌（chimwekcshu），这二者是解释（chakulumbwishu）的起点。

"伊索玛"其名

在最初的时候，伊索玛这个名字就有着象征意义。我的报道人（informants）告诉我，这个词是从 ku-somoka 演变而来的，意思

是"从一个地方或捆绑之中溜掉"。这一称呼有着多重意指。首先，
它指代着仪式所要去除的具体情况。一个"被伊索玛抓住"的妇女
通常连续多次经历流产或堕胎。人们认为，未出世的孩子在足月之
前就"溜掉"了。其次，ku-somoka 的含义是"离开自己所处的群
体"，也许同样隐含着未足月的意思吧。这一主题看上去似乎与
"忘记"母系的纽带关系有关。在讨论伊索玛一词的含义时，我的
几名报道人提到了"鲁夫威杀"（lufwisha）这个词，指代病人的
情况。鲁夫威杀是一个抽象名词，从 ku-fwisha 一词演变而来，而
ku-fwisha 又从 ku-fwa 一词演变而来，ku-fwa 的意思是"死亡"。
ku-fwisha 既有普遍的含义，又有具体的含义。在普遍意义上，它
的意思是"失去一位亲属，因为他死去了"，而具体的含义是"失
去了孩子"。鲁夫威杀这个名词的含义是"生下一个已经死了的孩
子"和"孩子一个接一个地死去"。一位报道人告诉我："如果七个
孩子一个接一个地死去，这就叫鲁夫威杀。"也就是说，伊索玛是
祖先阴影的一种现身：正是这一祖先阴影使某位妇女生下了死孩
子，或使孩子们接二连三地死掉。

"姆文伊"面具

在伊索玛仪式上出现的祖先阴影也会以其他的方式宣告自己的
到来。人们认为，它会出现在病人的梦境里，穿着打扮像是在男孩
割礼仪式［穆坎达（mukanda）］上出现的戴面具的形象。这些戴
面具的形象，人们称之为马奇西［makishi，其单数形式为伊奇西
（ikishi）］，妇女们认为它是古代祖先的阴影。被称为姆文伊

22

（Mvweng'i）的这个阴影身穿树皮短裙（nkambi），就像割礼后处于隔离期的新成员所穿的，还披着一件罩衫，是树皮所制的布拧成的绳做成的。他手持一个狩猎铃（mpwambu），在树丛深处时，猎手用狩猎铃与其他人联系，或是召唤猎犬。人们称这个阴影为"祖父"（nkaka），他在男孩们割礼所受的伤痊愈之后出现，妇女们都很怕他。恩登布人认为，如果一个妇女触到了姆文伊，那么她的胎儿就会流产。有一首歌是被隔离的新成员住在树丛中，这 *17* 位伊奇西第一次出现在他们的住所旁的时候唱的，歌词记录如下：

> Kako nkaka eyo nkaka eyo eyo nkaka yetu nenzi, eyo eyo, nkaka yetu, mwanta;
>
> 祖父啊祖父，我们的祖父到这里来了，我们的祖父，他是酋长；
>
> mbwemboye mbwemboye yawume-e,
>
> 龟头阴茎，龟头是干的，
>
> mwang'u watulemba mbwemboye yawumi.
>
> 图勒巴众灵四散逃开，龟头是干的。

这首歌对恩登布人来说，代表着男性力量的聚合，因为"祖父"还有另外一层含义，即"奴隶的拥有者"，而一位"酋长"拥有很多奴隶。"龟头是干的"象征着已经获得了吉利的成年男性身份，而这一身份的获得正是进行穆坎达仪式的目的之一。人们认为未受割礼的男孩子的龟头在包皮下面，又潮湿又肮脏，因此是不吉利的。而图勒巴（Tulemba，另一种仪式，是专门劝慰和驱赶不吉利的）魂灵能使婴儿生病和衰弱。姆文伊能把这些魂灵从男孩子身边驱散。人们相信，他罩衫上的绳子能够"扎起"女性的生育能力。简言之，他就是纯粹的成熟男性的象征——他的狩猎行为进一步证实了这一点——而这对于处于最典型的女性角色即母亲角色的妇女来说，是危险的。现在，这一祖先阴影以姆文伊的形式向某位妇女显现，并使她遭受病痛。但是，这一阐释也有不确定之处。我的一些报道人说，这一祖先阴影就是姆文伊；其他的人却说这一马奇西与一个戴面具的伊奇西共同行动。持后一种意见的人说，阴影唤醒了姆文伊，并在他的协助下使受害者遭受病痛。

有一件事很有趣，值得我们注意一下：这些阴影往往都是逝去的女性亲属的魂灵，而姆文伊则是男性的人格化体现。把妇女所遭受的生育紊乱与一种男性力量联系起来，这种思维在其他的恩登布仪式中也能够见到。我在《符号森林》（*The Forest of Symbols*，1967）一书中就曾经以治疗月经疾患的仪式为例，提到过这种思维："那么，为什么女性病人会指认使自己血流不止的人为男性呢？这些行为的象征物品和事物的（社会）田野场景显示，恩登布人认为，如果妇女因过度损失经血而无法生育后代，那么她实际上是主动抛弃了自己的职分：作为一位成熟的已婚女性，她理当生养。这样的妇女表现得像一个男性杀手（即狩猎者或杀人凶手），而不像女性抚育者。"（p.42；如果想查阅对恩库拉仪式较为完整的分析，参见 Turner，1968，pp.54～87）伊索玛仪式中的情形也颇为类似。我们应当注意到，在这些秘密会社的行为之中，有各种插曲和象征涉及遭受病痛的妇女，而她常常会指认致她生病的阴影：她受到了逼迫（人们也许会说，这是罪有应得），逼迫她的正是自己生命的一个组成部分或方面，而这一组成部分投射到了阴影上。伊索玛仪式所治愈的妇女，在死后也会变成阴影，给他人带来病痛，而这一阴影会被指认为与男性力量姆文伊在一起，或是与之有紧密的联系。

但是，我认为，如果仅仅把伊索玛信仰看作"男性的抗议"，就大错特错了。这一不经意的态度也许在恩库拉仪式里比伊索玛仪式表现得更为显著。"以母系一方确定自己的血统归属"与"妇女婚后随丈夫居住"之间的结构性紧张关系看上去似乎主导着"伊索玛"这个仪式词语的意涵。这是因为，妇女在婚姻中离"男性一方"太近了的话，她死去的母系亲属就会损伤她的生育能力。后代与归属之间所存在的合宜关系就被扰乱了，婚姻的位置就开始高过对母系家族的忠诚。这样的妇女已经被男性神圣地位的危险之火烧灼。我使用了这样的暗喻，因为恩登布人自己也使用这个暗喻：当男孩割礼仪式结束之后，他们的隔离住所会被焚烧。恩登布人相信，如果妇女看到了火焰，她们的皮肤上会出现条纹，就像被火焰一道一道烧灼；或者患上大麻风病，看上去像斑马一样；还有一个可能，就是变成疯子或者傻子。

伊索玛仪式的目的

这样来看，伊索玛仪式的隐含目的包括：使对母系继嗣与婚姻的合宜关系得到恢复，使妻子与丈夫之间的婚姻关系得到恢复，使妇女——也意味着婚姻与家系——结出硕果。而这些仪式的明确目的，正如恩登布人所解释的那样，是把他们称为奇萨库（chisaku）

的事物所造成的不良影响除去。在广义上，奇萨库指代"祖先阴影的不悦或者触犯禁忌所导致的不幸或疾病"。在更具体的意义上，它也指代某个活着的人口中所发出的诅咒，为的是激起祖先阴影；可能也指代旨在伤害敌人的药物。在伊索玛仪式中，这个奇萨库是特殊的一类。恩登布人相信遭受病痛的人的母系亲属曾经到过母系家族所居住的村庄附近的河流的源头所在（kasulu），并在那里发出了诅咒（kumushing'）的话语。这个诅咒的效力就是"唤醒"（ku-tonisha）一个曾经是伊索玛秘密会社成员的祖先阴影。我的一位报道人说道（我对之进行了直译）："在伊索玛仪式上，他们会把一块红色岩石斩断。这块岩石代表着奇萨库，或曰不幸，正因为有了它，人们才会死亡，所以必须把它除掉（chisaku chafwang'a an-lu, chifumi）。奇萨库就是死亡，必须阻止死亡临近这个女性病人；奇萨库就是疾病（musong'u），必须阻止疾病临近她的身体；奇萨库就是苦难（ku-kabakana），而苦难从巫师（muloji）所怀的怨恨（chitela）而来。诅咒另一个人死亡的人拥有奇萨库。奇萨库在河流的源头。如果有人经过那里，踩在它上面（ku-dyata），或是从它上面跨过（ku-badyika），厄运（malwa）和失败（ku-halwa）就会跟着她。无论她走到哪里，都会跟着她。如果她在哪个地方、哪个河流的源头得了奇萨库，她就必须在那个地方得到治疗（ku-uka）。因为有这个诅咒，伊索玛阴影出来了，像姆文伊一样来了。"

读者可以看到，所有这些都笼罩在浓厚的巫术氛围之中。但是，与其他的女性仪式不同，举行伊索玛仪式并不仅仅是为了劝慰一个阴影，它还有另外的目的，那就是把从生者和死者那里发出的邪恶而神秘的力量驱散开来。在这里，巫术、阴影和伊奇西姆文伊结成了一个可怕的组合，而伊索玛仪式要对付这一组合。仪式中含有象征性指代，指代了所有这些力量。而姆文伊和女性阴影是一近一远，分属两个级别的祖先化身，而被指认为病痛的肇因、激起这两种阴影的居然是母系亲属，这实在是不可忽视的一点。不仅如此，只要情况允许，伊索玛仪式就要在母系亲属所居住的村庄附近举行，这同样是不可忽视的一点。还有，在此后相当长的一段时间里，受礼者都会在那个村庄里过半隔离的生活，而在此期间，受礼者的丈夫必须随她住在一起。我的那些报道人对招来事端的诅咒进行了叙述，但叙述的内容并不是很明确。他们感到诅咒是巫术的一招，因此是"不好的"，但与此同时，受诅咒的人忽视了与母系家族（既包括过去又包括现在）相连的纽带，其所遭受的事件在一定程度上也是应得的。仪式的举行，其中一个目的也是在看得见与看不见的双方之间促成和解，尽管它们都包含着驱邪的成分。

20

神圣地点的预备

对于伊索玛仪式的社会背景和主要信仰，我就介绍到这里了。现在，让我们转向仪式本身，按照象征出现的顺序来考察对它们的诠释。这会扩展我们对于信仰结构的认识，因为，正如我所谈到的那样，恩登布人与其他部落的人迥然不同，他们几乎没有神话传说，却有极为丰富的对各个事物进行说明的阐释系统。我们无法将神话和宇宙学作为捷径进入恩登布宗教的"结构"（借用列维-斯特劳斯的话）。如果要正确地追踪当地思维模式的话，就必须一点一点、一步一步地进行考察，从"树皮刻痕"到"树皮刻痕"，从"塔台"到"塔台"。只有当未知通向已知的象征之路被铺筑完成的时候，我们才能回头看，对最终的形式有所理解。

就像所有的恩登布仪式一样，针对每一个具体情况的程序模式，都是由某一位占卜师设定的，而这位占卜师就是最初人们向他询问患病者情况的那一个。只有他才能确知患病妇女失去一连串孩子是因为死胎还是夭折——所有的这些不幸都能以一个词语来概括——鲁夫威杀。只有他才能下令，把举行仪式的地点定在大老鼠（chituba）的鼠洞边，或大食蚁兽（mfuji）的窝旁。他为什么会选择这些怪异的地点呢？恩登布人对此是这样解释的：这两种动物在挖好洞穴之后，总是会把入口封上。这些行为都是象征，即奇吉克吉鲁，象征着伊索玛仪式上的阴影——宣告受诅咒妇女的生育能力已被藏匿。作为"派内长者"的医生必须打开被封闭的洞穴入口：这象征着使受礼者的生育能力得到恢复，并且使她顺利地把孩子抚养成人。只有占卜师才能确定，在一个具体的情况下，究竟是哪一种动物藏匿了妇女的生育能力。它的洞穴一定在河流的源头，因为诅咒就是在这里发出的。发出诅咒的同时，"药物"也会被一同埋下，通常是紧紧填（ku-panda）在一个体积较小的羚羊角内。就我对其他恩登布仪式的了解而言，我十分怀疑这些东西是不是真的埋在了河流的源头之处。那些动物的洞穴提供了地点方位的参照，人们可以确知"神圣的地点"的空间结构建立在哪里。我在这里所讨论的仪式是指"分离仪式"（rites of separation），恩登布人称之为库勒姆贝卡（ku-lembeka）或伊勒比。这一词语与某些女性秘密会社使用药物或药物容器的方式有着物质上的联系，而且它还与库勒姆巴（ku-lemba）一词有词源上的联系，库勒姆巴的意思是"祈求、寻求宽恕，或感到懊悔"。其中劝解的意思十分明显，因为医生也在一定程度上代替病人向阴影和其他非人类的存在发出恳求，让其把病人的生育能力交还给她。

　　在所有的伊勒比仪式中，最开始的几步都是留给作为"派内长者"的医生的。在资格较老的派内长者或"仪式主持"（master of ceremonies）的带领下，他们进到树丛中去，采集所需药品，以便在日后对病人进行治疗。这一步骤被称为库朗乌拉（ku-lang'ula）或库呼库拉伊伦布（ku-hukula yilumbu）。在伊索玛仪式中，进行第一个步骤之前，病人的丈夫（如果她眼下有丈夫的话）会为她搭建一所圆形小茅屋（nkunka），用于她在此后的隔离期居住，小茅屋的地点就在构成村庄的那一圈茅屋（大约 12 间）的外边。女孩经历青春期仪式之后，也会有一段时间的隔离期。在这段时期，她们所住的也是这种形式的小茅屋。恩登布人认为，就像那些经历了青春期仪式的新成员会从女孩"成长"为女人一样，伊索玛仪式的受礼者也会"重新成长"为能够生育的妇女。被诅咒所剥夺的，还要重新获取，尽管方式不尽相同，因为生命中出现的危机是不可逆转的。类似的情况可能还会发生，但一模一样的事情不会再重演了。

　　受礼者的丈夫会准备一只红色的公鸡，她的母系亲属准备一只

22 白色的母鸡，派内长者把它们收起，然后走到指定的河流源头处，就是占卜师确认过的发出诅咒的地方。在那里，他们仔细地检查地上的痕迹，以寻找大老鼠或大食蚁兽的洞穴。在他们找到洞穴之后，资格较老的派内长者会对这只动物讲一番话："大老鼠（大食蚁兽）啊，如果是你杀害了那些孩子，那么现在请你把生育能力交还给这名妇女吧，让她顺顺利利地把孩子抚养成人。"在这里，这只动物似乎代表了致人病痛的三种联合力量——巫师、祖先阴影和伊奇西。下一项任务是把几股草系成两个结，一个放在洞穴已经封上的入口处，另一个放在这只动物挖出的坑道以上大约四英尺①的地方。这两个草结下面的土块都被锄头移掉，资格较老的派内长者和他的主要男性助手会在那里挖深洞，叫作马克拉〔makela，单数为伊克拉（ikela）〕。这个词语专门指那些为了达到巫术-宗教目的所挖的洞。然后，他们会点燃两簇火焰，火焰离洞穴的距离大约十英尺，第二簇比第一簇更近些。其中一簇火焰应该"在右手边"（意思是从动物的洞穴到新挖的洞穴的方向），是为男性派内长者准备的；而另一簇"在左手边"，是为女性派内长者准备的。然后，资格较老的派内长者会把一个敞口葫芦放在洞穴入口处挖的第一个洞旁边，女性派内长者在受礼者的母亲（如果她也是派内长者的话）的带领下，把一些从园中采摘的可食用的植物根茎放进洞里，其中包括木薯的根茎，还有红薯的块茎。在仪式词汇里，这些东西所代表的是受礼者的"身体"（mujimba）。我们需要注意的是，这些东西都是妇女提供的，而且都是受礼者的母系亲属。

---

① 1英尺约合0.3米。——译者注

在资格较老的派内长者和他的主要男性助手宣布挖洞的步骤开始之后，他们就会把锄头交给其他的男性派内长者，让这些人继续去挖，一直挖到大约四英尺或六英尺深。人们称这个洞的入口为"大老鼠的洞"（或"大食蚁兽的洞"），称洞中的动物为"巫师"，他们还认为，这个洞的入口是"热的"（-tata）。另外的一个洞叫作库弗威沙（ku-fomwisha）或库弗摩那（ku-fomona），是动名词，意思分别是"冷却下来"和"驯化"。当他们挖到合适的深度时，众派内长者就会开始向对方那边的洞开挖，一直到两个洞会合，形成一个坑道（ikela dakuhanuk）。坑道的宽度必须能使一个人有足够的空间通过。而其他的派内长者在这一仪式的整个场景周围的大圈里，把树上的枝丫都砍断或弯折，为的是创造一个神圣的空间，并使其迅速获得建构。在某种事物周围辟出一个大圈是恩登布仪式不变的主题之一，而且通常还伴随着为场地进行清理工作（mukombela），清理是以锄头完成的。就这样，一小片有秩序的领域就在无固定形式的树丛之中被创造出来了。人们称这个大圈为奇庞乌（chipang'u），而这一词汇也用来指代酋长的住所和药房四周的围墙。

药物的收集

在资格较浅的派内长者对神圣的地点进行布置的时候，资格较老的派内长者和他的主要助手会走到邻近的树丛中寻找药物。这些药物从不同种类的树上采集而来，每一味药都有着象征性意义，这些象征性意义随伊索玛仪式的性质和目的演变。在大多数恩登布仪式里，每一种仪式所使用的药物都十分固定，即使是举行的场次不同，药物还是那一系列药物。但是在我参加的伊索玛仪式中，每一场所使用的药物都不尽相同，而且差别甚大。被取下一部分用作药物（yitumbu）的第一棵树被固定叫作伊施克努（ishikenu），诅咒所发之处就是这里，要么是向着致人病痛的阴影所发，要么是向着这一类树木所发。人们认为，树的力量（ng'ovu）会被祷告语"唤醒"（ku-tona）。在我所参加的那场仪式上，资格较老的派内长者走到了一棵卡普威普树（kapwipu，即马达加斯加铁木豆）边——选择这种树是因为它的木质比较坚硬，坚硬代表着病人所需要的健康和力量（wukolu）。资格较老的派内长者先是用他的仪式专用锄头把树下的杂草清除干净，然后把代表受礼者身体的食用植物块茎放在清理出来的场地之中，并开口讲话："以前，这名妇女怀孕的时候，她的嘴唇、眼睛、手掌和脚跟都变成了黄色（贫血的症状），而现在，她又怀孕了。这次让她强壮起来吧，让她生下的孩子活下来，让她生下的孩子变得强壮。"然后，医生用他的药斧从另一棵相同种类的树上砍下一些树皮薄片，并把它们放在自己的敞口葫芦里。这一步骤完成之后，他继续从 16 种其他的树皮上砍下树皮薄片。[1]

如果要对每一种树皮的含义都进行讨论的话，占用的篇幅就未免太长了，我们所需要知道的，就是许多恩登布人都能针对一个物种说出它的至少一个含义。针对某些物种（比如 musoli、museng'u、mukom-bukombu），甚至还能说出多个隐含意思来。在所有这些树

24

中，有一些是在其他的仪式上使用的，制作草药的药剂师也会使用它们。（在使用的过程中，另外的阐释关系会被用到，而它们与仪式的阐释并不相同。所做出的阐释主要凭借树木本身的味道与气味，与树木的自然属性和词源没有什么关系。）有的树木（比如卡普威普、mubang'a）被选中，不过是因为木质比较坚硬（从而象征"变得强壮"）罢了，而其他的树木（比如 mucha、musajwa、mufung'u、museng'u、musoli、mubulu）被选中，不过是因为它们能够结出果实，从而可以代表人们举行仪式的目的：让受礼者重新获得生育能力。但是，所有这些都有着一个共同的重要仪式属性，即绝对不能把树皮绳从它们上边取下，因为树皮绳能够"扎起"受礼者的生育能力。就这一意义而言，所有这些树木都可以被看作抗姆文伊的药物，因为读者应该能够想起，姆文伊的装束就主要是由树皮绳构成的，它对妇女的生育能力有着灭绝性的危害。

但是，我不能不对一个规模较小的伊索玛药物系统进行更为细化的描写，不能不对另外一场仪式展演进行叙述，因为土著人对这些行为的诠释为仪式的许多隐含意义开启了大门。在这里，医生们首先走到一棵被称为奇康安贾巴（chikang'anjamba）或奇科利（chikoli，即非洲马钱）的树旁边。他们把这种树木描述为姆库伦皮（mukulumpi），即药物的"长辈"或"老者"。在激活这棵树的力量之后，他们会拿起一些它的根须和叶子。奇康安贾巴的意思是"大象都不能（把它连根拔起）"，因为它实在是极富韧性和硬度。它还有另外一个名字，叫作奇科利，是从 ku-kola 一词演化而来的，ku-kola 的意思是"强壮、健康、坚定"，这一称呼与它极度

25

的坚硬和耐用是相称的。恩登布人还会使用这种树木为割礼仪式
准备药物，他们认为，这种药物能给新成员们带来超乎寻常的男
性气概。在伊索玛仪式中，这种药物能够使这些仪式和割礼仪式
之间的联系得到加强，而这种药物本身也是对身体情况不好的病
人——他们所患的通常是贫血症——进行治疗的特定药物。对这
两场仪式展演所使用的主要药物进行比较，我们就能发现：表达
同样一个原则或理念，可以使用不同的象征。第一场仪式展演所
用的主要药物是卡普威普，这也是一种十分结实的树木，人们常
常从这种树上把分叉的树枝砍下来，用于搭建神龛，供奉狩猎者
的祖先阴影，就是那些"强壮勇敢，具有男性气概的人"。这种
可供搭建神龛的树，剥掉树皮之后仍能够很有效地抵挡白蚁或其
他昆虫的咬啮。用卡普威普树的叶子和树皮熬成的汤也被当地人
用作春药。

　　第二种被收集起来以供这场仪式展演之用的药，代表着恩登布
仪式的另一个主题——展现病人糟糕的身体情况。这就是穆棱迪树
（mulendi）。它的表面十分光滑，试图爬上去的人常常会从树干上
滑落下来（ku-selumuka），然后心怀懊悔。同样，病人的孩子也会
未到时间就"溜走"。但是，这种树的"光滑"（ku-senena）也有
一定的治疗价值，它的这层含义在其他的仪式和治疗过程中尤为明
显。这是因为，这种光滑树皮能让"疾病"从病人身上滑掉（参见
Turner，1967，pp. 325～326）。同时展现吉利与不吉利两种情况，
这一做法在恩登布象征中确实十分常见，无论是哪个层面的象征。
比如，伊索玛这个名字本身的含义是"溜掉"，既代表着病人所处

的不良状况，又代表着治愈这一病症的仪式。

在这里，我们还会遇到另一个仪式原则，这一原则是用恩登布词汇库梭罗拉（ku-solola）来表达的，意思是"使之出现或是显露"。原本不可感知的事物以象征（chijikilu）的形式出现，就变得可以感知，这样，通过宗教专门人员的操作，它就可以被人们有目的地使用。只有那些"藏匿起来的"（chamusweka）才是"危险的"或"有害的"（chafwana）。所以，对不吉利的状况进行指称是改变这一状况的开始；而以可见或可触的仪式，来把巫师或阴影不可见的行为具象化，是救治工作的一个重大进展。实际上，这与现代的精神分析学家的做法区别并不大。当大脑获知一件事物，并对此进行思考的时候，这件事物就能够被处理，能够被掌握。有趣的是，显现原理（the principle of revelation）本身就体现在伊索玛仪式使用的一种恩登布药物象征中。这一药物是穆索利树（musoli，我的报道人说，这个名字是从库梭罗拉演变而来的），人们也采集它的叶子和树皮块。这种药在恩登布仪式中十分常见，它的名字与它的自然属性有着紧密的联系。穆索利树上长有许多小果实，成熟后就会掉到地上，吸引原本隐藏起来的各种动物，而这些动物是可以食用的，狩猎者会杀掉它们。这种树确实"使它们出现"了。在狩猎者的秘密会社里，人们将这种树作为药物，实际上是为了让动物进到视野（ku-solola anyama）中来，让眼下运气不佳的狩猎者能有所收获。在女性秘密会社里，人们也将这种树作为药物，为的是"使孩子出现"（ku-solola anyana），让子嗣不旺的妇女能够生儿育女。就像其他众多的事例一样，在这一象征的语义里边有着词源学和智慧的联合结晶，

26

35

使一个理念得到了具体的物化。

让我们回到收集药物的主题上：下一步，医生会从奇夸塔树（chikwata，即水牛刺）上采集根须和叶子。在这种树的身上，含有治疗意义的词源与它的自然意义又一次结合在了一起。奇夸塔树长有"坚硬的刺"，会"抓住"（ku-kwaia）或"逮捕"路过的人。所以，人们认为它既能代表"力量"，又能"刺穿疾病"（因为它有刺）。对于"抓住"或"夺走"这个仪式主题，许多象征都对其进行了表达。如果时间允许的话，我可以对它做出详细的阐述。我们可以预料到，这一主题贯穿了狩猎象征所用的词汇，也体现在"抓住孩子"（ku-kwata mwana）这个短语中，而这个短语的意思实际上是"生下孩子"。现在，我要描述的是另一种药用植物，药物就是从它上面采集下来的。它就是穆松阿松阿（musong'asong'a，即非洲酸李），这是另一种木质坚硬的树，同样代表着健康和力量。它的名字也是民间词源学的结果，是从 ku-song'a 一词演变而来的。ku-song'a 的意思是"结出果实或果实发育"，这一词语常常被隐喻性地用来指代生下孩子，即 ku-song'a anyana。而穆霍图霍图树（mu-hotuhotu，即脉纹猪肚木）被用作药物，就是"因为它叫那个名字"。恩登布人从 ku-hotomoka 一词衍生出了这个名字，ku-hotomoka 的意思是"突然坠落"，就像一根树枝或一颗果实。人们希望，如果遇到了不吉利的情况，使用穆霍图霍图树后，这种情况就会忽然中止。然后，人们从穆吞达树（mutunda）上采集药物，穆吞达一词是从 ku-tunda 演变而来的，后者的意思是"比周围的要高"。在伊索玛仪式中，它代表子宫中的胎儿发育良好，孩子出生后还会继续健康成长。穆帕帕拉（mupapala，龙胆科属）是另一种药物的名字，它也同样代表病人糟糕的身体情况。恩登布人从 kupapang'ila 一词衍生出了这个名字，kupapang'ila 的意思是"满怀疑惑，四处游荡"，并不知自己身在何处。一个报道人是这样解释的："一个女人没有孩子，四处游荡。她不应该再这样下去了。这就是为什么我们会砍穆帕帕拉树以制得药物。"在这一观念和"溜走"观念的背后，是这样一个观点：如果所有事物都固定在应有的位置，如果所有的人都根据所处的生命阶段和社会地位，来做那些对自己正确的事，那么这就是良好而合宜的情况。

在另一场伊索玛仪式展演中，主要的药物或"起主导作用的象征"并不仅限于某一种树木，而是任何种类的树都可以，只要它的根是完全暴露在外边的。这样的树被称为乌伍姆布（wuvumbu），从 ku-vumbuka 这个动词演变而来，ku-vumbuka 的意思是"从土地中显露出来"和"从藏匿之地现身"，比如一只被追捕的动物。因此，一个报道人是这样为我叙述它的大致含义的："我们用乌伍姆布树来使所有的东西显现出来。就像这个方式一样，伊索玛仪式中的一切也都要变得明确（-lumbuluka）。"这是"显现"主题的另一个变体。

凉药汁与热药汁：生命洞穴与死亡洞穴

有的时候，人们也从腐烂、倒地的树木上取下一些木头。同样，这也是代表着病人的穆索吉乌（musojig'u），或称身患疾病、

遭受痛苦的情形。派内长者身上装备着这些能够加强体力、促进
生育、揭示原因、阐明情况、赐予健康的外用药（其中有一些还
代表着病人是如何遭受病痛的）回到神圣的地点，而治疗就在这
一地点进行。现在，他们已经完成了准备工作，已经为那一块变
为神圣的空间赋予了可见的结构。然后，用作药物的树叶和树皮
碎片被一位女性派内长者在神圣的捣臼里捣碎。下一步，碎末被
泡在水里，泡成的药汁被分成两个部分。一部分被放进一大块厚
树皮（ifunvu）或是厚陶片（chizanda）里，然后在火上加热，火
被点燃的位置就在所挖之洞的洞口外边，人们在此之前已经从这
里挖了通道，一直通到大老鼠或大食蚁兽的洞穴入口。另外那部
分药汁冷却之后，被倒入伊扎乌（izawu，意思是陶土所制的罐
子，或指药槽）或敞口葫芦里，然后容器被放在"新洞"旁边（见
图1-1）。据一个报道人所说，这些洞穴代表"坟墓"（tulung'a）和
"生育能力"——换句话说，代表墓道和产道。接下来，这个报
道人对我说："热伊克拉是死亡伊克拉，凉伊克拉是生命伊克拉。
大老鼠的伊克拉是不幸或怨恨的伊克拉，新的伊克拉是治疗（ku-
handisha）或治愈的伊克拉。伊克拉的位置应该在河流源头或附
近，代表的是生育能力。新的伊克拉应该从病人（muyeji）那里
流走，不好的事情也应当这样离开她。周围一圈的折树断枝叫作
奇庞乌（这是一个有着多重含义的词汇，它所代表的是封闭、仪
式性封闭、酋长的住所和药房四周的围院、月晕）。有着鲁夫威
杀的妇女（也就是说，她已经失去了三四个孩子，要么生下来是
死胎，要么没活多久就夭折）必须进入生命洞穴里，走过坑道，

到达死亡洞穴。大医生向她身上喷洒一些凉药汁，而他的助手向
她喷洒一些热药汁。"

29

图 1－1　伊索玛仪式 1：仪式的场景

接受治疗的一对夫妇坐在坑道的"热"
洞里，坑道象征着从死亡到生命的通道。在
他们的后面，一名医生在点燃药物之火。一
个装满凉药汁的敞口葫芦被放在"凉"洞前
面，从那里能够看到坑道的入口。医生们站
在那里，等待病人出来。

31   现在，我们已经开始看到了整个系列的分类是如何进行的，这些分类以空间的定位和不同种类的物品为象征（见图 1-2）。在大部分情况下，它们都是以列维-斯特劳斯称为"二元区分"的模式进行排列的。但是，在我们开始分析这一模式之前，还有一些变体必须要纳入这一体系。在我所观察的仪式展演上，受礼者的丈夫同她一起进到了"凉"洞里，并站在"右手边"，即靠近"男性火焰"的地方，而受礼者站在左边。然后，在被喷洒凉药汁与热药汁之后，她首先进入相连的坑道中，而她的丈夫紧随其后。除此之外还有一种方法，就是资格较老的派内长者（或称为"大医生"）把妻子和丈夫全身用凉药汁和热药汁泼个遍。然后，他的助手接过他的工作来继续主持，方式与上述相同。

白鸡和红鸡

当受礼者第一次进到凉伊克拉中去的时候，她会接过一只年幼的白色母鸡，并把它抱在怀里。在仪式进行的过程中，她把鸡紧紧抓住，贴在自己的左胸前，就像抱着孩子一样（见图 1-3）。在这一场合中，丈夫和妻子都光着身子，只在腰间围上一块布。据说，这代表他们当时就像婴儿或尸体一样。与之相反的是，派内长者全都穿着衣服。另外一只成年红色公鸡的双爪被捆在一起，放在热伊克拉右边的地面上，实际上就是所谓"男人的一边"，等待在仪式快要结束的时候被砍掉脑袋，献作祭品。作为仪式的最后一幕，它的鲜血和羽毛会被倒进热伊克拉里，照应着在仪式开始之时，女性受礼者所接过的那只白色母鸡。据说白色母鸡代表着库科利沙

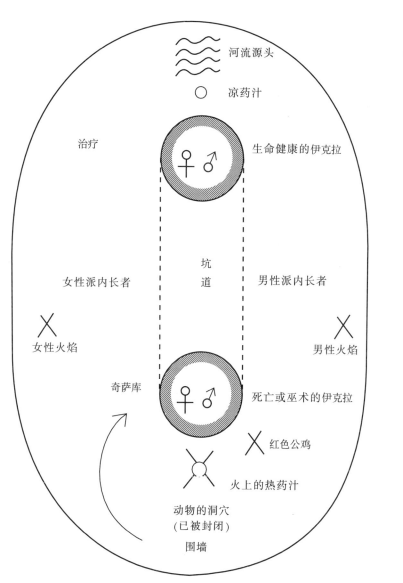

30

图1-2 伊索玛仪式空间象征的图表演示

图 1-3　伊索玛仪式 2

受礼的妇女把白鸡抱在自己的左胸前，左胸代表着哺育孩子。

（ku-koleka），即"好运或力量"，也代表着库图卡（ku-tooka），即
"白色、纯洁，或吉祥如意"。而我们所提到过的那只红色公鸡所代
表的，是奇萨库，或称"神秘的不幸"，即受礼的妇女所遭受的
"苦难"。一个报道人告诉我，那只白色母鸡代表的是生育能力。
"这就是为什么把它送到女人手里，"他说，"因为怀孕生子的是女
人。男人就是男人，没办法生孩子。但是男人能赐力量给女人，让
她生下活蹦乱跳的孩子。孩子是明摆着的，谁都能看见。红色公

32

鸡代表男人，也许怨恨就在那里（这里指针对这个男人的怨恨）。"
"如果仪式举行过之后，这个妇女还是没有孩子，那么怨恨就是针
对她的（虽然怨恨与婚姻的情况没有关系，但是可能由其他关系而
来）。"至于最后的步骤，有一点尽管没有说明，但是很可能有着重
要的意义：在仪式进行的整个过程中，那只红色公鸡始终被绑着，　　*33*
动弹不得；而受礼的妇女沿着坑道从"生命"走到"死亡"，再返
回"生命"的整个过程中，那只白色母鸡一直与她在一起。在其他
的恩登布仪式中，动态代表着生命，而静态代表着死亡：那只公鸡
被神圣化之后，就作为祭品被杀掉了。

治疗过程

　　在马克拉那里进行的仪式遵循着进程性的模式。第一个阶段包
括一段凉伊克拉到热伊克拉的通道，妻子先走，丈夫跟从。在热伊
克拉的地方，医生们一边喷洒药汁，一边还夹杂着对巫师和诅咒者
的劝诫，让他们把伤人的效力撤销。下一步，夫妇二人仍然按照同　　*34*
样的先后顺序返回凉伊克拉，在这里，他们再一次被喷洒药汁（见
图 1-4）。然后，他们再一次穿过坑道，到热伊克拉那里。再往后，
是一段暂时的休息时间，丈夫被搀出伊克拉，去取一小块布，把药
汁从自己和妻子的脸上以及白鸡的身上抹去。在抹去药汁之后，他
仍旧回到凉伊克拉中，接受进一步的药物治疗。然后是一段较长的
中场休息时间，人们拿来啤酒，参加仪式的众人和受礼者的丈夫开
怀畅饮，而受礼者自己一滴都不准喝。喝过啤酒之后，医生继续喷

图 1-4　伊索玛仪式 3

葫芦旁边的医生往受礼者的身上喷洒药汁，而站在坑道的纵向轴线
右侧的众人在唱库潘吉拉（kupunjila）"摇摆"歌。

洒药汁，地点仍然是凉伊克拉。这一次，是丈夫走在前面，到热伊
克拉那里去（见图 1-5）。然后，他们以同样的先后顺序回到凉伊
克拉里。在又一次被喷洒药汁之后，还有一次中场休息，可以再喝
35　些啤酒。在此之后，仍旧按照凉—热—凉的顺序进行，妻子走在前
面。最后的一个步骤是重复此前的顺序，但在结束之时，红色公鸡
被砍掉脑袋，鲜血泼到热伊克拉里（见图 1-6）。然后，夫妇二人
再一次被全身泼一个遍，但用的是两种药汁外加凉水（见图 1-7）。
他们一共被喷洒了 20 次，其中 13 次是在凉伊克拉里，7 次在热伊
克拉里，比例差不多是 2：1。

图 1 - 5　伊索玛仪式 4

丈夫做好了准备，要跟随妻子穿过坑道。

图 1 - 6　伊索玛仪式 5

在火焰的上面，公鸡被砍下脑袋，鲜血泼到热伊克拉里。

图 1 - 7　伊索玛仪式 6

夫妇二人全身被凉水淋透。

在喷洒的动作持续之时，男性派内长者站在右边，女性派内长者站在左边，吟唱一些歌曲，这些歌曲都是在隆重的恩登布生命危机仪式和成长仪式上唱的：有的选自穆坎达，即男孩割礼仪式；有的选自蒙翁伊（mung'ong'i），即葬礼仪式；有的摘自卡雍乌（kayong'u），即进入占卜行当的入会仪式；有的摘自恩库拉，即传统的女性礼仪之一；还有一首摘自乌杨阿，即加入狩猎者秘密会社的成长仪式。他们还间或唱起一首恩登布特色的歌《姆万纳米雅雅潘吉拉》（mwanami yaya punjila），还随之跳起一种摇摆身子的舞蹈，叫作库潘吉拉，这种舞蹈代表着姆文伊的舞蹈风格，不仅如此，它还模仿了流产时身体的收缩动作。仪式结束后，妻子将住进隔离茅屋（见图1-8）。

图1-8 伊索玛仪式7

　　妻子和丈夫蹲在刚刚建好的隔离茅屋前，那只白鸡也养在这里，直到它生下第一个蛋。这间茅屋就建在村庄外边不远的地方。医生右手拿着一把刀，他就是用这把刀砍掉了公鸡的脑袋。

分类结构：三重组合

　　我们有足够的数据用来分析我们迄今为止所提到过的仪式。首先，一共有三种体系的三重组合。其中一种是不可见的三重组合——巫师、阴影和姆文伊；与此相对的，是可见的三重组合——

38　医生、病人和病人的丈夫。在第一种三重组合里，巫师是死者和生者之间的中介者，其所构成的联系是敌对和致命的联系。在第二种三重组合里，医生是生者和死者之间的中介者，其所构成的联系是和解和救命的联系。在第一种三重组合里，阴影是女性，（伊奇西）是男性，而巫师既可能是男性又可能是女性；在第二种三重组合里，病人是女性，她的丈夫是男性，而医生在两种性别之间进行调解，在这个过程中他既对男性进行治疗，又对女性进行治疗。实际上，恩登布医生有许多特点，而这些特点在恩登布文化中都被看作是女性化的：他用捣臼来捣药，这通常是妇女所做的工作；他和妇女打交道，与她们谈论私人的事情，而这是男性的社会角色所不允许的。对医生的称呼之一是奇姆班达（chimbanda），而据恩登布人自己所说，这一词汇是与姆姆班达（mumbanda）有关系的，后者的意思是"女人"。

　　在这两个三重组合里，三者之间有两者是联系甚紧的同伙关系。人们认为，在第一种三重组合里，阴影和巫师之间存在着母系亲属关系；在第二种三重组合里，丈夫和妻子又以婚姻关系相联结。第一对致使第二对遭受不幸。第三个同伙姆文伊代表发生不幸的模式，而另一组的第三个同伙即医生代表去除不幸的模式。

第三种三重组合则由凉药汁和热药汁之间 2：1 的比例表现出来，这一比例似乎还有更深一层的象征意义，也就是生命最终能够战胜死亡。这里包含着一个辩证关系，即从生命过渡到死亡，又从死亡过渡到新的生命。也许在"深层结构"这一层面上，我们甚至可以把病人在坑道里的行为与她实际生活中的行为联系起来，即通过婚姻，她从一个村庄搬到另一个村庄，从母系亲属移到配偶的亲属那里，然后由于配偶的死亡或是与之离异，她再重新回到自己的村庄。

分类结构：二元组合

这些仪式还有另外一个结构特征，这一特征可以用交叉的二元对立（binary oppositions）来进行排列。首先，主要的对立关系存在于仪式地点与野外树丛二者之间，这一对立与伊里亚德（Eliade）所提出的"有序宇宙"与"无序混沌"大致相似。其次，对另外一个对立的排列，最恰当的方式是用分栏的结构组成三个体系，如表 1-1 所示：

表 1-1

纵向对立	横向对立	垂直对立
洞穴/新挖的洞	左手边的火焰/右手边的火焰	地面以上/地面以下
坟墓/生育能力	女人/男人	受礼者/派内长者

续表

纵向对立	横向对立	垂直对立
死亡/生命	病人/病人的丈夫	动物/人类
神秘的不幸/治疗而痊愈	作物根茎/野生药材	赤裸身体/穿着衣服
热药汁/凉药汁	白色母鸡/红色公鸡	入药的根茎/入药的树叶
火焰/没有火焰	—	阴影/活人
鲜血/清水	—	白色母鸡/红色公鸡
红色公鸡/白色母鸡	—	—

　　上述的二元对立体系存在于各个仪式空间的不同层次之中。第一套体系是纵向的，空间的两极是"生命伊克拉"和"死亡伊克拉"。第二套体系是横向的，空间的两端是右手边的男性火焰和左手边的女性火焰。第三套体系是垂直的，空间的边界是土地的表面、马克拉以及与之相连的坑道。这些对立体系是恩登布人自己通过阐释或操作（或二者兼而有之）而建立的。用空间定位的词汇来说，主要的二元对立有：动物挖的洞/人挖的洞，左/右，下/上。每一组中，其成分都根据二元价值体系相互对应：死亡/生命，女人/男人，受礼者/派内长者。但是，因为这些价值体系彼此相互切入，所以它们不应被看作等同。

　　在伊索玛仪式里，恩登布人使用的是仪式象征的非口头性语言（nonverbal language），而他们以此所要表达的，既不是死亡等同于女性，生命等同于男性；也不意味着受礼者对于派内长者来说，扮演的是女性角色（尽管她们的角色确实是被动的）。对等性应该

从同一系列（即纵栏）内部去寻找，而不是系列与系列之间。这样
看去，被封闭的动物洞穴入口就可以被看作与填满了的人类墓穴相
类似，与"封闭"了生命的死亡相类似，与那些导致婴儿死亡的神 　*40*
秘不幸相类似，与"热量"相类似——"热量"是巫术和能"燃
烧"的怨恨的委婉语，与红色公鸡相类似，这一颜色代表着伊索玛
仪式中"巫术的鲜血"（mashi awuloji）（恩登布巫术中有吃尸体的
行为，在以巫术对抗巫术的仪式中，红色代表吃尸宴上显露的鲜
血，参见 Turner，1967，p.70），它也与笼统的"鲜血"象征相类
似，象征的内容包括侵犯、危险，在某些场合下也代表仪式意义上
的不洁（ritual impurity）。朝着河流源头方向新挖的洞穴象征着生
育能力之泉，同时，它也与生育能力、生命、治疗程序、凉爽、寒
冷有着密切的联系——它等同于不受巫师和阴影攻击，享有"健康
的身体"，火焰不近其身（在这一背景下，火焰象征着有破坏性的危
险的巫术）。拥有白色母鸡——在这种仪式中，白色母鸡代表甚至体
现了病人的生育能力，而它的颜色象征着（正如我在别处曾经阐述过
的那样，比如 1967，pp.69～70）善良、健康、力量、纯洁、幸运、
多子、食物等；最后，被封闭的动物洞穴入口与清水相类似，其意义
大致与"洁白"一样，尽管描述的是过程而不是状态。

　　主动和被动的特点在属性上是超越性别的。我认为，如果把它
们狭义地等同于性别差异，那么这无疑是一个错误。后者与左手
边/右手边的对立联系得更加紧密。在这一体系之中，我们很难说
病人、她的白鸡，以及妇女们提供的作物根茎有着第一套体系（坟
墓/死亡/热等象征）不吉利的隐含意义。我之所以提到这一点，是

因为其他作者——例如赫兹、李约瑟、利格比（Rigby）还有贝德尔曼（Beidelman）——在涉及其他文化的时候，都倾向于把这些列入同一套体系里：左/右、女性/男性、不吉利/吉利、不纯洁/纯洁等，这样的做法等于把女性和不吉利的联系看作一种常见的归类——实际上差不多将其看作普世性的——从属于固定的类别。我们也不应把恩登布文化中下/上的二分法与性别的二分法一对一地联系起来。这些人的头脑中所排定的词汇体系同样是与性别无关的，为了证明这一点，我可以举个例子：下面的病人和上面的医生就两种性别都有。

41

场景与分类

在其他种类的仪式背景下，其他的分类方法也适用。所以，在男孩割礼仪式上，女性和女性特征就会被看作是不吉利和带有污染性的，但是，在女孩青春期仪式上，情况会倒转过来。对于恩登布文化（事实上，其他任何文化也是如此）来说，它们真正需要的是一种类型学，用于分析能在文化上被识别出来并被模式化的情境。在这种类型学里面，根据具体情况的对象结构，象征意义被使用并且分类。以单独的一个分类等级体系来套用所有的情况，是完全行不通的。而且，分类含有不同的层次，层次之间还有相交叉的部分，在这一结构下持续对立的双方（或三重组合的各部分）仅仅是暂时性地联结在一起：例如，在一种情况下红色/白色之间的区别可能会等同于男性/女性之间的区别，在另一种情况下可能就换成了女性/男性之间的区别，在第三种情况下可能又换成了肉类/面粉之间的区别，而没有任何隐含的性别意义。

分类的层次

确实，单个的象征也许会表现为类别的独立层次之间互相联系的结合点。我们应当已经注意到，伊索玛仪式中的对立双方红色公鸡/白色母鸡在三个栏目中都出现了。在生命/死亡这一层次中，白色母鸡等同于生命和生育能力；与白色母鸡相反，红色公鸡等同于死亡与巫术。在左/右这一层次中，公鸡是雄性的，而母鸡是雌性的。在上/下这一层次中，公鸡是上，因为它被用作"药物"，从上面泼下来；而母鸡是下，因为它与被淋药的病人紧紧联结在一起，就像孩子与母亲连在一起那样。这一点让我想到了很多象征的"多重意义"（polysemy）或曰多义性（multivocality）的问题，即它们同时含有许多的意义。其中的一个原因可以在它们"节"（nodal）的功能中找到，即它们在其所在的体系中的类别之间彼此切入。在伊索玛仪式里，红色公鸡/白色母鸡的对立关系至少在三个类别中占据重要的地位。如果我们仔细地对这些象征一个一个进行分析，在象征的领域把每一个象征单独拿出来，与其他的象征分别开来（用当地的阐释词汇或象征的语境），它的多重含义是最为显著的特征。另一方面，如果我们从为整个仪式（即它们出现在其中的仪式）建构语义的类别这一方面，以整体论的视角来看待它们，那么针对它们的每一种感官效果都会以某一个定律的具体化结果出现。在二分法的对立结构的每个层面上，每一个象征都会变得只有单一

42

意义（univocal）。

仪式象征中的认知与存在

我将把所提及的各种发现与列维-斯特劳斯的《野性的思维》（*The Savage Mind*）一书中的观点联系起来，并以此来结束这一章的内容。列维-斯特劳斯强调，"野性的思维"（法语为 la pensée sauvage）包含着对应、对立、联结与转换等属性，而这些属性正是复杂思维的特征。他的这个看法是正确的。但是，对于恩登布人来说，我们需要注意到，他们所使用的象征表明，这些属性被物质的包装层层裹起，而这种包装是它们的生活体验所形成的。对立并不以对立的形式出现，而是以感官可以感知的物体之间的冲突出现。比如，不同年龄、不同颜色的母鸡和公鸡处在不同的空间，经历了不同的命运。尽管列维-斯特劳斯在一定程度上，也关注了仪式和神秘象征作为感情和欲望的催化剂时的情况，但是他并没有像研究象征作为认知因素时那样，对自己的这一思路进行充分的发展（对此，我在其他地方进行过论证，例如 1967，pp. 28～30，54～55）。伊索玛仪式中的象征和它们之间的关系，并不只是使恩登布人的世界变得有序的一套认知性分类体系，它们同样也是（而且也有着重要的意义）一套唤起性的机制，能够唤醒、引导和控制各种强烈的情感，比如仇恨、恐惧、爱慕，以及忧伤。它们同样也富有目的性，有着"意动"（conative）的层面。在忧伤的情况下，不仅是恩登布人的"头脑"，他的整个身体也会存在性地参与到伊索玛仪式所关注的生命和死亡的事务中。

最后我要提到的是，伊索玛仪式不应该被看作"奇异怪诞"，因为它的象征意义并非荒谬而突兀的。每一象征事项都与现实经历中的某种经验性事物相联系，正如土著人对蔬菜所制药物的诠释所清晰揭示的那样。从 20 世纪科学的角度来看，我们也许会感到奇怪，为什么恩登布人会认为，把某些物件搬进神圣的圈内空间之后，他们就把这些物件所拥有的能力与特质（似乎经验证明它们有这样的能力与特质）也带进来了？为什么他们认为，按照既定的方式处置这些物件，他们就可以控制和集中那些能力，像发射激光一样来摧毁邪恶的势力？考虑到恩登布文化所了解的自然因果关系的知识，谁能否认在合适的情境下，这些药物实际上能够产生相当大的心理慰藉？整个群体对一位不幸的成员深表关切，并以象征的手法表达出来，而且还加上众多"良好"的东西为其求福，伴以这位成员的命运与生命和死亡永恒过程的象征的联结——所有这一切对于我们来说，真的那么"无法理解"吗？

【注释】

[1] 其他的树皮是 mubang'a（即 afrormosia angolensis）、mulumbulumbu、mucha（即 parinari mobula）、mwsesi wehata（即 erythrophloeum africanum）、mitsesi wezenzeta（即 burkea africana）、musafwa、mufung'u（即 anissophyllea fruticulosa 或 boehmii）、kata Wubwang'u、musoli（即 vangueriopsis lanciftora）、kayiza（即 strychnos stuhlmannii）、wunjimbi、museng'u（即 ochna pulchra）、wupembi、muleng'u（即 uapaca species）、mukombukombu（即 tricalysia angolensis）、mubulu。

第二章 | 恩登布仪式中的双胞胎困境

亲属关系和生活中的双胞胎现象：一些非洲的实例

在第一章里，我对一种具体的恩登布仪式做了分析，这一仪 44
式的举行是为了弥补某种缺陷，例如：妇女暂时失去了生育孩子
或把孩子养大的能力。现在，我希望对另一种恩登布仪式做出分
析，这一仪式存在的原因是针对另一种类型的过度的情况。这就
是乌布旺乌仪式，举行这一仪式的目的是让某位妇女变得强壮，
这位妇女要么即将生下双胞胎，要么已经生过双胞胎（ampamba）。
在这里出现的，不是缺乏的问题，而是过度的问题；不是表现不
好的问题，而是表现太好的问题。对于恩登布人来说，怀上双胞
胎构成了我们称之为"矛盾"的情况——也就是说，一种情况的
发生与事先所认为合理或可能的情况之间产生了冲突。对于恩登
布人来说，双胞胎这一现象在生理学上存在着几个不可思议之
处。首先，正如我们已经分析过的那样，恩登布文化对生育能力
相当看重，可是在这里我们看到的是生育能力过度而导致的结
果，即生理上和经济上的窘迫。在这样一个没有畜牧业，对"绵
羊和山羊的奶可以供人类饮用"这一概念·无所知的社会里，仅
仅靠母亲分泌的乳汁来为双胞胎提供足够的营养是不太可能的。
如果他们要存活下来，就常常得靠运气，看是否有另外的妇女近
来丧子，有现成的乳汁，而且还愿意喂养双胞胎中的一个。即使 45
他们存活到了断奶的时候，仅仅靠父母二人来为他们提供足够的食
物也是困难重重的。因此，双胞胎在仪式中被（象征性地）表现为

社区所承受的负担。

表现这种情况的方式之一就是仪式性舞蹈。在跳这一舞蹈的时候，双胞胎的母亲身上只披一块树皮所制成的布，前面遮上一块皮子或麻布，手拿一个又圆又扁的筛子（lwalu），在离村子不远的地方环村而行，整个村子都绕遍。她一边跳舞，一边撩起挡在前边的那块布，向众人展示她过度生育能力的源头。在观看的人面前，她围着筛子转圈，恳求他们提供一些食物、衣服和钱。这种舞蹈体现了乌布旺乌仪式所特有的几个主题。其一是暂时中止了恩登布女人平时所严格遵守的谦逊规则，其二是脆弱性或软弱性所具有的仪式力量——这一主题我们在第三章里还要进一步讨论。在这里，我只指出一点，那就是双胞胎现象同时既被看作福分，又被看作不幸，而这两者都与关注仪式主体安康的整个社区有关。

不仅如此，乌布旺乌仪式还体现了社会秩序的另一个矛盾。夏伯拉（Schapera）教授以及其他一些学者已经引起了人们对这一方面的关注。这一矛盾就是：在亲属关系具有重要的结构意义，并且为整合社会关系和社会地位提供框架的社会里，双胞胎的出生是导致分类尴尬的原因。这是因为人们普遍有这样一个看法（无论是非洲还是其他地方），即同一次分娩所生下的双胞胎神秘地具有同样的外貌，但是，在与亲属关系体系相联系的归因法则下，他们只能占据家庭或亲属群体结构中的一个位置。在以亲属关系来定义各种群体的过程中存在这样的一个分类性假设，即人类一次只生育一个孩子，只能为其预备一个位置。兄弟姐妹的长幼次序是另一个重要的因素。年长的孩子比年幼的孩子拥有更多的权利，在某些情况下，年长的孩子还会享有担任行政职务的优先权。但是，双胞胎一出生，矛盾就随之而来：在数量上是两个，在结构上却是一个；在神秘意象中是一个，在经验所见中却是两个。

非洲的各个社会以不同的方式来解决这一难题。针对双胞胎现象所导致的结构性冲突，其中一个解决方案是把他们都杀死。这种做法在卡拉哈里（Kalahari）的布须曼人中极为普遍。鲍曼（Baumann）就曾经对此进行过记录："因为经济条件很差，所以杀婴的事情时有发生。但是杀死双胞胎或其中的一个，是由于人们认为他们会带来厄运。"（Baumann & Westermann，1962，pp. 100～101）这里出现的矛盾由杀死双胞胎或其中的一个来解决，因为人们认为他们会带来（神秘的）厄运。其他的社会并不会将双胞胎杀死，而是把他们从亲属关系体系中排除出去。亲属关系体系原本是他们一出生时就应该归属其中的，而且亲属关系体系还应该赋予他们特定的地位，这一地位常常伴随着神圣的因素。所以，正如拉特雷（Rattray，1923）所言，在阿散蒂（Ashanti）部落中，"如果生下来的双胞胎为同一个性别的话，那么他（她）们就归酋长所有，这是他的权利。如果双胞胎都是女性，她们会成为酋长的妻子候选人；如果双胞胎都是男性，那么他们就会成为酋长法庭上手持象尾皮鞭的人。在双胞胎出生之后，必须尽快把他们送到酋长那里过目。他们被放在黄铜的脸盆里面，带进'宫殿'里。在庄严的场合下，双胞胎总要穿着白衣，穿着打扮大抵相同"（p. 99）。

在阿散蒂部落中，白色是圣洁及有"灵力"和生育能力的液体——水、精液还有唾液——的象征（inter alia）。大象与过度的生育能力之间也存在着联系，这一点可以由女孩青春期仪式证明。在这一仪式上，新成员"伸手触摸三块烤过的大象耳朵，同时有人向她宣读下面的话：'愿大象把自己的子宫赐予你，使你能生下十个孩子'"（1923，p.73）。阿散蒂部落的酋长有许多"神圣的国王"所具有的特点，并且人们还相信酋长能够跨越他们所在地域中各个地方性群体之间的鸿沟，而酋长的福祉和生育能力与部落成员的福祉和生育能力神秘绑定。所以，双胞胎就从世俗结构之中被分离了出来，作为酋长的神圣性、生育能力的象征和组成部分。但是，王族所生的双胞胎都会被杀死，因为双胞胎被认为是金板凳——阿散蒂部落中王族的最高标志和表现形式——所"憎恶"的（1923，p.66）。这大概是由于双胞胎会给王族母系传承的结构带来冲突，导致一系列的问题：王位继承权、财产继承权，以及长幼次序的安排。

根据埃文思-普里查德（1956）的记述，苏丹境内尼罗河流域一带的努尔（Nuer）部落认定双胞胎是一个人，而且他们属于鸟类："他们单一的社会身份高于并且超越了他们生理上的双重存在，这种双重性对于感官来说是明白无误的。也体现在人们在谈到双胞胎时所使用的复数形式，以及在平时社会生活中的各个方面他们所受到的待遇上：他们仍然被当作两个独立的个体来看待，只是在某些仪式中，他们才会以象征的形式被表现为统一体，尤其是与婚姻和死亡相关的仪式。在这些仪式中，人格会经历一些变动。"（pp.128～129）在这个社会里，双胞胎并不会从社会结构中分离出去，但是他们仍然会获得仪式意义和象征意义。他们在象征意义上等同于鸟类，这不仅是因为他们类似于"鸟类一孵就是好多个蛋，小鸟成双成对地出生"，还因为努尔部落的人把双胞胎归入"从天空来的人"和"上帝的孩子"这一类别，就像他们为鸟类所进行的归类一样。"鸟类是上帝的孩子，因为它们飞在天空中；双胞胎也属于天空，因为他们是上帝的孩子，这一点通过他们受孕和出生的方式就可以知道。"（p.131）由此，努尔部落发展出了解决双胞胎这一矛盾的方法：把他们的单一人格与神圣的秩序相联系，把他们生理上的双重性与世俗的秩序相联系。每一个方面都分属独立的文化层次，而双胞胎这一概念在不同的层次间进行调和。

在许多社会里，双胞胎都有在动物和神灵之间进行调和的能力：他们同时既超越人类范畴，又低于人类范畴。无论在哪个部落社会里，他们都很难在理想形态下的社会结构中找到自己合适的位置。但是双胞胎现象的矛盾之一是，有些时候双胞胎与展现这种社会结构基本法则的仪式联系在一起。双胞胎现象有一个对照性的特点，这一特点与格式塔（Gestalt）心理学中的地面与影像之间的关系很相似。实际上，我们常常会发现，人类文化中的结构上的冲突、不对称和异常总是包裹在一层又一层的神话、仪式和象征里，而这些神话、仪式和象征强调的是结构中心法则的公理意义，对应的恰恰是这些公理意义看上去最不起作用的地方。

在众多讲班图语的族群中（包括恩登布人在内），双胞胎既不会被杀死，也不会像阿散蒂部落那样，被指定一个固定的特殊地位。但是，在他们的生命危机中——从出生、结婚到死亡——都会有为他们举行的特殊仪式。他们还拥有潜在的神圣特质，而且这一

48

63

特质几乎能够永远保持下去，并在所有与双胞胎出生有关的仪式中变得清晰可见。不仅如此，双胞胎的父母和某些兄弟姐妹——尤其是出生时紧随其后的那一个——会被认为处于这一神圣光罩之下。比如，莫尼卡·威尔逊（1957）就曾经记述道：

> 对于尼阿丘萨（Nyakyusa）部落来说，双胞胎的父母和双胞胎自身都是令人恐惧的人（abipasya）。这一部落的成员认为，这些人的亲属和附近的邻居以及牲畜都处在危险之中。只要被这些人触摸到了，牲畜就会患上痢疾和腹泻，腿也会浮肿。因此，双胞胎的父母要被隔离出去，还会为他们举行一场复杂的仪式。在这一仪式中，他们的亲属、邻居和牲畜都会参与其中，并围成一个大圈。双胞胎自然会被移走，与母亲隔离，但是人们强调的并不是双胞胎本身所带来的危险，而是他们的父母所带来的危险。ilipasa 一词的常见含义是"双胞胎"以及"双胞胎出生"，但对其更准确的翻译却是"非正常的出生"，因为这一词汇是用来描述"生产之时，双脚先出来的孩子"（unsolola）以及其他一胎多子的情况的。无论出现什么种类的 ilipasa，人们都会举行同样的仪式。（p. 152）

尼阿丘萨部落仪式的目的是把双胞胎以及他们的父母在当前情况下所携带的"传染性威胁"除去。他们的父母必须接受药物治疗以及仪式治疗，以使他们今后一次只生一个孩子，这样就不会给邻居带来神秘的病症了。在尼阿丘萨部落和其他班图族部落中——例如刚果的苏库人（Suku）和乌干达的索加人（Soga）（Roscoe，1924，p. 123），范热内普（1909）曾经对前者的双胞胎仪式进行过描述——整个当地社区都会参与双胞胎仪式。范热内普强调了一个现象：在苏库人中，一段很长的"阈限"时期（不允许双胞胎进行社会生活，隔离期长达六年）之后，人们会举行聚合（reintegration）仪式。在这一仪式之中，村民们"仪式性地穿越社区所拥有的整个地盘，并且（共同）分享食物"（p. 47）。我在前面已经提到过，恩登布人把双胞胎视为全体社区承受的负担。我们可以将其视 49 为另外一个实例，以此证实一种广泛存在的社会倾向：要么把社会规范之外的事物视为应当关注的对象，以维护最大范围内的已知群体的利益，要么就把这个异于常态的事物加以毁灭。在前者的情况下，异于常态的事物可能会被神圣化，被看作是圣洁的。所以从前，白痴在东欧被看作活着的圣殿，是神圣之灵的隐身之处。正因为要在此居住，所以神圣之灵毁掉了他的智力。这些白痴有权向每一个人索要食物和衣服。在这里，那些异于常态的人——"匠人所弃的石头"，被移到了已经建构的秩序以外，并被当作社会简单统一体的代表。这个统一体被视为是"同质"的，而不是一个由"异质"的各种社会地位组成的体系。恩登布人也是如此，"生下双胞胎"这一生理情况被整体神圣化，而且还被视为所有人的事情，而不仅仅是母亲的直系亲属的事情。双胞胎的母亲所遭受的苦难——因为好事过度而造成的——变成了整个社区的责任。这也是一个特殊的场合，在这一场合下整个社区可以举行庆典，颂扬他们所持守的重要价值观和部落的原则。而原来的"好事"（理论上）却是坏事（实际上）这个矛盾就变成了一种特殊仪式的动员力量，这种仪式强调群体的合一，它超越了其内部的各种冲突。

我再重复一遍：在一个以亲属关系来定义的社会里，双胞胎这一问题有两种解决方式。对此你可以说"真不敢相信"（就像第一次看到长颈鹿的小孩子一样），并且否认生理学事实的社会性存在；或者你也可以接受这一事实，并且试着去做出应对。如果你真的试着去做出应对，那么你就必须——如果你能够做到的话——让这一事实看上去与你所在的文化的其他部分相一致。举个例子，可能你会在某些情况下关注双胞胎的双重性，在其他的情况下关注双胞胎的单一性。或者你也可以思考：两个原本独立甚至相对的个体，是在经历了什么样的自然性和社会性过程之后，才融合成了一个崭新而独特的存在。你可以这样考察两个人变成一个人所经历的过程。或者你也可以对相反的情况进行考察，即在什么样的过程中，一个人能够变成两个人，也就是分开（bifurcation）过程。如果还要进一步探究的话，你还可以把数字"二"看作所有形式的多重性的代表，与统一性相对。"二"代表"多"，与"一"相对；它要么从"一"演化而来，要么表现为与"一"重新融合。

50　　不仅如此，如果你暂时把"一"抛在一边，只把注意力集中于"二"的话，那么你也许会把"二"视为组成"一对相似事物"的方式，而这"一对相似事物"也许是卡斯达和波利克斯（Castor & Pollux）两兄弟组成的双子式的；也许是相互对立的，比如男性和女性，比如恩登布仪式中的生命和死亡。而恩登布人所选择的是强调双胞胎对立和互补的方面，这一点由双胞胎仪式中的象征性词汇体现了出来。尽管双胞胎在通常情况下是同一性别——实际上同卵双胞胎总是同一性别——恩登布人仍然在乌布旺乌仪式中强调双重性中等同而对立的方面。进一步对这个观点进行分析的话，我们会看到，当他们展现"将二元组合中的成分统一起来"这一过程的时候，他们实际上把这一过程表现为对立体的并存，而不是相似体的重叠。性别象征被用来描述这一过程，但是我希望能够说明一下，这种象征的目的不仅仅是对性交关系进行表达。描述性行为的词汇被用来代表一种过程，在这一过程中，在力量上大致相当、在性质上相互对立的各个社会力量被描述为和谐共存。在这一章中，我将主要对一些社会现象进行讨论，对应这些社会现象的是一些象征，这些象征同时也表示性行为的各方面。在一场仪式展演中，社会文化方面的指称物的多样性（与仪式相对应）与器官指称物的多重性（包括有性别特征的器官）之间就达到了相互融合，而相信这一展演能起到作用的人们为这一融合注入了超凡的能力，而且这一融合还拥有人类交流的新特质，这是宗教象征的重要特点。如果有人提出，在文化和器官性的存在这两套体系的对应之中，有一套是"基本"或"首要"的，而另一套相对于它来说是"可化约的"（reducible），那么这就意味着要忽视它们各自在质上的区别，而这一区别已经由这两套体系相互依赖的模式表现了出来。

恩登布双胞胎仪式的结构

对立双方的统一，主要由男女间性别差异的象征，还有对立与统一的象征表现出来。而对立双方的统一组成了所谓乌布旺乌仪式的"情节"（plot）。下面我将选出这一仪式中的两个重要场景，并

51　　且对它们（连同它们的象征意义）逐个进行考察。就像因病痛而组成的恩登布的大部分会社那样，乌布旺乌会社是由那些患病后接受过乌布旺乌仪式治疗的人组成的。恩登布人认为，致人病痛的魂灵在生前也是这一会社的成员。派内长者或医生会为病人采集某些蔬菜作为药品，用特殊的方式为自己装饰一番，然后把作为药物的树叶捣成碎末，浇洒在病人身上，再给她一些药物与清水的混合物，让她喝下去。在病人的茅屋大门旁边，一座神龛会被搭建起来，此会社的成员还会举行一系列与神龛有关的仪式。男人和女人都可以扮演医生的角色，因为这些男人——本身是双胞胎之一，或本身是双胞胎所生的儿子或双胞胎的父亲，或本身有一位妻子、母亲或姐妹接受过乌布旺乌仪式的治疗且治疗得很成功——有学习乌布旺乌仪式所使用的药物和技术的权利。根据我所做的记录，致人病痛的魂灵往往是女性。恩登布人认为，在大多数情况下，这一魂灵在生前是病人的外祖母。

　　乌布旺乌仪式通常为刚刚生下双胞胎或即将生下双胞胎的妇女举行。人们判断一名妇女是否会生下双胞胎，是根据这一标准：如果这名妇女的母亲或外祖母曾经生育过双胞胎（也许这两种情况都出现过），那么她也会生下双胞胎。如果这样的一位妇女在孕期出

52　现了生育方面的紊乱，那么人们通常无须向通灵术士询问，就可以为她举行乌布旺乌仪式。而其他与生育双胞胎毫无关系的妇女如果遭受了生育方面的麻烦，她们也同样可能成为这一类病人，需要人们为其举行乌布旺乌仪式。做出这种判定，常常是因为这些妇女的亲属去询问通灵术士，而通灵术士去询问自己的象征物品，然后确

定，一个"以乌布旺乌形式出现"的魂灵抓住了她。所有与女性生育行为有关的恩登布仪式都有特定和普遍两方面，在特定方面，这一仪式主要应付文化定义中一种具体的紊乱情况，但是同时它也能用来解决其他的紊乱情况。所以，尽管恩库拉仪式的主要目的是治疗月经紊乱，但是举行这种仪式也可以治疗流产、性冷淡，以及不孕。伊索玛仪式的主要目的是治疗流产和生下死胎，但是举行这种仪式也可以治疗月经紊乱。同样，乌布旺乌仪式本身作为治疗仪式，主要是针对罹患各种生育性紊乱的妇女，但其象征的重心却是双胞胎的出生，就像恩库拉仪式的重心是出血过多，伊索玛仪式的重心是流产一样。

我请大家注意的这两个场景（其中第二个场景可以再细分为两个阶段）是：（1）河流源头仪式；（2）建造双胞胎神龛，以及性别间的竞赛。在第一个场景之中，婚姻中的性别统一被表达为一种神秘；在第二个场景之中，性别则被表现为分离和对立。

仪式象征的属性

这两个场景之中，每一个都富有象征意义。[1]这样的象征体现了下述属性：浓缩性、不同所指的统一性，以及意义的两极性。实际上，单个的象征能够同时代表许多事物，它是有着多重含义的，而不是只有单一意义。它所指代的事物并不都遵循同样的逻辑顺序，因为它是从多种社会经验和道德标准中提升出来的。最后一点：它所指代的事物有聚集在相对立的语义双极的倾向。在其中一极，所指代的事物属于社会和道德的范畴；在另一极，所指代的事

69

物属于生理学的范畴。所以，穆迪树（mudyi，即伞节藤）——女孩子青春期仪式的中心象征——同时意味着乳汁和母性；而穆库拉树（mukula，即安哥拉紫檀）却代表着割礼所流出的血，以及成熟的部落男性在道德上的团结一致。就这样，这些象征把人体组织与社会道德秩序联系在了一起，展示了它们最终达到的宗教性统一，这个统一体高于并且超越这些秩序之间（以及秩序之内）的冲突。这样，那些与人体生理学（尤其是生殖方面的生理学）相关联的强大动力和强烈情感就在仪式过程中剔除了其反社会的性质，而被附植于规范的社会秩序，并赋予社会秩序以一个外借的活力，从而使得涂尔干所说的"社会强制"（obligatory）在情感上成为可以接受的。象征既是这个过程的产物，也是其动因，并形塑了其性质。

53

河流源头仪式：药物的收集

在乌布旺乌仪式中，河流源头仪式为这些属性提供了例证。它们组成了一系列仪式活动的一部分，这些仪式活动构成了双胞胎仪式的第一个阶段。在伊索玛仪式和其他治疗病痛的恩登布仪式中，对药物的收集（ku-hukula yitumbu——这个词组的字面意思是"强夺或偷窃药物"——或者叫 ku-lang'ula yitumbu）是这一系列活动之中的第一个。在乌布旺乌仪式中，作为医生，主持仪式的派内长者们把一些食物带入树丛，盛放食物的容器是资格较老的仪式人员的筛子。食物包括木薯根茎、种植的豆类、野生的豆类、盐块、玉米粒、家畜的肉、野猪的肉，以及其他可食用的东西。他们还会带来一些用玉米或其他黍类的籽粒所酿成的白色啤酒。这种颜色使啤酒具有了专门释放阴魂效力的功能，因为阴魂本身就是一种"白色"（a-tooka）的存在。他们还用生殖器形状的葫芦盛装白色黏土（mpemba）（见图 2 - 1），用水生软体动物的外壳（nkalakala）盛装粉末状红色黏土（mukundu）。报道人告诉我，"带食物过去是为了让母亲和两个孩子的身体强壮起来"，而带白色黏土过去是为了"让孩子变得强壮、纯洁和幸运"。有几个报道人认为红色黏土意味着"运气不好（ku-yindama）、身体不强壮（kubula kukole-ka）、失败"。但是，我们在下文中可以看到，河流源头仪式中所用的同一种红色黏土代表着"母亲的血液"。这是另一个实例，在这个实例中，同样的象征在不同的背景下有着不同的意义。白色/红色在乌布旺乌仪式中的不同场景中代表不同的二分对立：强壮/虚弱、好运/厄运、健康/疾病、纯洁的心灵/招来巫术的怨恨、精液/母亲的血液以及男子气概/女子气质。　*54*

　　这一群派内长者走在一位资格较老的男性仪式人员和一位资格较老的女性仪式人员后边。这些派内长者都由他们的孩子陪伴。实际上，乌布旺乌仪式是唯一一种有孩子参与的仪式，孩子们的任务是收集"药物"，这是一个传统词汇，用于指称这种植物成分，不　*55*过这个词并不太恰当。每一个孩子都会从所有找到的"药物"树木和灌木丛上采下长有很多叶子的树枝，并把这些树枝拿到举行仪式的地点。在收集药物的过程之中，人们会唱一些淫秽的歌曲，"以使病人变得"强壮，而主治医生会摇响狩猎铃。摇响狩猎铃的目的

图 2 - 1　双胞胎仪式 1

一位派内长者端着仪式专用的筛子，上面放着一葫芦白色啤酒，还有一个生殖器形状的葫芦，里边装满了白色黏土。她正在接过一根药用树枝。

是"让未出生的孩子双耳张开，这样他们就会知道自己是双胞胎"。唱歌和摇铃也是为了"唤醒那些阴魂"（ku-tnnisha akishi），因为每一位作为医生的派内长者都有一位守护阴影，这一阴影生前曾经也是乌布旺乌会社的成员。不仅如此，他们还要"唤醒"药用树木，即提取乌布旺乌仪式所用的药物和药汁所必需的树木。恩登布人相信，如果没有这些刺激性的声音，那么树木仍然是树木；如果有这些刺激性的声音，以及与之相伴的祝圣仪式，那么树木就会拥有神秘而强大的能力，而这种能力与西方民间药方中草药的"效力"颇为相似。

我在后文（边码第 86—88 页）中会整段引用一篇关于收集药物的文本。在这个文本中有这样几句话："更新（或使之升起）和分散这些原来的（或传统的）话语，以及切割（药物），都是必需的。"这些"话语"就是乌布旺乌仪式的歌曲和祷告词，而且它们神秘地影响着对药用树木的切割。我这里有一个祷告词的实例，在仪式的主要象征药物——卡塔乌布旺乌树（kata Wubwang'u）——被祝圣之后，人们就会开始祷告。首先，一位资格较老的仪式人员会围绕着它跳舞，因为"他想让阴影高兴"，它有这一念头是因为这棵卡塔乌布旺乌树是乌布旺乌阴影所拥有的最大的树。说它"最大"，实际上是说它在仪式里的地位最高，因为我所见过的所有被以这种方式处理的树都是细弱的小树。然后，他会在树的主根上挖一个洞，把那些食物放进去，同时口念下述祷告词：

> Eyi mufu wami kanang'a wading'i na Wubwang'u,
> 你，啊我逝去的（女性亲属），你有乌布旺乌，
> neyi muntu wunamwidyikili dehi muWubwang'u,
> 如果你今天以乌布旺乌的样式出来，到了家人那里，
> ifuku dalelu mukwashi chachiwahi

73

那么就在今天，你必须让她恢复健康，

ashakami chachiwahi nawanyana.

这样她才能与她的孩子们幸福地坐在一起。

56 　　然后，人们会把祭奠用的啤酒倾倒在洞中食物的上面，这样"那些阴影会过来吃喝这些祭品"。接下来，医生将自己的嘴里填满清水或啤酒，还有粉末状白色黏土（又称 mpeza），继而把它们喷出去，喷到大笑不已、四散躲避的旁观者身上，这是赐福的标志。再下一步，病人在一个挨着树的地方被固定着站立，面朝东方。一条一条的树皮被从这棵树上剥下来，放进筛子里（见图2-2和图2-3），一根长有树叶的枝条被切割下来，送到一位女性派内长者的手里，由她拿着。据一位派内长者所说："她面朝东方（kabeta kamusela），是因为东方是太阳升起的地方，一切事物都是

58 从东方而来的。一个人死了之后，人们会安置他的尸体，使他的脸朝向东方，意思是他还会重生。但是，没有生育孩子的人〔恩萨玛（nsama）〕或巫师在被埋葬的时候脸应朝西方，这样的话他就会永远死去。"简言之，东方是吉利的方向，是赐人以生命的方向。

　　与在伊索玛仪式中一样，卡塔乌布旺乌树被称为"长老"或"互致问候的地方"。这种树是一个具有多重含义的象征（即有很多指称）。这样的象征被看作从世俗行为转换到神圣行为的关键场合。在乌布旺乌仪式里，从干燥的灌木丛（yitumbu ya mwisang'a）中采集到的药物和从河流旁边的树林（yitumbu yetu）中采集到的药物被明显地区分开来。树丛通常与狩猎和男子气概联系在一起，而

图 2-2　双胞胎仪式 2

　　病人挨着药用树木站着，面朝东方，东方是重生的方向。医生
用他的药斧砍下一些树皮，放进筛子里。

　　河流旁边的树林通常与女子气质联系在一起。河流旁边是冲积而成
的黑土地，十分肥沃，妇女们在那里进行园艺农业耕作，并把木薯
的根茎浸泡在身旁的水洼中。在乌布旺乌仪式里，有一棵从干燥的
灌木丛中被单独挑选出的"长老"树，还有一棵从河流边的树林中
被单独挑选出的"长老"树。前者是卡塔乌布旺乌树，它的果实被

57

图 2 - 3　双胞胎仪式 3

　　这一图景展示了双胞胎的仪式身份——这一次是分属不同性别的情况。身穿白色衣服的男子是那名女性病人的孪生兄弟，而病人的后背挨着莫鲁瓦乌布旺乌树（molu waWubwang'u）。用作药材的树叶就是从这种树上砍切下来的。在每一次切下药材的时候，病人的孪生兄弟都必须站在她的旁边。

分成相等的两个部分，恩登布人以它们来代表双胞胎（ampamba或 ampasa）。下一步，人们到干燥的树丛中寻找一些其他种类的树，以便刮下树皮和砍下树叶茂密的树枝。表 2 - 1 中包括每一树种的名称，后边附有简略说明，来指出土著人为什么使用这些树种。

表 2 - 1

树木种类		恩登布人的解释
恩登布人的名称	植物学上的名称	
1. kata Wubwang'u	?	像双重果实一样的双胞胎
2. museng'u	ochna pulchra	一朵花结出很多的小果实——双胞胎就像是同一个人
3. mung'indu	swartzia madagascariensis	结出果实，这样能使母亲生育很多孩子
4. mucha	parinari mobola	同 3
5. mufung'u	? arisophyllea boehmii	同 3
6. kapepi hymenocardia acida	?	同 3，结出的瘦小果实像树叶一样，是酸的，可用作调味品
7. musoli	vangueriopsis lanciflora	从 ku-solola 一词而来，其意思是"使之可见"，意思是让没有孩子的妇女生下孩子
8. mukula	pterocarpus angolensis	它红色的树脂被称为"血液"，能够让妇女在生产的时候有足够的血液
9. mudumbila	?	结出果实，赐予妇女生育能力
10. muhotuhotu	canthiumvenosum	从 ku-hotomoka 一词而来，其意思是"突然落下"，同样，患病妇女的病症也必须从她身体中滑落出去
11. mudeng'ula	?	同 3，结出果实
12. mwang'alala	paropsia brazzeana	从 ku-ku-mwang'a 一词而来，其意思是"四散开来"，意思是驱赶疾病散开

除了这一套蔬菜药物以外，人们还加上了一块大黄蜂的蜂窝作为药物。"也许是因为大黄蜂能产许多幼虫的缘故吧。"一个报道人这样猜测道。蔬菜药物加上大黄蜂的蜂窝，就是从灌木丛中收集的

药物的完整列表。然后，人们还会到河流旁边的（狭长的）树林去采摘一些药物。河流旁边的"长老"树是一种爬藤植物，叫作莫鲁瓦乌布旺乌（molu waWubwang'u），即"乌布旺乌的藤"。恩登布人说："莫鲁瓦乌布旺乌能长出很多不同的枝条，延伸到很远的地方，把这一片地方都划归己有。同样，妇女也应当生育很多孩子，多得就像爬藤植物的枝条一样。"稍后在乌布旺乌仪式中，它还有另一种用途，而这个用途是分为两个方面的：首先，它被缠绕在孩子们所取下的药用树枝上。这些药用树枝已经被竖直地插在病人的小茅屋旁边，构成了一个小型的双重围栏，形状像一个字母 m。这个围栏相当于一座神龛，用来祭祀致人病痛的阴影。然后，这种爬藤植物被披挂在病人的肩膀上和胸前。这一做法让人想起此爬藤植物在另一种情况作为药物的效用，即如果妇女的乳汁发黄或发红的话，它可以使乳汁变白。颜色异常的乳汁被称作"罪"（nshidi）。人们感觉，妇女的乳汁发黄或发红这一异常情况往往与巫术有关：这个母亲自己可能就是巫婆，或者别人正在对她施巫术。莫鲁（molu）药能使乳汁恢复为正常的颜色（参见 Turner，1967，p. 347）。恩登布人认为白色代表着众多美德与价值，比如善良、纯洁、健康、好运、有生育能力、坦率、社交沟通，以及其他的一些吉利的品质。所以，莫鲁——河流旁边最主要的象征——代表着母性、分
60 泌乳汁、乳房，以及生育能力。像穆迪一样，莫鲁代表着母性里哺育孩子的方面。

　　下一步收集的是河边其他的药材。按照收集的先后顺序，这些药材列在表 2-2 中：

表 2 - 2

树木种类		恩登布人的解释
恩登布人的名称	植物学上的名称	
1. molu waWubwang'u	可能是一种旋花科的植物	它能长出很多不同的枝条，延伸到很远的地方，把这一片地方都划归己有。同样，妇女也应当生育很多孩子，多得就像爬藤植物的枝条一样
2. musojisoji	？	它能结许多果实，能使妇女生下许多孩子
3. muhotuhotu	canthium venosum	见前表中第 10 项关于灌木的药物
4. mudyi	diplarrhyncus condylocarpon	在女孩青春期仪式上，人们也使用这种药物，以使女性变得成熟、生下很多孩子
5. katuna	(uvariastrom hexalobodies) harungana madagascariensis	katuna 有红色的树汁。孩子的出生总是伴随着血液的外流，所以母亲应当有很多血液才行
6. mutung'ulu	？	它长有很多枝条，延伸到很远的地方——妇女也应当生育很多孩子。kutung'ula 的意思是"背后说人长短"——也许怨恨就是这样来的吧

评论

这些药物的种类各不相同，但其中的绝大多数都代表着妇女所渴求的"生养众多"。有的药物是与"母亲的血液"这个概念联系在一起的。有位派内长者透露出这样一个信息，即未出生的孩子

"通过母系的血液来吃到食物"。这意味着他们对生殖生理学还是有一定认识的。非常有意思的是：穆霍图霍图（muhotuhotu）和穆吞乌鲁（mutung'ulu）这样的药物是与麻烦、背后说人坏话以及怨恨联系在一起的。这些药物就像一条红线，纵贯乌布旺乌仪式的意识形态结构，实际上，它们也是和红色这一象征联系在一起的。这就是为什么资格较老的仪式人员带来红色黏土之后，那些跟随当医生的父母进到树丛里的孩子会用这些黏土来装扮自己的面孔（见图2-4）。这些孩子之中的双胞胎在自己的左眼周围涂上红色的一圈，然后再用白色黏土在自己的右眼周围涂上一圈。"这是考虑到了双胞胎阴影或双胞胎的母亲才做的。"那些报道人这样说道。其中一位告诉我，红色的一圈代表"鲜血"，而白色的一圈代表"力量"或"好运"。但是，还有一个报道人明确地指出，红色的一圈代表"怨恨"，因为它是涂在左眼或叫"阴性"眼的周围的，"也许怨恨是从那一边来的"。我问他这句话是什么意思，他告诉我，可能病人的外祖母生前与病人相处得甚是不融洽，而现在她的外祖母变成了致人病痛的乌布旺乌阴影。还有另外一层意思，他继续说道，阴影也许看到母系家族中的亲属（akwamama，意思是"母亲那一边的人"）间争吵拌嘴后生气了，然后惩罚了家族之中的一个成员。无论是什么情况，他说道，在母系家族的亲属间，怨恨总是更常见一些，而父系宗族的亲属间常常友善相处。这是一种有意识的努力，试图以一种完全一致的方式来将矛盾的对立双方关联起来，例如男性/女性、父系/母系、祝福/怨恨、白色/红色。

在这一诠释中，隐含的是双胞胎本身的矛盾。双胞胎中的两个

图 2-4　双胞胎仪式 4

孩子们的脸上用黏土做了标识：眼睛周围涂上了
红色和白色黏土。这是为了把他们划分为两个类别：
双胞胎和非双胞胎。

人既代表了好运和合理的生育力——在这　方面，他们与理想中的
人际关系相一致，父系宗族亲属之间就应该是这种人际关系——又
代表了厄运和过度生育。顺便说一下，恩登布人认为性别相异的双
胞胎比性别相同的双胞胎更吉利一些——这是非洲社会中广泛存在
的看法——可能是因为性别相同的双胞胎在亲属和政治结构中占据
了分配给单个子女的地位。

除了"双胞胎果实"即卡塔乌布旺乌这一象征和"一个之中包含多个"（otmuseng'u）这一象征之外，药物本身并不明确指代双胞胎。它们累加起来所代表的，是旺盛的生育能力。但是，对于"从灌木丛中收集的药物"和"从廊道林中收集的药物"这两个不同的种类，仪式对它们做出了明确的区别。这一区别是与乌布旺乌仪式中主要的两重主题相关联的。而那些报道人把这一区别与男子气概/女子气质之间的区别联系了起来。

河流源头仪式：水流和圆拱

63　　　女孩青春期仪式的中心象征穆迪树（即"牛奶树"）也会出现在双胞胎仪式上。它的特点是只在描述对立双方神秘统一的场景下出现。在应该放到筛子里的药物都已经收集完毕的时候，资格较老的男性仪式人员会砍下一根柔软的穆迪枝条，然后同样再砍下一根穆霍图霍图枝条。这些枝条是从河流的源头之处取下的（见图2-5）。接下来，人们把它们插在河流的两岸，彼此相对，然后尖端向另一边弯曲，构成一个圆拱。尖端与尖端绑在一起，穆霍图霍图枝条在穆迪枝条的上边。建造完成的圆拱叫作姆潘扎（mpanza）或库希姆帕（kuhimpa），这是一个动名词，意思是"交换"。

64　　　人们在各种不同的仪式背景下使用穆霍图霍图树。恩登布人倾向于把它的含义与它的某些自然属性及两个动词联系在一起。一些精通仪式的人从这两个动词引申出了穆霍图霍图树的某些指代含义。我在第一章已经提到过，这种追溯词源的习惯是中非地区阐释

图 2 - 5　双胞胎仪式 5

参与仪式的众人抵达了河流的源头之处，"生育能力就是从这里开始的"。他们手中还拿着药用树木的枝条。

行为的重要特点。针对仪式对象和仪式行为进行的词源性解释是否正确并不重要。恩登布人只不过是在应用一种进程性处理方式，即使用同音异义词，这一方式能够使所有语言的语义内容更加丰富。同音异义词可以被描述为有着严肃意义的双关语。如果从不同的词源衍生而来，却有着相似的发音的两个词语能够在含义方面彼此渗透，那么语义内容的进一步充实就得到了实现。如果要以相对较少的象征来代表众多的现象，那么同音异义词的使用就是不可避免的。

穆霍图霍图这个词在某些场合下是从动词 ku-hotumuna 演化而来的，ku-hotumuna 的意思是"突然落下"。据说，在干燥的季节行将结束的时候，这种树的叶子常常会在同一时间掉落，所以突然之间树枝就会变得空落落的。同样，当穆霍图霍图树被当作药物来使用的时候，疾病、不幸和巫术/蛊惑就会从接受治疗的病人身上"掉落"。有时，恩登布人会把捣成粉末的树叶药物扫到病人的身上。他们所拿的药用扫帚由三种成分组成，其中总会有一种是穆霍图霍图树。在对付巫术的仪式上，人们常常使用这种扫帚。

但是-hotu-这一词根还有另外一个衍生词，这个衍生词也影响了穆霍图霍图的含义。它就是动词 ku-hotomoka。有人用以下迂回的陈述为我解释了这个动词的含义："如果一棵树依靠着另一棵树生长的话，只要一刮风，它就会突然倒下来。这种下落就叫作 ku-hotomo-ka。有的时候，这个词的意思是压在另一棵树的上面生长的树。疾病会压在病人的身上，而医生想让它滑落下来。"

但是，在乌布旺乌仪式上，人们却说穆霍图霍图树代表"男人"（iyala），而穆迪树的枝条代表"女人"。我为此询问过一些派内长者，而所有被问到的人都回答说"确实如此"。他们指出，在 *65* 仪式中，穆霍图霍图树的枝条是被放置在穆迪树的枝条之上的。他们还进一步指出，把枝条绑在一起象征着男人和女人在性上的结合（kudisunda）。有的时候人们用卡巴拉巴拉树（kabalabala）的枝条来代替穆霍图霍图树的枝条。在狩猎者秘密会社里，分叉的卡巴拉巴拉树枝常常被用作神龛。这种树木的质地非常坚硬，可以抵挡白蚁的咬啮。在男孩割礼仪式上，人们用它来与勃起的阴茎进行对比。在这一场合中，它被当作药物来使用，以促进男子的性功能。此时它与男性特质有明显的联系。

另外一组被指代的事物与河流上方圆拱的形态有关。其称呼姆潘扎的意思是"分叉的地方"，或人体的分叉点。据一个报道人所说："姆潘扎是两条腿连接的地方。这是男人和女人的生殖器官所在的地方。"同样的象征在女孩青春期仪式中也会出现。在这一仪式中，弯成弓形（kawuta）的一小段穆迪树枝会被放置在新成员隔离茅屋的顶上——在那里，一根穆迪树枝被绑在一根穆库拉树枝上。弓形树枝上面挂了一层白色的珠子，象征着新成员所渴求的良好生育能力。两根树枝之间连接的地方就被称为姆潘扎。这种分叉点对于生物延续性和社会延续性来说，是最为基本的。它还会再次出现在双胞胎仪式的二重象征中。

姆潘扎这一词语也在男孩割礼仪式中被使用，描述的是资格较老的仪式主持和割礼执行者岔开双腿所形成的通道，而在隔离期看管新成员的那些资格较浅的监护人必须从下边钻过去。这一通道既是割礼仪式的入口，又是一种神秘的密码，能够使那些资格较浅的监护人的生殖器变得更有力量。在这一仪式里，通道这个象征使人想起伊索玛仪式里出现过的坑道象征。

姆潘扎的主题在乌布旺乌仪式里同样也出现过。在村庄的神龛处，稍后还会举行一些仪式活动。在这些活动中，每个男性医生都会从其他男性医生岔开的双腿下边钻过去（见图 2 - 12）。病人自己也会从医生的双腿下边钻过去。这一做法被称为 kuhanwisha muyeji mwipanza。读者应该能记起，在伊索玛仪式中出现的坑道，名字叫作 ikela dakuhanuka。在这里，kuhanuka 和 kuhanwisha 有同样的词根。

到目前为止，我们已经知道了弓形树枝代表男子气概和女子气质结合之后所产生的生育能力。在河流的源头之处，姆潘扎的场景也有着重要的意义。恩登布人认为，这一源头（ntu，或称 nsulu）是"生育能力开始的地方"。仪式人员把水划分到"白色"象征这一类别里。水作为"白色"象征，被赋予了"善良""纯洁""好运"以及"力量"的含义，而这一类别的其他象征也同样具有这些含义。[报道人告诉我，这些仪式的功用之一是"把疾病洗去"（nyisong'u）。医生的双脚被洗濯，"是为了使它们变得洁净"（na-kuyitookesha），因为乌布旺乌仪式有不洁净的因素在里面，即猥亵言语、有攻击性。]但是，水也有与其特有属性相对应的其他附加含义。这些含义包括：水是"凉爽的"（atuta）或"清洁的"（at-ontola），它代表着"活着的"（ku-handa），与此相反，火的灼热却和人发烧一样，意味着"将死的"（ku-fwila），尤其是因受巫术所害而濒临死亡。至于以降雨或河流的形式出现的水，它所代表的是生殖在整体上的"增长"或"倍加"（ku-senguka）。在双胞胎仪式上，姆潘扎树这一象征表现出，人类的生育能力是与自然界的生育能力联系在一起的。

资格较老的女性仪式人员即刻从圆拱下面移走了一块黑色的冲积层河泥，其被称为玛罗瓦（malowa），这一行为也同样体现了"凉爽"这一主题。这块土壤被放置在药用筛子里，稍后的时候，人们会把它作为建筑材料的组成部分来修造一个神龛，以供奉乌布旺乌魂灵。一些报道人说：人们在这一场合中使用玛罗瓦，在女孩青春期仪式上也使用玛罗瓦，但这二者是并行不悖的。在女孩青春期仪式上，玛罗瓦代表着幸福的婚姻（wuluwi），这一词语是与luwi 相关联的，意思是"怜悯"和"善良"。在其他很多的情况下，人们使用玛罗瓦，是由于它与河水接触，是"凉的"。因为它是"凉的"，所以它能够把疾病削弱，而疾病被认为是"热的"，就像伊索玛仪式所提到的那样。但是报道人说，玛罗瓦与生育能力也是联系在一起的，因为庄稼在玛罗瓦上能够茂盛地生长。

　　女孩举行青春期仪式之后，就是新婚之夜。新婚之夜过后，新成员的指导者（nkong'u）会拿一些玛罗瓦土块去触碰新郎和新娘，然后把碎块分撒在村中每一对已婚夫妇所居住的茅屋里。恩登布人说，这样做的意思是"现在，这对新婚夫妇彼此相爱，而指导者希望使所有的已婚夫妇都在同样的爱中合一"。恩登布部落的妇女明确地表达了这样一个观点，即理想的婚姻应该是子女绕膝、平安祥和的。她们说，自己心目中的理想丈夫应该是脾气温和、工作勤奋、和颜悦色的。她们还说，这样的男人"能成为十个孩子的父亲"。但是，女人心中理想的丈夫形象却与男人的性格完全相反——狩猎者秘密会社所崇尚的"真正的男人"形象是这样的：正如在狩猎者的仪式上所唱的一首歌中所提到的，"他一天能睡十个女人，是一位伟大的酋长"。在这样的场景下，女人实际上被怂恿把自己的心交给这些强硬、易怒、纵欲的男人。在我们的社会里，这样的两种完全相反的理想境界同样存在，每一个读过《乱世佳人》的人都能意识到这一点。这本小说同样以二重主题为基础——北方与南方、资本主义与种植园经济。在双胞胎仪式的各个场景中所展现的，不仅是很有效果的联合，而且还有性别之间的竞争。

87

所以，姆潘扎圆拱代表了良好的生育能力，以及男女之间合宜的爱情。男性法则和女性法则"交换"了属性。河流的两岸以圆拱连接，生命之水涌流其下，传递的是凉爽和健康这两个主要的信息。

在姆潘扎做好之后，病人会站到放置于水中央的一段圆木上（见图2-6），而女性派内长者和她的女儿们也登上圆木，站在病人身后，女儿们按照长幼次序排好。资格较老的男性仪式人员会带来一个小葫芦（ichimpa）——那些报道人直率地将它与阴茎（ilomu）相比，而且还是在女孩青春期仪式上用来为新成员传授性技巧的那种道具——然后把里面的白色黏土取出来。那些男性医生早已在黏土中加入了某种配料：很少的一些姆佩卢（mpelu），即动物身体的部分或其他生物组织，用来施展接触巫术（contagious magic）。在乌布旺乌仪式里，这些都被列在"白色"象征这一类别里，其中包括：研磨成白色碎末的歌利亚甲壳虫——在狩猎者仪式中，这种碎末也被当作蛊物来使用；还有白化病患者的几根头发（mwabi），人们认为这是吉利的东西；还有从灰毛鹦鹉（kalong'u）身上找到的白色羽毛，以及鸽子的白色羽毛（hapompa）。这些东西都是与狩猎、男性气概以及白色联系在一起的。白色黏土本身也有一个明确的指代，就是精液（matekela）。人们认为，精液就是"用水净化后的血液"。资格较老的仪式人员面朝病人，把粉末状白色黏土放进自己的嘴里，然后喷到病人的脸上和胸脯上。下一步，资格较老的女性仪式人员站在病人的身后，从一个大个的水生软体动物外壳制成的容器里取出一些粉末状红色黏土，放进自己的嘴里，然后同样喷到病人的脸上和胸脯上。

图 2 - 6　双胞胎仪式 6

病人和一些仪式人员排成纵行，站到放置在水中央的圆木上。医生们做好了准备，要将粉末状的红色和白色黏土喷进病人的耳朵里。

把黏土粉末喷到病人身上这一做法（叫作 ku-pumina 或 ku-pumbila），既代表着性高潮，又代表着生命中得享好东西的福分（ku-kiswila nkisu）。喷出黏土粉末时，次序是先白色后红色，这是对恩登布生殖理论的一个戏剧化的展示。穆丘纳（Muchona）——他是我的报道人中最出色的——对这种仪式行为做出了这样的诠释："白色黏土代表着精液，而红色黏土代表着母亲在生产时所流出的血液。父亲先是把血液给了母亲，而母亲把这血液保存在自己的身体里，并让它生长。精液原本就是血液，但它与水混合在一起，被水净化成白色。精液是从父亲的能力那里来的。在母亲的身体里，它就是生命的种子（kabubu kawumi）。"穆丘纳和其他的一些人持这样一个观点，即白色黏土和红色黏土都应该盛装在水生软体动物壳里，以此来代表在受孕这一过程中，男性和女性双方所构成的统一体。但是，在我所目睹的每一次乌布旺乌仪式里，白色黏土和红色黏土都以不同的容器来盛装。穆丘纳所持的观点很有意思，他所强调的是仪式中联合的一面。

在村庄里建造双胞胎神龛

下一步，病人所在的村庄里还要举行一场公共仪式。在这一仪式中，我们可以看到二元对立的普遍体现，尤其是在下述两个方面：双胞胎神龛的二分结构，以及滑稽表演、舞蹈和唱歌之中所表现出来的明显的性别对立。那些医生都从河边回来，手持叶子茂密的树枝，就像"棕枝主日"的游行一样——这个游行队伍中大部分是妇女和儿童。针对这一情况（见图2-7），列维-斯特劳斯可能会指出，孩子们参与到药物收集的活动中去——在恩登布仪式里，这是极不寻常的——是一个标志，说明孩子是男人和女人之间的中介者，但是恩登布人本身却把孩子看作双胞胎以及生育能力的象征（yinjikijilu）。恩登布人也想给孩子们"增添力量"，因为他们认为，无论是因为生下双胞胎，还是因为怀上双胞胎，所有进到乌布旺乌仪式界线里的人，其力量都会被削弱，因而需要神秘的力量为他们赋予活力。

图2-7　双胞胎仪式7

举行仪式的众人从河边回来，手持树枝，就像"棕枝主日"游行一样。

村庄里的双胞胎神龛建造在病人的小茅屋前面大约五码①远的地方。建造神龛所使用的材料是叶子茂密的树枝，这些树枝全部都是从灌木丛中采集到的，每一根树枝都取自不同的药用树种。神龛的形状是半圆形，其直径是一英尺半。中央有一个由树枝构成的分隔层，把神龛分成两个空间，每个空间最终都会被塞满一套一套的仪式物品。但是，在我所目睹的不同场次的仪式之中，资格较老的仪式主持对神龛空间的看法并不一致，而这种情况影响到了仪式物品的选择。有一个派别的仪式主持认为，被称为"左手边"的神龛空间中应该放入：（1）在河流源头之处举行的仪式中，病人所站立的位置下面的黑色河泥，以此来削弱造成乌布旺乌情况的阴影所拥有的力量；（2）一个黑色黏土制成的罐子，表面点缀着红色黏土和白色黏土，这些黏土原先被装在生殖器形状的葫芦和水生软体动物外壳里（见图2-8）；（3）罐子里盛的是从药用树木上砍下的树皮薄片与凉水的混合物（见图2-9和图2-10）。与此形成对比的是，需要放入右手边的神龛空间的只有一个小葫芦，里面装的是神圣化了的蜂蜜啤酒。这种啤酒通常是男人喝的，狩猎者也不例外，在狩猎者的秘密会社里，它是神圣的饮料。蜂蜜啤酒比其他的恩登布啤酒更易醉，而它让人喝了以后"上头"的特点被看作十分适合仪式上的搞笑表演，这些针对性交行为的搞笑表演是仪式的标志。蜂蜜也是象征物里的一种，它所指代的是性交所带来的快乐（参见本书边码第79~80页抄录的那首歌）。在这样的安排下，左手边的神龛空间被看作阴性，而右手边的神龛空间被看作阳性。这两个神龛空

71

①　1码约合0.9米。——译者注

图 2 - 8　双胞胎仪式 8

建造双胞胎神龛。药用罐子的表面有红色和白色的点状装饰图案。筛子里装的是一块粗大的木薯根茎，这是本书边码第 52 页所提到的"食物"。

间都被称为奇庞乌，意思是"封闭"或"围墙"。奇庞乌所围绕的地方通常被奉为神圣之地，比如酋长的住处或药房。在仪式中，医生把罐子里的药泼在病人身上，而那些男性派内长者和女性派内长者在一起喝啤酒。在这一形式的仪式中，主要的二重性对立休是两

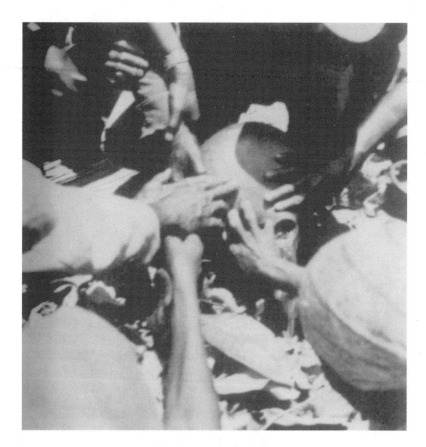

图 2-9　双胞胎仪式 9

　　所有的派内长者都伸出手去，把水泼到药用罐子里，每一个人都将
自己的力量添加进去。

种性别。

　　但是，在另一种情形下——即本书边码第 87 页上所描述的那
种——左手边的神龛空间被建造得比另一边的要小一些。在这里，
对立双方是良好的生育能力和低下的生育能力。奇庞乌右手边的神

图 2 - 10　双胞胎仪式 10

　　双胞胎神龛被建造完毕。很明显，这是一个具有二重对立性的神龛，包括两个神龛空间，周围有莫鲁瓦乌布旺乌藤缠绕。放在左边的神龛空间里的，是黑色的药用罐子，我们能看到罐子底下有黑色的泥土。放在右边的神龛空间里的，是一个葫芦，里面盛着被神圣化了的蜂蜜啤酒，葫芦的表面涂有红色和白色的黏土。

龛空间代表良好的生育能力，以及使人获益、令人拥有良好的生育能力的祖先阴影；而左手边的神龛空间据说代表缺乏生育能力的人，以及一些生前缺乏生育能力或心怀恶念的人的阴影（ayikod-jikodji）。在相对较大的那个神龛空间里，被放置进去的是一个灰色的大罐子，表面还有红色黏土和白色黏土组成的点状装饰图案，就

像前面所提到第一种形式的仪式里面所用的那种。实际上，人们把
72　这个罐子称为"外祖母"（nkaka yamumbanda），认为它代表着能
够致人病痛的阴影，这一阴影曾经生过双胞胎。另一个神龛空间颇
为有趣，值得做一番人类学调查。在仪式上所做的叙述中，有一个
很具神秘性的阶段（见下文，本书边码第 87 页）：nyisoka yachif-
wifwu chansama，它的字面意思是"缺乏生育能力的人的一捆树叶
所发的芽"。恩萨玛（nsama）这个词是一个同音异义词，而实际上
这个同音异义词是带有不祥意义的双关语。它有很多层含义，其中
73　的一层含义是"一捆树叶或一捆草"。当一位狩猎者想要获得蜂蜜
的时候，他会爬上一棵树，到达蜂窝（mwoma）那里，然后从身
后的绳索上取下一捆草或一捆树叶。他把绳索的一端抛到树枝那
边，把这个草捆点着，然后把它向蜂窝一推。草捆冒出滚滚浓烟，
蜜蜂都被呛了出来。草捆烧剩下的黑色残余也被称为恩萨玛。恩萨
74　玛还有一个含义，即"一个生育能力低下或没有生育能力的人"。
也许这一含义和我们所说的"耗尽了体能"的含义是相似的。在恩
登布仪式中，黑色常常是代表生育力低下的颜色，尽管不是每次都
这样。

　　在乌布旺乌仪式中，当那些派内长者手持叶子茂密的树枝，从
灌木丛中回来的时候，资格较老的仪式人员会从他们手里夺过叶
子，并把它们捆成一捆。这样的一捆叶子被称为 nsama yawayikod-
jikodji abulanga kusema anyana，即"搞恶作剧的阴影之捆，她们
没有怀过孩子"，有时也被简称为恩萨玛。然后，这个奇姆布奇会
取出一个葫芦制成的杯子（称为 chikashi 或 lupanda），里面盛满了

玉米或非洲高粱酿成的啤酒。下一步，医生把啤酒倒在恩萨玛的上边，作为祭品，同时口念下述祷告词："你们所有这些没有生育过孩子的阴影啊，为你们准备的啤酒在这里。已经泼进这个大罐的啤酒，你们不能喝（大罐放在右边的神龛空间里）。""那些啤酒是为生育过孩子的阴影准备的。"然后，他把那一块黑色的河底泥土放在奇庞乌里，把恩萨玛捆放在泥土的上面。恩登布人认为，玛罗瓦这种黑色黏土能够"削弱致病阴影的力量"。

　　奇庞乌"封闭"的两种形式之间还存在着另一个区别，这一区别就是：在强调性别上的二重对立性时，人们会把一支箭放到左手边的神龛空间里，插在里面所放置的罐子的后边，箭头向上（见图2-11）。这支箭代表病人的丈夫。在好几种恩登布仪式中，这样的箭都会出现，含义与上述相同。丈夫为妻子所下的聘礼被称为恩色乌（nsewu），即"箭"。有的仪式强调良好的生育能力和低下的生育能力之间的二分对比。在这些仪式之中，这种箭同样会被用到。而在第二种形式中，低下的生育能力与双胞胎现象之间似乎也有一个等式关系，因为双胞胎通常有比较高的死亡率；过多的数量与过少的数量实际上是一样的。另外，在这两种形式之中，莫鲁瓦乌布旺乌这一河边的爬藤植物与神龛边竖直放置的叶子茂密的树枝之间，形成了一种彼此交织的关系。

　　一张垫子被铺在神龛之前，病人被指定坐在垫子上面。人们把莫鲁瓦乌布旺乌的藤条披挂在病人的肩上，使她获得生育能力，更重要的是获得足够的乳汁（见图2-12）。然后，人们不断向她身上泼药汁，而与此同时，我所称的"性别间的富有成效的对抗仪式"

图 2 - 11 双胞胎仪式 11

此时，人们会把一支箭插在双胞胎神龛中左手边的空间里，并把筛子放在药用罐子的顶上。

图 2-12　双胞胎仪式 12

　　人们把莫鲁瓦乌布旺乌的藤条披挂在病人的肩上，使她获得生育能力，更重要的是获得足够的乳汁。在这里我们可以看到，每个男性医生都会从其他男性医生岔开的双腿下边钻过去，以此来获得更强的性能力（见本书边码第 65 页和第 91 页）。

开始了，在神龛和病人的小茅屋之间的舞场上如火如荼地进行，参与者欢快动情、兴奋不已。如果有几片药用树叶贴在病人的身上没有落下来，那么这是一个不错的征兆。这些树叶被称为 yinjikijilu，或称"象征"，象征着众多阴影在乌布旺乌仪式上的现身。它们使双胞胎现象之中的阴影变得"可见"，尽管这种"可见"是指阴影变成了物质化的树叶。

性别间的对抗

我请读者注意乌布旺乌仪式的下一个方面，即性别间的玩笑，这种玩笑是两个仪式阶段的标志性活动。在这里，"双胞胎"这一矛盾现象被以玩笑的形式表达出来。恩登布人将其称为"玩笑式的关系"[乌森西（wusensi）]。这些仪式有一个具体的所指，即人类被分为男性和女性，并以强调他们之间"对抗行为"（anlagonistic beheavior）的方式来激起性欲。恩登布人认为，死者的阴影将自己的名字和性格赐予新生的婴儿，其中既有男性婴儿又有女性婴儿，这也就意味着在某种程度上，阴影并没有性别之分，所强调的是他们的人格属性，或者也可能是双重性别这一属性。但是，所有活着的人都是有性别之分的，而这一性别之分，正如格拉克曼（Gluckman，1955）所说的那样，"由社会习俗进一步深化"（p. 61）。在举行乌布旺乌仪式的时候，恩登布人陷入了这样一种迷惑：人们越是强调性别间的区别以及性别间的冲突，就越渴求发生性关系。在树丛中收集"药物"以及公共舞蹈快要结束的时候，他们唱着猥亵的和拉伯雷式的（Rabelaisian）歌曲，而与此同时，病人正在被喷洒用这些药物制成的药汁。这些歌曲之中，有的强调性别间的冲突；有的是狂热的颂歌，对性交大加赞扬，而这种性交常常特指通奸。人们认为，这种歌曲既能为药物"增添力量"（kukolesha），又能为病人"增添力量"。人们还相信，这种歌曲能够使参与仪式的人能力大增，无论是身体机能方面还是性功能方面。

在唱那些猥亵的歌曲之前，恩登布人会首先吟诵一些有固定模式的句子，叫作"在这里，另一件事情完成了"（kaikaya wo kakwawu weleli）。有的事情在其他的场合下会被称为"耻辱或卑下的秘密事情"（chuma chakujinda chansonyi），而吟诵过这些句子之后，提及那些事情也会被看作合法。在对通奸和违反传统约定、与异族人通婚的事例进行审判裁决的时候，人们也会吟诵同样的句子，而被告与原告的姐妹、女儿或姻亲都在场。对这些乌布旺乌歌曲，恩登布人有一个约定俗成的看法："人们吟唱这种歌曲的时候，并不感到耻辱，因为没有耻辱感是乌布旺乌仪式中治疗过程（的特点）"（kamina kakadi nsonyi mulong'a kaWubwang'u kakuuka nachu nsonyi kwosi）。简言之，乌布旺乌仪式就是这样的一种场合：合法化地失礼（licensed disrespect），规定性地无礼（prescribed immodesty）。但是，他们并不会真的当场做出淫乱的性行为，而只不过是用语言和动作表达出来。

在两个阶段性的过程中，这些歌曲都遵循着一定的先后顺序。首先，不同性别的双方对阵，每一方都大肆贬低另一方的性器官和性功能，并且对自己一方的性器官和性功能大加赞扬。女性这边摆出一副嘲弄的样子，对她们的丈夫夸口，说自己私下里与别的男人相好；而男性这边反咬一口，说他们从女人那里没有得到别的，只有性病，就是因为跟别的女人上了床。在此之后，不同性别的双方都会以富有节奏和韵律的形式，以及就上述相同的内容来赞扬性交的快乐。整场的气氛都是挑衅式的欢快与激昂，而男人和女人都奋力地唱，要把对方的气势压下去（见图 2-13）。人们认为，这种歌唱形式会使现身

79

101

的乌布旺乌阴影高兴，因为它是强有力而好享乐的。

图 2 - 13　双胞胎仪式 13

这些男人和女人大肆地贬损对方，并且乐在其中。这种做法是性别对抗的一个音声象征。

Nafuma mwifundi kumwemweta，

我要离开，去教她学会微笑，

Iyayi lelu iyayi kumwemweta.

今天，教你的母亲，我要教她学会微笑。

Kakweji nafu namweki,

月亮消失了，又重新出现了，

Namoni iyala hakumwemweta.

我已经见到了那个男人，就是要冲他微笑。

Eye iyayi eye!

母亲呀！

Twaya sunda kushiya nyisong'a,

来吧，来性交吧，留下病症，

Lelu tola mwitaku mwazowa.

今天，看一看湿润的阴唇。

Nyelomu eyeye, nyelomu!

阴茎的母亲！阴茎的母亲！

Ye yuwamuzang' isha.

那会给你带来很大的快乐。

Nashinkaku Nashinki dehi.

我不会闭上。我已经闭上了。

Wasemang'a yami wayisema,

你在生孩子。我是那个生孩子的人。

Nimbuyi yami.

我是双胞胎中的老大。

103

Mwitaku mweneni dalomu kanyanya，

很大的阴唇，很小的阴茎，

Tala mwitaku neyi mwihama dachimbu，

看啊，阴唇就像长在狮子额头上的那样，

Nafumahu ami ng'ang'ayanyisunda.

我要离开，我是一名货真价实的巫医，专门擅长性交。

Kamushindi ilomu，

我要揉搓你的阴茎，

Yowu iyayi, yowu iyayi!

母亲呀，母亲!

Mpang'a yeyi yobolang'a chalala.

你那肿起的阴囊会刺激阴唇，没错。

Mwitaku wakola nilomu dakola，

厚实的阴唇，粗壮的阴茎，

Komana yowana neyi matahu, wuchi wawutowala sunji yakila.

多么痒痒啊，就像草在搔! 性交就像蜜一样甜。

Ilomu yatwahandang'a，

阴茎使我强壮，

Eyi welili neyi wayobolang'a, iwu mutong'a winzeshimu.

当你玩弄我的阴唇的时候，你一定是做了什么，篮子在这里，装满它吧。

性别之间和表亲之间的玩笑

这一仪式有一个显著的特点，即在开玩笑和彼此"唇枪舌 *81*
剑"——我暂且从苏格兰的乔叟派诗人互相争斗的讽刺文章那里借
用这个词汇——的活动中，不同性别的双方在地位上是完全平等
的。没有任何证据能够表明这一仪式是格拉克曼（1954）所分析的
"反叛仪式"（ritual of rebellion）。在乌布旺乌仪式中表现出来的特
征，实际上与从夫居（virilocality）和母系制（matriliny）之间的
冲突有关。从夫居的习俗把男性亲属彼此联系在一起，并把女性亲
属从她们所出生的村庄里排除出去。而母系制度则确认了母系继嗣
在社会结构上最终的至上地位。在世俗生活中，这两条原则之间存
在着相对稳定的平衡状态，正如我在《一个非洲社会的分裂与延
续》（*Schism and Continuity in an African Society*，1957）一书中
所提到的那样。恩登布人把乌布旺乌仪式上的玩笑与表亲之间的玩
笑明显地联系在一起。这两种玩笑都被称作乌森西，而且其中都有
与性有关的巧妙应答。

在恩登布人的社会里，表亲之间的关系（wusonyi）有着重要
的意义，而这一情况在很大程度上来自从夫居和母系制之间的冲
突。这种情况的形成是由于：村里只能留住母系亲属中的长辈的男
人的姐妹所生育的孩子的一半（Turner，1957，Table 10，p. 71）。
这些孩子都被归为一类，在谱系上，都被看作同一辈分的家族成
员，与比他们年长的一代相对。但是，这些表亲之间还彼此区别：

105

男性村民的孩子们与他们的表亲争宠，要讨得父亲的喜欢，赢得父亲的关注。从夫居和母系制在一个社会中同时存在，这种情况也给每个人提供了两个村庄作为住所，一个是父亲的村庄，一个是母亲的村庄，而他在这两个地方都有合法的居住权。实际上，很多人都陷于两难的境地，因为自己既应该忠于父系一方，又应该忠于母系一方，但是二者不可兼得。不过，作为父亲和母亲双方的孩子，每个人都代表着双方的结合。

　　在恩登布社会之中，联结男性一方的纽带和联结女性一方的纽带大体上是平衡的，哪一个都不会被视为占据主导地位。我认为，这种情况在乌布旺乌仪式中有所体现，其象征就是仪式上男性与女性之间的分庭抗礼。最能表现这两种社会规范之间"紧张态势"的，就是表亲这一亲属关系，因为它表达了母系亲属和父系亲属之间在"居住地选择"这一问题上的一致。人们还鼓励性别不同的表亲之间进行婚配，不仅如此，在结婚之前，他们就可以任凭己意地玩爱情游戏，彼此乱开下流的玩笑。因为婚姻会导致不同性别的双方之间形成一个暂时的统一体，而双方在性别上的差异被习俗所固定化、夸大化，结果这些差异就与社会组织中相等或对立的规范联系在一起了。所以，如果从恩登布人的视角来看的话，把乌布旺乌仪式上性别之间的玩笑与表亲之间的玩笑做对比也并不是牵强的。尽管在乌布旺乌仪式上猥亵的行为很多，但是它也是在为婚姻这一社会习俗举行庆典——象征这一意义的就是姆潘扎圆拱，还有代表丈夫的箭。这支箭被插在奇庞乌神龛里，它所代表的是病人的丈夫。在女孩青春期仪式上，穆迪树中也会放上一支箭，代表的是新

郎。不仅如此，主要的聘礼这一词语被称为恩色乌，意思就是
"箭"。通过婚姻，对生殖的迫切需要被家庭化了，成为对社会所尽
的义务：象征所要表现的就是这一点。而表亲之间的婚配——无论
是母系的表亲之间还是父系的表亲之间——都是被鼓励的。

从夫居和母系制之间的竞争：居住地的选择

我再重复一遍，恩登布人的社会中有两个原则，他们以此来对
居住地进行规范，这两个原则就是：母系制，以及从夫居和从父
居。这两个原则之间更多的是相互对抗，而不是相互和解。关于这
个现象，我在《一个非洲社会的分裂与延续》一书中已经提到过，
而导致这一现象的原因，部分是生态状况。恩登布人种植一种淀粉
类植物，即木薯，而木薯在许多种土壤中都能生长。恩登布人还进
行狩猎，所猎捕的对象是丛林动物，而这些动物在他们领土的各处
都有分布。他们没有畜牧业，所以男人们把狩猎看得尤为重要，而
他们狩猎的地点遍布于恩登布人的居住范围之中。水源在各个地方
都是充足的。所以没有什么因素能把人们限制在一定的地域之中。
以上两种主要的居住地归属原则都有效力，因而在生态环境这方
面，没有因素能够施加影响，从而使其中的一个优先于另一个。有
些非洲社区固定居住在有限的有肥沃土壤的地带；有些非洲社区只
能利用一种可移动性资源（比如驯养大型牲畜）。只有在这些社区
内，人们才会在社会组织的形式上采用单一亲属原则，并在这一原
则发挥效力的诸多层面上寻求固定的"最高规范"：要么父系，要

83

么母系。在恩登布人的生态环境中，通过与男性亲属（丈夫和父亲）联结的纽带来确定自己的居住地和母系制这两条原则之间，形成了自由竞争的关系。如果选择一个村庄作为对象来进行观察，我们就会发现：在某些时候，人们对居住地的选择全部遵循其中一条原则，而在另一个时候，又会全部遵循另一条原则。

我认为，这两条选择居住地的主导原则在结构上的相争，对于下述的两方面来说，是有着关键意义的因素：（1）恩登布人对待双胞胎的方式；（2）他们对二重组合的概念认知。这种二重组合并不是两个相似的事物，而是两个对立的事物。这样的两个事物之间所形成的，是紧张状态下的统一体，或者叫格式塔。这种紧张状态是由两种无法革除的力量或现实所构成的，这两种力量或现实相互对立，而且无法和解。统一体本身的性质是一个单元，而这一单元是由其内部相争的力量所构成和限定的。如果这些彼此关联、不能压制的力量同属于一个人类群体或社会群体内，那么它们也能够构成强有力的统一体。如果两条原则或对立双方在彼此的对抗中，都被认同和接受，那么这个统一体就会更加强有力。这些都是自发的自然统一体，与任意的、性质单一的、能够由外界复制的统一体之间，存在着很大的区别。但是，它们与黑格尔或马克思所提出的"辩证统一的对立双方"并不一样。在后者的语境下，当对立的一方性质发生转化，变为另一方的时候，矛盾的内部还会产生其他的对立情况。恩登布人的生态环境是持续稳定的，在这一条件下，紧张状态中的统一体双方在同一矛盾中并存，并且在对立的情况下为统一体提供框架和成分。这两方并不彼此摧毁，而是在某种程度上彼此催化。在乌布旺乌仪式上，不同性别之间彼此嘲笑，就是象征这一催化。而只有社会经济的变革，才能够废除这种社会的格式塔。

在《一个非洲社会的分裂与延续》一书中，我试图对这种统一体的不同方面进行分析：母系制与从夫居相冲突，"有着雄心壮志的个人"与"母系亲属之间更为广泛的联结"相冲突，"作为社会基本成分的家庭"与"同母异父的兄弟姐妹"相冲突，而这种冲突在"孝顺父亲"和母系制这两个原则之间也同样可以见到。还有，"敢闯敢拼的青年人"与"独裁专断的老年人"相冲突，"对地位的追求"与"对责任的承担"相冲突，妖术——即对他人施加敌意、怨恨以及诡计——与"尊敬他人，友好相处"相冲突，等等。所有这些作用力与原则都包含在恩登布社会的统一体里；它们属于恩登布社会，并且为恩登布社会增色，实际上它们本身就是恩登布社会。不被包含其中的，只有现代社会带来的压力，以及大把地赚钱。

那么，在乌布旺乌的仪式过程里，究竟都发生了什么呢？对立的原则并不可能永远和解或融合。恩登布人仍然在使用我所描述的技术，仍然在我所描述的生态环境中生活。既然如此，这些原则怎么可能永远和解或融合呢？但是，为了物质利益而盲目地相互敌对，相互攻击，"我的眼里只有我自己"这一情况，在恩登布人之间并不存在。在某种程度上，恩登布社会在一个超越性的、有意识的、被认知到的统一体（它们是恩登布社会的原则）中重新安置人与人之间的关系。在某种程度上，它们实际上成了不同力量之间的

84

一种游戏[2]，而不是心怀怨恨的斗争。这种"游戏"的效果很快会减弱，但一些有问题的关系之间的"刺"被暂时拔除掉了。

作为神秘和荒谬的双胞胎

我所讨论过（虽然并没有深入地讨论）的仪式场景——即河流源头之处所举行的仪式、双胞胎神龛和性别间的对抗——是与双胞胎矛盾现象的两个方面联系在一起的。第一个方面是：2＝1这个式子在人们看来，是荒谬的。事实上，恩登布人以他们所使用的一个词语，表达出了第一个场景独特的性质，并且能够很好地把这个方面的特点体现出来。这一词汇就是姆庞乌（mpang'u），它被应用于仪式中居于中心位置、最具神秘色彩的场景。这个词还有另外的一个意思，即"秘密的话语或暗号"。在割礼仪式的住所中，新成员和他们的监护人使用这个词的时候，所表达的就是这个含义。河流的源头之处所举行的仪式有着宗教性的神秘意义，其程度相当于古代希腊人的仪式以及现代基督徒的仪式，因为它们都与人类理性不能发现、无法解释的事物联系在一起。第二个方面是一个感觉问题：恩登布人觉得2＝1是一件很荒谬的事情，是一个大玩笑，甚至可以算作一个残忍的大玩笑。他们举行了那么多的仪式，就是为了获得各种良好的生育能力，而双胞胎的母亲一口气得到的这个恩赐也未免太大了。

双胞胎现象的神秘与荒谬之处也并非没有趣味。恩登布人在举行乌布旺乌仪式的过程中，已经选择了将主要的两套二元组合——

即互补性二元组合和相反性二元组合——展现出来，而这两套二元组合都是他们的文化所认同的。而在神秘性这一方面，白-红-黄三种颜色所组成的神圣三角也清楚地出现了（参见 Turner，1967，pp. 69~81）。对于恩登布人来说，这三种颜色构成了分类性的各个成分，在这些成分之中，仪式的对象、人员、活动、场景、动作、事件、主张和价值都在一个等级结构下聚集和排序。在河流源头，人们带来红色黏土和白色黏土，并将其与冰凉的河底黑泥混合在一起，这个组合被整体诠释为"在安静祥和、硕果累累的婚姻之中，两种性别之间形成了统一体"。但是很明显，这个三角在其他更加复杂和基本的仪式——尤其是生命危机仪式——里也出现了，而且还具有更深的意义，比它本身在其语义集群中情境化的特定含义还要深。它以自己的和谐与平衡，代表着恩登布人所认同的整个宇宙与社会秩序。在这种和谐与平衡之中，所有经历过的冲突都被神秘地解决了。乌布旺乌阴影的现身侵扰了人们的正常生活，而在仪式上，对典范秩序的表现抵消了这一侵扰。人们认为，这一表现有着很大的效力，而不仅仅是众多认知标识的汇集。

乌布旺乌仪式遵循着一个固定的顺序：从滑稽化地表现侵扰，到表现宇宙的秩序，再回到侵扰本身——最终，这一问题的解决，是病人被从世俗生活中转移出去，接受一定程度的隔离，直到她身上的危险情况被去除。这种循环往复的模式，在某种程度上是与伊索玛仪式的进程性结构相一致的。但是，这两个仪式之间也存在着重要的区别，即乌布旺乌仪式一直在强调性别之间的对立，以及子女向对立性别的父母尽孝的社会原则。在伊索玛仪式里，性别二元 *86*

111

从属于生命/死亡这个对立体。在乌布旺乌仪式里，性别间的对立则是主题。

恩登布人对乌布旺乌的看法

我应该让恩登布人自己来充分地解释一下他们对乌布旺乌含义的理解。为了给读者提供"局内人的看法"，以及使之能够将恩登布人的诠释与我的诠释进行比较，我将把乌布旺乌派内长者的解说翻译如下。其中有的是我在仪式过程中的实地记录，有的是在仪式刚结束后的随意交谈中记录的。

我首先从介绍仪式所有步骤的简要情况开始，这是一位经验颇丰的男性医生所叙述的：

Neyi nkaka yindi wavwalili ampamba，

如果她（指病人）的外祖母生过双胞胎，

neyi nkaka yindi nafwi dehi

如果她的外祖母已经去世了，

chakuyawu nakuhong'a kutiya mukwakuhong'a

那么他们去进行占卜的时候，通灵术士就会开口回答，

nindi nkaka yeyi diyi wudi naWubwang'u

并且说：有着乌布旺乌的，就是你的外祖母，

diyi wunakukwati nakutwali.

抓住你的就是她，

kulusemu lwaWubwang'u

她使你陷入了乌布旺乌的生育困境，

dichu chochina hikukeng'a walwa，

所以，在这样的情况下，她要喝啤酒，

nakumwimbila ng'oma ya Wubwang'u.

要听乌布旺乌仪式上的鼓声（或看乌布旺乌仪式上的舞蹈）。

Neyi wudinevumu akumujilika hakuvwala chachiwahi.

如果你有了子宫（即有孕在身）的话，她禁止你顺利地产下胎儿。

Neyi eyi navwali dehi chachiwahi，

如果你已经顺利地产下了胎儿，

kunyarnuna mazu amakulu

那么以前的话语就必须被更新，必须被抛散。

hikuyimwang'a hikuteta acheng'i，

还要再砍一次树（指药用树木）（意思是说必须再举行一次同样的仪式），

nakuwelishamu mwana mukeki.

以使婴儿能够（在里面）沐浴。

Neyi nawa aha mumbanda navwali ampamba，

有的情况下，当一个妇女生下双胞胎的时候，

akuya ninyana mwisang'a，

他们会跟随双胞胎进入丛林，

nakumukunjika kunyitondu yakumutwala kwmeji，

87

113

这名妇女站在树的旁边，他们站在妇女的旁边，并领她走过河流，

nakusenda nyolu,

还抱来藤条（莫鲁乌布旺乌爬藤植物的藤条），

yakupakata nakukosa mama yawu

为的是把这些藤条披挂（在胳膊上面和胳膊下面）在他们的母亲身上，并为她沐浴

ninyana hamu hikutwala anyana ku mukala.

连孩子们也同样地沐浴一遍，然后把孩子们送回村庄。

Kushika kuna ku mukala,

当他们到达那里，到达村庄的时候，

hikutung'a chipang'u kunona yitumbu,

他们会树立起一个（小型的）封闭空间（用以建造神龛），然后拣起药物，

hikusha mu mazawu izawu dimu danyanya dakusha.

放在药槽（或陶罐）——一个小型的槽（或罐）——里面。

nyisoka yachifwifu chansama.

因为一捆叶子中的绿芽可以治疗不能生育的人。

hikwinka muchipang'u china chanyanya.

他们把它放在那个比较小的封闭空间里。

hikunona izawu hikwinka mu chipang'u cheneni.

他们拿起（另一个）药槽，放在那个比较大的封闭空

间里。

Akwawu anading'i nakuhang'ana nanyoli,

其他的人披着爬藤植物跳舞，

asubolang'a nyoli nakutenteka mu chipang'u.

他们又把爬藤植物扯下来，放在封闭空间里。

Kushala yemweni imbe-e hakuwelisha anyana hamu.

他们仍然留在那里唱歌，（用药汁）为孩子们沐浴。

nakuhitisha munyendu；

让孩子们从（他们的）双腿之间钻过去；

chikukwila namelele hikuyihang'a；

在下午的晚些时候，这一活动完成了，他们彼此追逐；

mwakukama nawufuku kunamani.

当他们晚上入睡的时候，一切就都结束了。

Mafuku ejima anyana ching'a kuyiwelisha mu mazawu,

每一天，他们必须在药槽里（用药汁）为孩子们沐浴，

hefuku hefuku diku kukula kwawanyana ampamba

一天又一天，直到双胞胎长大成人。

评论

以上部分就是对乌布旺乌仪式的一个十分简要的叙述。但是，至于许多引人入胜的细节之处，笔者也只能忽略不提了。而对于人类学家来说，研究一种文化的独特世界，正需要这些细节来构建主要的线索。在乌布旺乌仪式里，致人病痛的阴影被确认为一个已经

逝去的女人，而她生前是双胞胎的母亲（nyampasa）。她自己也曾经是秘密会社的成员，因为，正如我提到过的那样，在恩登布人的仪式思维里，只有已经逝去的会社成员才能以某种固定的现身方式给活着的人带来病痛，这一病痛还必须要用本会社的方式加以治疗。而且，举行仪式时的情况已经很明显地表达出：病痛就是从母系家族之中传来的。但是，其他报道人对此却有另一番解释。他们坚持认为，如果一个男性阴影在生前是双胞胎的父亲（sampasa）或本身是双胞胎之一，那么他就能够"以乌布旺乌的形式穿越过来"。但是，我的记录中从来没有这样的例子。在人们看来，乌布旺乌并不是一个独立的魂灵，而是祖先阴影对某位活人表示不满的方式。

其他报道人告诉我："乌布旺乌仪式上所用的药物和治疗技术，要靠女人来解释给男人。"有一位医生的姐姐把这些东西教给了他，

89　而她自己本身就是双胞胎的母亲。这个报道人接着告诉我，这两个小孩都死了——实际上，双胞胎往往不能同时存活下来，要么只活一个，要么两个都夭折。据恩登布人说，双胞胎的母亲只有两个选择，要么只为其中一个孩子喂奶喂饭，对另一个弃置不管；要么就试着以只够一个孩子吃的食物供给来同时喂养两个孩子。双胞胎有着特殊的称谓：大的那个叫姆布亚（mbuya），小的那个叫卡帕（kapa）。在他们之后出生的那个孩子叫奇科姆巴（chikomba），在举行乌布旺乌仪式的时候，奇科姆巴的责任是击打仪式用鼓。常常是在奇科姆巴还蹒跚学步的时候，人们就开始为他和他的母亲举行这些仪式了，为的是"让他强壮起来"。奇科姆巴也可以成为乌布

旺乌仪式上的医生。尽管在整个治疗过程中，男人要向女性派内长者学习药物知识，但是成为主治医生和仪式主持者的还是男人。标志着他们的地位的，是两个狩猎铃，它们在这里又一次代表了双胞胎现象的二重性。

脚趾夹箭跳跃

仪式的结尾活动进一步强调了性别之间的区分。筛子原本被放置在"阴性"神龛空间里的罐子上，在太阳落山的时候，资格较老的仪式人员将筛子拿起来，放在病人的头上，然后举起、放下，重复好几次。下一步，他把剩下的仪式器具放在筛子里，并把它们全部举在空中。再下一步，他把箭拿起来，把它夹在大脚趾与二脚趾之间，让病人抱住他的腰。然后，他们两个人用右脚跳跃，一直跳到病人居住的小茅屋。两个小时之后，病人被带出来，用药罐或药槽里剩下的药汁再沐浴一遍。

我用对"脚趾夹箭跳跃"这一场景的完整过程的叙述文本，来结束对双胞胎神龛仪式的描述：

> Imu mumuchidika.
>
> 仪式的内容，就是这些。
>
> Neyi chidika chaWubwang'u chinamani dehi namelele
>
> 乌布旺乌仪式在下午的晚些时候已经结束，
>
> chimbuki wukunona nsewu
>
> 这时，医生把箭拿了起来，

wukwinka mumpasakanyi janyinu yakumwendu wachimunswa.

并把它夹在左脚的趾头缝里。

Muyeji wukwinza wukumukwata nakumukwata mumaya.

病人走了出来，抱住了他的腰。

Chimbuki neyi wukweti mfumwindi

如果医生抓来了她的丈夫的话，

mumbanda umkumukwata mfumwindi mumaya

她就应该抱住丈夫的腰，

hiyakuya kanzonkwela mwitala

他们一同跳进小茅屋里。

nakuhanuka munyendu yawakwawu adi muchisu.

门口有一群人，他们会从这些人的双腿下面钻过去。

Iyala ning'odindi akusenda wuta ninsewu mwitala dawu.

那个男人和他的妻子会把一张弓和一支箭带进小茅屋里。

Chimbanda wayihoshang'a

医生对他们说：

nindi mulimbamulimba

"进到围栏里去（就像一个人对自己养的绵羊或山羊说话
一样），

ing'ilenu mwitala denu ing'ilenu mwitala

进到你们的茅屋里去，进到你们的茅屋里去。"

Chakwing'ilawu antu ejima hiyakudiyila kwawu kunyikala
yawu.

当他们进去的时候，所有的人都会离开，回到自己的村庄里。

Tunamanishi.

就这样结束了。

评论

值得注意的是，恩登布人用来表达"在脚趾之间"的词汇是mumpasakanyi，numpasakanyi 与 mpasa 一词有着词源上的联系，而 mpasa 是仪式中表示双胞胎的词。整体说来，在恩登布仪式里，"箭"被用来代表男人，握在右手里；而"弓"被用来代表女人，握在左手里。弓和箭合在一起代表婚姻。"跳跃"（kuzonkwela）代表性交，在男孩割礼仪式上，"跳跃"也含有同一个意思。在隔离期间，新成员必须用一条腿来跳跃，这是训练的一部分。在乌布旺乌仪式里，医生和病人用右腿跳跃，因为右边是有力量的一边。在晚上，人们把牲畜赶回围栏的时候，向它们吆喝的是"mulimbamulimba"这个短语。这一短语象征的是双胞胎现象动物性的一面。人们认为，这样的多子式生育更适合动物，而不适合人类。那些派内长者岔开双腿，而双胞胎的父母必须从下面钻过去，这一做法与男孩在割礼仪式上的做法相类似。在割礼仪式上，新成员的资格较浅的监护人也必须从人们的双腿下面钻过去。上文已经叙述过，在割礼仪式上，资格较老的仪式人员以双腿构成这一通道，它的象征意义如下所述：（1）那些资格较浅的监护人的性能力；

91

119

（2）从"资格较浅"到"资格较老"的通过仪式。在乌布旺乌仪式里，它意味着通过同源关系（homology），双胞胎的父母已经加入了乌布旺乌秘密会社。在其中，他们通过派内长者的身体而得到了重生。

结论

1. 二重对立体的形式

恩登布人凸显了绝大多数为他们所认知的二重对立体的类型。男人和女人之间的鸿沟，卑琐的私人怨恨和社会感情之间的对立，低下的生育能力与良好的生育能力之间的对立，这些现象在乌布旺乌仪式和伊索玛仪式里都出现了。但是乌布旺乌仪式有着一些与其他仪式不同的特征。它以过度生育的形式，充分地展现了性行为的"动物性一面"和"人格性一面"。过度生育是与婚姻的神秘性并存的，这一神秘性能结合不同的事物，限制过度的事物。生下了双胞胎的夫妇既因其额外贡献而受到赞扬，又因其在贡献的行为上做得过度而受到诅咒。与此同时，母系制与从夫居之间的深刻冲突，在性别间喧闹的玩笑式关系上显露了出来，这种关系很明显与表亲间的玩笑式关系相似。不仅如此，在这些仪式中，平等主义的色彩极为浓厚，不同的性别之间的关系被描述为平等的，尽管二者之间也存在着对立。这种平等揭示了所有的社会制度本质里某些深层的东西——我在第三章里还要进一步阐述这一点。正统的社会类别之外的事件，比如生下双胞胎，却有着反向的作用，为此所举行的仪式变成了展示社区价值观的场合。在这里,社区被看作一个整体,一个单一、无结构的统一体,这种统一超越了内部的差别与对立。这一主题,即"结构"和"交融"(communitas)之间的二重性,以及最终在"社会"(societas)里面所找到的解决方案,更多被看作一个过程,而不是一个无限的实体。下面三章的主要内容,就是这一主题。

2. 规定性的猥亵行为

在这里不得不提到一篇论文,它有着重要的意义,却常常被人忽略。这篇论文的作者是埃文思-普里查德教授,题目是《非洲人对猥亵行为的一些集体表达方式》(*Some Collective Expressions of Obscenity in Africa*),收录在名为《女性在原始社会中的地位》(*The Position of Women in Primitive Society*,1965a)的一部论文集里。在这篇论文中,作者提出了如下的几个观点:

(1)(在非洲社会里)猥亵行为有着几个特定的种类,对这些行为的表达都是集体性的。在通常的情况下,猥亵行为是被禁止提及的,但在某些场合下,对其进行表达却是被允许的或是规定性的。

(2)这些场合都具有重要的社会意义,可以大致被分为两类:宗教仪式和联合性的经济行为(p. 101)。

他对猥亵行为做出了如下解释:

(1)社会撤回正常情况下的禁令:这一反常行为对所进行的活动的社会价值做出了特殊的强调。

（2）在人们经历危机的时候，这一行为也将人类的情感导入了既定的表达方式的渠道（p. 101）。

乌布旺乌仪式很明显地归属于规定性的、典型的猥亵行为仪式，尽管它也包括赞美婚姻的一些重要场景，而婚姻的关系网络是特别禁止对猥亵行为进行表达的。我们在双胞胎仪式中所见到的，实际上是对野性冲动的一种人性化、温和化。恩登布人认为，这种与性行为有关，又有攻击性的野性冲动是人类和动物都具有的。不同性别之间的性关系与敌对状态被置于公开的象征性行为之中，而野性的能量在这种公开的象征行为中得以释放，并被导向主要的象征。主要的象征代表着结构的秩序，以及秩序所依靠的价值与美德。所有的对立情况都被恢复了的统一体所解决或超越。不仅如此，威胁这个统一体的力量还使统一体得到了进一步的加强。这些仪式行为显示出了仪式的一个功用，即作为一种独特的方式，仪式在具有社会秩序的服务之中加入无秩序的力量。这种无秩序的力量是人类的哺乳动物属性所固有的。有秩序的象征传递被激活之后，生物学与结构之间的关系也就理顺了，而这些象征具有两个共生的作用：沟通与功效。

【注释】

[1] 参见特纳（Turner, 1967），其中我讨论了我所认定的数据种类，从这一数据种类可以推算出宗教象征的主要语义成分和属性，在此我就不把整个辩论过程重复一遍了。

[2] 我太太的妹妹海伦·巴纳德夫人（Mrs. Helen Barnard）在新西兰的

威灵顿大学（Wellington University）任教，她曾经向我指出，这一观点和印度教中的"lila"* 极为相似。

　　* lila 是印度教中的一个词语，意思是"神圣游戏"。它表达了这样一个观点，即现在的宇宙是从神圣至高者"梵"欢乐的爱情游戏和创造的大胆行为之中产生的。——译者注

第三章 | 阈限与交融

通过仪式的形式与性质

这一章的主题，我曾经在别的地方简单地讨论过（Turner，　*94*
1967，pp. 93～111），现在我重新把它提出来，观察它的一些变体，
并且挖掘它更深层的隐含意义，来为今后的文化研究与社会研究做
准备。首先，范热内普（1909）所称的"通过仪式"（rites de pas-
sage）的"阈限阶段"（liminal phase），就已经展示了这一主题的
性质与特点。范热内普本人为"通过仪式"所下的定义是："伴随
着每一次地点、状况、社会地位以及年龄的改变而举行的仪式。"
为了明确"状况"（state）与"转换"（transition）之间的对比，我
会用"状况"一词来囊括范热内普提出的所有其他词汇。这个词比
"地位"或"职位"更有包容性，可以用来指代任何一种得到文化
认同的情况，无论是稳定性的还是反复性的。范热内普已经阐明，
所有的通过仪式或"转换仪式"都有着标识性的三个阶段：分离
（separation）阶段、边缘（margin）阶段（或叫阈限阶段），以及
聚合（aggregation）阶段。第一个阶段（分离阶段）所包含的象征
行为，表现了个人或群体从原有的处境——社会结构里先前所固定
的位置，或整套文化情境（一种"状况"），或二者兼有——之中
"分离出去"的行为。而在介乎二者之间的"阈限"时期里，仪式
主体［"通过者"（passenger）］的特征并不清晰；他从本文化的一
个领域内通过，而这一领域不具有或几乎不具有以前的状况或未来
的状况的特点。在第三个阶段（重新聚合或重新并入的阶段），通

95 过过程就圆满地完成了。仪式主体，无论是个人还是群体，都再次处于相对稳定的状态，并因此拥有明确界定的、"结构性"的权利和义务；他的行为应符合一定的习惯规范和道德标准，这些规范和标准对社会地位体系中的任职者是具有约束力的。

阈限

阈限或阈限人（liminar，"门槛之处的人"）的特征不可能是清晰的，因为这种情况和这些人员会从类别（即正常情况下，在文化空间里为状况和位置进行定位的类别）的网络中躲避或逃逸出去。阈限的实体既不在这里，也不在那里；他们在法律、习俗、传统和典礼所指定和安排的那些位置之间的地方。作为这样的一种存在，他们不清晰、不确定的特点被多种多样的象征手段在众多的社会之中表现了出来。在这些社会里，社会和文化上的转化都会经过仪式化的处理。所以，阈限常常与死亡、受孕、隐形、黑暗、双性恋、荒野、日食或月食联系在一起。

阈限的实体，比如入会仪式或青春期仪式上的初次受礼者，可能会被表现为一无所有的人。他们也许会被装扮成怪兽的样子，身上只披着一块布条；也许干脆赤身裸体，以此来表现作为阈限的存在，他们没有地位，没有财产，没有标识，没有世俗衣物（这些衣物体现着级别或身份），亲属关系体系中也没有他们的位置——简言之，没有任何事物能够把他们与其他的初次受礼者或初次参与者区分开来。在这时，他们的举止是被动和谦恭的；他们必须无条件服从教导者的命令，还要毫无怨言地接受专断的惩罚。他们就像是被贬低、被碾压

至同一形式的境况，再重新被塑造，并被赋予了额外的能力，以使他
们能够适应生命中的这一新阶段。这些初次受礼者彼此之间往往会形
成一种亲密的同志关系和平等关系。世俗的级别之分和地位之分消失
了或是被同化了。在伊索玛仪式里，病人和她的丈夫的情况就有着这
类特征——被动、谦恭、近乎赤身裸体——他们处于一种既象征着
坟墓又象征着子宫的象征性境况之中。在有较长隔离期的成长仪式
里——例如许多部落社会举行的割礼仪式或秘密社团的入会仪
式——常常有着大量丰富的阈限象征。

交融

阈限现象对于我们目前的研究目的来说，也有着颇具兴味的一
点：它们提供了一个卑微与神圣、同质与同志的混合体。在这样的仪
式中，我们所看到的，是"时间之内或时间之外的时刻"，以及世俗
的社会结构之内或之外的存在。这些事物为我们揭示了——无论持
续的时间多么短——对一些普遍化的社会关系的认知（并不全是以
语言的形式，也可能是以象征的形式）。这些社会关系作为整体此时
已经不复存在，但是它们还会被分割成为数众多、形式各异的结构性
纽带。这些纽带是根据种姓、阶级、等级制度或无阶级社会（这种社
会是政治人类学家所钟爱的）之中的裂变对立体系（segmentary op-
positions）拆分而成的。人类之间的相互关联有两种主要的"模式"，
即并列和交替。在第一种模式下，社会是一个有组织结构、有彼此差
别的存在；有的情况下它还具有政治-司法-经济等级体制，多种评价
机制也包含在这种体制里面，人们以此被分为"较好"和"较差"两

类。而至于第二种模式，我们可以很清楚地看出，它是在阈限阶段出现的。在第二种模式下，社会是一个没有组织结构，或仅有基本组织结构，而且相对而言彼此没有差别的社群（comitatus），即社区，或者也可被视为地位平等的人们结成的共契，在这一共契中，大家全都服从于那些仪式长老的普遍权威。

与英文的"community"① 一词相比较，我更愿意使用拉丁文的"communitas"② 来把这种社会关系模式与"共同生活区域"区分开来。结构和交融之间的区别不仅仅是我们所熟悉的那种"世俗"和"神圣"之间的区别，也与政治和宗教之间的区别大不相同。在部落社会里，某些固定的职位有着许多神圣的特质；实际上，每一个社会职位都至少有一些神圣之处。但是这种"神圣"的成分是任职者在**通过仪式**上获得的，在仪式上，他们的地位得到了改变。此后，存在于暂时的举止谦恭和无模式状态之中的"神圣成分"失效，如果任职者心存虚荣，就会受到更高地位或职位的诱惑。福蒂斯（1962，p.86）曾经对此提出过一个有力的论证，说这是将普遍适用的"合法性"大印盖在社会的结构位置上。而事实上，并不像福蒂斯的看法那样简单，它实际上是对基本的和共有的人类联结的获得性认知，如果没有这种认知的话，社会就不可能存在。阈限有这样一种暗示，即如果没有身处低位的人，就不可能有身处高位的人；而身处高位的人必须要体验一下身处低位的滋味。几年之前，菲利普亲王把自己的儿子——众人皆知他是英国王位的

---

① 即社区、社群或共同体，本书统一译为"社区"。——译者注
② 即交融。——译者注

继承人——送到了澳大利亚的丛林学校，以使其学习"如何在艰苦的环境下生活"。毫无疑问，菲利普亲王的这个做法也受到了这种思维的影响。

发展周期的辩证

根据所有这些材料，我可以做出这样的推论：对于个人和群体来说，社会生活是一个辩证的过程，其中涉及高位与低位、交融与结构、同质与异质、平等与不平等的承接过程。从较低的地位到较高的地位所经过的通道，是"无地位"（statelessness）的边缘状态。在这一过程中，各个对立体相互组建，而且还彼此依靠。不仅如此，因为每一个稳定的部落社会都是由众多的个人、群体、类别组成的，而每一组成部分都有自己的发展周期；所以在某一时刻，许多担任固定职位的人都会与职位之间的许多通道并存。换句话说，每个人的生命历程之中都包含着对结构和交融、状况和状况转换的交替性体验。

就职仪式的阈限

赞比亚的恩登布人也举行通过仪式，我在此举一个简单的例子：这一仪式是关于部落中的最高职位的，这就是资深酋长卡农吉沙（Kanongesha）的职位。我们已经知道了恩登布人使用和解释象征的一些方法，而这个例子能够对此做进一步的扩充。在恩登布部落之中（实际上在很多非洲社会中都是如此），资深酋长或曰首席

98

131

酋长的职位是一个具有矛盾性质的职位，因为他既代表着已建构的政治-司法等级体系的顶端，又代表着作为一个无结构单元的整个社区。在象征意义上，他还代表着部落的领土和领土中所有的资源。土壤肥沃不肥沃，是否会发生旱灾、饥荒、瘟疫、虫灾，这一切都与他的在职联系在一起，也与他的身体和道德状况联系在一起。在恩登布部落中，资深酋长所拥有的仪式力量，是被姆布韦拉（Mbwela）土著的资深头人的仪式力量所限定的，而且他们两人的力量还会结合起来。姆布韦拉土著是在长期艰苦的斗争之后，才顺服了隆达人的那些征服者。领导隆达人的，就是第一位卡农吉沙酋长。一项很重要的权利被授予了被称为卡夫瓦纳（Kafwana）的洪布族（Humbu）头人（洪布族是姆布韦拉人的一个分支）。这项权利就是为隆达人的各个后裔部落颁发象征酋长地位的最高标志，即卢卡努（lukanu）手镯，以及间或为这一标志做药物处理。卢卡努手镯是用人的生殖器和肌腱制成的，在每一场就职仪式上，都被浸泡在用于祭祀的男女奴隶的鲜血中。卡夫瓦纳的仪式称为 Chivwi-kankanu，意思是"戴着卢卡努手镯的人"。他还有一个称号，叫作 Mama yaKanongesha，意思是"卡农吉沙的母亲"。这是因为在象征意义上，这一职位的担任者是从他那里出世的。据说，卡夫瓦纳为每一位新任卡农吉沙酋长传授巫术药物的用法，他的这个本领使他的对手和下属——也许这表明其政治上的中央集权并不强大——都心怀敬畏。

在此之前，卢卡努手镯的颁予权属于所有隆达人的首领姆万提延瓦（Mwantiyanvwa）。他统治的地区是卡坦加（Katanga），在北面好几英里①的地方。卡夫瓦纳还负责为卢卡努手镯进行仪式性处理，在酋长职位空缺的时候把它藏匿起来。卢卡努手镯的神秘力量，还有由此而来的卡农吉沙力量，都源自姆万提延瓦——政治上的源头，以及卡夫瓦纳——仪式上的源头。使用卢卡努手镯为土地和人民谋求益处，这一权力掌握在担任酋长的个人手中，一任一任传递下去。它的起源在姆万提延瓦那里，这象征着恩登布民族具有历史意义上的统一，也象征着他们在政治上被分为以卡农吉沙为首的下属酋长领地；卡夫瓦纳为卢卡努手镯做周期性的药物处理，这象征着土地——卡夫瓦纳原本是这片土地的"拥有者"——以及居住在土地之上的整个社区。卡农吉沙在每天清晨和日暮的时候都会念咒语，目的是使土地肥沃，土质良好，出产丰盛；使动植物资源日益繁盛，用之不竭，使部落成员获得良好的生育能力，身体健康，精力充沛——一句话，就是为了公共福利和公众利益。但是，卢卡努手镯也有消极的一面：卡农吉沙能够用它来诅咒别人。人们相信，如果卡农吉沙拿它碰触地面，并且按照一定的程序口念咒语，那么被诅咒的人或群体就会失去生育能力，他们的土地会变得贫瘠，所狩猎的野生动物也会消失不见。最终，隆达与姆布韦拉这两个部落在"恩登布人的土地和人民"这一理念下实现了联合。

在隆达族与姆布韦拉族之间的关系，以及卡农吉沙与卡夫瓦纳之间的关系中，我们可以看到"政治力量或军事力量强大的统治者"与"臣服的土著民族"（不管怎样，他们还是擅长各种仪式）之间的显著区分。这种区分在非洲十分常见。伊尔万·刘易斯

①　1 英里约合 1.6 千米。——译者注

(Iowan Lewis，1963) 把这些在结构中地位低下的群体描述为拥有
"弱者力量"的人（p.111）。在此我会举出一个广为人知的例子：
福蒂斯所讲述的加纳北部的塔伦西人（Tallensi）。外来的纳姆人
（Namoos）带来了酋长制度，以及高度发达的祖先崇拜信仰。可
是，当地的塔勒人（Tale）仍然被认为是重要仪式力量的拥有者，
而且这一力量是与大地和上面的洞穴联系在一起的。在一年一度的
盛大的戈利布（Golib）节日上，汤戈人（Tongo）的酋长、纳姆人
的酋长，以及塔勒人的地神大祭司戈利布达拿（Golibdaana）会举
行一场神秘的婚礼，象征着酋长力量与祭司力量的联合，而他们分
别被描述为"丈夫"和"妻子"。在恩登布人的观念中，卡夫瓦纳
相对于卡农吉沙而言是阴性的，这一点我们已经清楚地看到了。仅
仅用来源于非洲的材料，我就能够对这种类型的二分对比举出大量
的例子来，而这些二分对比实际上在全球范围内都可以见到。我在
这里想要强调的是：在政治、司法和经济制度里，状况和地位历时
性转换的阈限所具有的"软弱性"和"被动性"，与某些个人、群
100 体、社会类别和经济制度在"结构性"或"共时性"上的低下地位
之间，有着相互一致的关系。"阈限"和"低下"的情况常常和仪
式力量联系在一起，而这时整个社区都被看作无彼此差别。

　　让我们重新回到恩登布人的卡农吉沙就职仪式：在这样的仪式
之中，阈限部分是从建造一个树叶小屋开始的。这个小屋建在距离
首府村庄大约一英里远的地方，被称为卡夫（kafu）或卡夫威
（kafwi）。这两个词语是恩登布人从 ku-fwa 一词演变过来的，后者
的意思是"死去"，因为在这里，酋长候选人的普通人身份死去了。

在恩登布阈限里，关于死亡的意象随处可见。比如，新成员接受割礼的"秘密而神圣"的地方，就被称为 ifwilu 或 chifwilu，而这两个词语也是从 ku-fwa 一词演变过来的。在这一过程中，酋长候选人的身上只披着一块破烂的腰布，陪伴他的是仪式意义上的妻子，她的穿着也同样褴褛：她可能是长房妻子，被称为姆瓦迪（mwadyi）；也可能是地位特殊的奴隶，被称为卢卡努，和御用手镯的名字一样。在日落之后，卡夫瓦纳立即叫夫妇二人进到卡夫住所里去。顺便说一下，酋长本人在这些仪式中也被称为姆瓦迪或卢卡努。夫妇二人被领了进去，好像他们的身体十分虚弱一样。在那里，他们后背佝偻着坐在地上，这是耻辱（nsonyi）或谦恭的姿势。与此同时，他们的身体被冲洗，用的是药物加水。那些水是从卡图坎翁依（Katukang'onyi）取回来的。（历史上，南部的隆达族曾四散到各地。当时，他们从姆万提延瓦的首府出发，然后分散开来，各自开辟自己的领地。）在这期间，他们的酋长有一段时间居住在河流旁边，而这个地方叫作卡图坎翁依。点火的时候，不能用那些用斧子砍下来的木头，只能用地面上散落的木头。这样做意味着：这些都是大地自己预备的，不是人工造成的。在这里，我们又一次见到了隆达族的祖先与黑暗神秘力量之间的联合。

　　下一步，是库穆亲迪拉（Kumukindyila）仪式，它的字面意思是"说他的坏话，对他进行侮辱"。我们也可以把这个仪式称为"对酋长候选人的辱骂"。仪式开始的时候，卡夫瓦纳首先在酋长候选人的左臂下方割一道口子——第二天卢卡努手镯会被戴在这条胳膊上——然后把药物塞进伤口里面，再将一个垫子搭在左臂上方。

人们粗暴地对待酋长候选人和他的妻子，强迫他们坐在垫子上。酋长候选人的妻子此时不能有孕，因为接下来的仪式的目的是摧毁生育能力。不仅如此，在仪式举行之前的几天之中，酋长候选人是不准和妻子发生性关系的。

101　　卡夫瓦纳开始训诫酋长候选人，内容如下：

　　　　住口！你是一个又卑鄙又自私的傻瓜，脾气还这么暴躁！你根本就不热爱自己的同胞，你只会对他们生气！你不会干别的，只会干卑鄙下流的勾当，只会偷鸡摸狗！但是，我们还是叫你过来了，我们说你必须当酋长。不要再那样卑鄙无耻了，不要再那样轻易动怒了，不要再那样犯下奸淫了，这些事情统统不要做了！我们已经许可你当酋长了，你必须与自己的同胞一起吃饭，你必须与自己的同胞和睦相处。不许准备那些巫术药物，免得你在他们的茅屋里面把他们吞吃下去——这是被禁止的！我们所想所求的，就是让你当酋长，而且你是唯一的人选。那些来到这里，来到首府村庄的人——让你的妻子为他们准备食物吧。不要自私自利，不要把酋长的权力只留给自己！你必须与人民一同欢笑，你必须远离巫术，哪怕你已经沉迷其中，也要把它戒掉！你不可杀人！你要对人民慷慨大度！

　　　　但是你，卡农吉沙酋长，姆万提延瓦的奇夫瓦纳克努（Chifwanakenu，意思是"酷肖其父的儿子"）啊，你已经为酋长的职位跳过舞，因为你的先人死了（也就是说，因为你杀了他）。但是，今天你获得重生，成为新任酋长。奇夫瓦纳克努啊，你必须了解你的人民。如果你原本是卑鄙无耻的，如果你原本是独自喝木薯糊、独自吃肉的，今天你坐在酋长的位子上了。你必须改掉自私自利的习惯，你必须对所有的人表示欢迎，你是酋长了！你必须停止奸淫的行为，你必须戒掉好斗的毛病。如果你的人民之间有诉讼，无论是哪一场官司，你都必须秉公裁决。如果你的孩子也卷在里面的话，就更当如此！你必须说："即使这个人跟我的老婆上过床，或是冤枉过我，今天他吃官司，我也要秉公裁决。我绝不能心怀怨恨。"

在这一番慷慨陈词结束之后，只要有人认定自己以前被酋长候选人冤枉过，他就有权辱骂酋长候选人，把自己的怨恨全部倾诉出来，愿意说多详细就可以说多详细。在他们尽情辱骂的时候，酋长候选人必须低头恭听，一言不发，谨守"各种耐心和谦卑的样式"。与此同时，卡夫瓦纳在他的身上泼洒药汁，在泼洒的间歇还用臀部撞击他（kumubayisha），以示羞辱。许多报道人告诉我："酋长在就职的前一天，就像奴隶（ndung'u）一样。"酋长候选人此时是不许睡觉的，这一方面是出于磨炼的需要，另一方面是出于对他自身的考虑。据说，如果睡着了的话，他就会做噩梦，梦见那些已经死去的酋长的阴影，而且"他们会说，不应该由这个人来接替他们担任酋长的职位。杀死他们的，不就是这个人吗？"卡夫瓦纳和他的助手，以及其他的重要人员，比如村庄的头人，都会粗暴地对待酋长候选人和他的妻子——他的妻子也遭到同样的辱骂——并勒令他们去找木柴和做其他那些本该奴隶去做的工作。酋长候选人对这些事情并不憎恨，也不会对那些粗暴对待他的人记仇。

102

137

阈限实体的特征

卡农吉沙的公开就职仪式，也包括了再整合阶段。这一仪式十分壮观，礼仪也十分齐备。在对恩登布酋长职位的研究之中，这个场景可以算是意义最为重大的了；对于当今的英国人类学研究来说，这也是一个重要的倾向。但是，我们却没有对它进行过多的关注。我们当前的关注中心是阈限以及弱者的仪式力量。这些内容体现为两个方面：第一，卡夫瓦纳和其他恩登布平民所表现出来的，是拥有对部落里级别最高的人物实施权威的特权。在阈限阶段，最下层的人变成了最上层的人。第二，掌控着最高行政权的人被表现为"像奴隶一样"。这不禁让我们想起西方的"基督国度"①里教皇加冕仪式的场景。在这一仪式中，教皇蒙召成为"上帝仆人的仆人"（servus servorum Dei）。当然，这一仪式有莫尼卡·威尔逊（1957，pp. 46～54）称之为"预防功能"（prophylactic function）的成分在里面。在举行这些仪式的过程中，酋长必须要表现出很强的自制力，从而获得自我控制的能力，日后面对权力的诱惑也不会跌倒。但是，"谦卑酋长"的角色，只是阈限情境中反复出现的主题的一个极端例子。这个主题就是对前阈限阶段（preliminal）和后阈限阶段（postliminal）的剥离。

现在，我们再来看一下库穆亲迪拉仪式的主要组成部分。酋长

---

① 在中世纪，几乎所有欧洲人都信仰基督教，因此当时的欧洲被称为"基督国度"。——译者注

和他的妻子披着同样褴褛不堪的腰布，还有着同样的称呼——姆瓦迪。这一词语也被用在那些经历成长仪式的男孩，以及男人娶的第一个妻子（按照婚姻的时间顺序）身上。这是一种标志，显示"初次参与者"（initiand）处于没有名字的状态。没有性行为、没有名字，这些现象都是阈限阶段所特有的。在许多种成长仪式里，初次受礼者中既有男性又有女性。在这种情况下，男性和女性都被装扮成一个样子，用以指代他们的是同一个称呼。我可以举一个例子：*103* 在非洲的某些基督教教派和混合宗教教派里，人们为洗礼所举行的仪式就是如此，比如加蓬的布威蒂（Bwiti）教派（James Fernandez，私人交流）。恩登布葬礼的齐威拉（Chiwila）秘密会社也是如此。在象征意义上，结构化的社会秩序中把各个类别和各个群体区分开的所有特征，都在这里达成了一致。新成员只不过是转换过程中的实体，此时他们没有地位，没有身份。

其他的特点就是顺服和沉默。我们所讨论的仪式中的酋长是如此，许多通过仪式中的初次受礼者也是如此。他们必须对某一权威表示顺服，而这一权威的地位不亚于统领整个社区的权威。社区本身就是本土文化的价值、习俗、态度、感情以及关系等所有这些方面的集中体现。它在具体仪式中的代表——随着仪式的不同也会有所不同——所体现的，是传统所具有的普遍权威。在部落社会里，语言同样不仅仅是沟通的方式，它所蕴含的还有力量和智慧。神圣的阈限所赋予的智慧（mana）不仅仅是词语和句子的聚合，还有着本体论的价值，为初次受礼者进行全身心的重新装备。这就是为什么在本巴族（Bemba）的祈颂姑（Chisungu）仪式中——奥德丽·理查兹

（Audrey Richards，1956）对此进行过出色的描述——女性长者这样评价处于隔离期的女孩："她已经长成一个女人了。"她之所以成长为一个女人，是因为她接受了箴言和象征方面言语的和非言语的指导，尤其是以陶罐上所绘图案的形式来向她揭示的部落圣礼。

处于阈限阶段的初次受礼者必须是一块白板（tabula rasa），而其群体的与其新身份相关的知识与智慧将被刻在上面。初次受礼者所经历的那些折磨和羞辱，对他们的身体常常有着摧残的性质。尽管如此，他们还是顺从地接受。这种折磨和羞辱一半代表着以前的身份已经不复存在，一半代表着对他们气质的调服，让他们能够担负起新的责任，也提前限制他们滥用新获得的权力。他们必须表示出，自己只不过是泥块、尘土之类的物质，他们的形体全都是社会所赋予的。

在恩登布就职仪式里，还体现了另一个阈限的主题：性节制。这一主题在恩登布仪式中随处可见。事实上，性关系的重新获得常常是回归社会——这种社会是由各种地位建构而成的——的仪式性标志。而且，几乎在所有形态的社会里，它都是各类宗教活动的特征。但是，在工业出现之前的社会里，亲属关系是众多群体组织的根基所在，性节制具有更深一层的宗教力量。因为亲缘关系或者由亲缘习语建构的关系，是导致结构性差别的主要因素之一。阈限中无彼此差别这一特点，也反映在性关系的中止，以及明显的性别两极的消失上。

下面我们将会对卡夫瓦纳的训诫做出分析，以此来寻找信息，把握阈限的含义。读者应该还记得，卡夫瓦纳对酋长大加责备，说他自私自利、卑鄙无耻、偷鸡摸狗、脾气暴躁、滥用巫术、贪婪诡诈。所有这些恶行都代表着一种欲望，即把本应用来为群众谋福利的权力完全据为己有。身居高位的人尤其易受诱惑，用社会赋予自己的权柄来满足个人的私欲。但是，他应该把这一特权看作整个社区赐给自己的礼物，而社区在终极意义上有权制约他所有的行为。这样，结构和结构所设立的高位就被看作为民众谋求福利的方式，而不是私欲膨胀的手段。酋长不能"把酋长的权力只留给自己"，必须"与人民一同欢笑"。而对于恩登布人来说，"欢笑"（ku-seha）有着"白色"的性质，在定义上属于"白颜色"和"白色事物"的范畴。白颜色代表着无缝隙的联系网络，这是一种理想化的网络，其中既包括活人，也包括死人。这是人与人之间的合宜关系，在这一关系中所有的人都被看作是平等的，而它所结的果实就是健康、力量，以及其他所有的好事情。比如，人们在欢笑时会露出白色的牙齿。而这一"白色"的笑容所代表的，是结伴而行与和睦相处。骄傲（winyi）、私下的嫉妒、欲望、怨恨与它完全相反，而结果就是巫术（wuloji）、偷盗（wukombi）、奸淫（kushimbana）、卑鄙（chifwa）、杀人（wubanji）。即使一个人变成了窃贼，他仍然是众人（antu）所组成的社区之中的一员。他以"与大家一同欢笑"、尊重他们的权利、"对所有的人表示欢迎"、与他们分享食物这些行为来表达自己的成员身份。阈限的磨炼功能并不限于这类就职仪式，在许多文化中，它也是其他多种就职仪式的组成部分。一个众所周知的例子就是中世纪的骑士，在被授予爵位的前一天晚上，他必须宣誓扶助软弱的人和穷苦的人，必须对自己的不堪进行反省。

105

人们认为，他此后获得的力量之中，有一部分就是来自全身心的谦卑。

　　阈限的教学过程代表了对两种从交融的普遍性联结之中分离出来的情况的责难。第一种情况是：社会结构中的职务任命赋予了在职者一定的权利，但是他只按照这些权力做事。第二种情况是：任凭自己的心理感受而行，全然不顾群众为此付出的代价。在大多数阈限类型之中，"为人类本身所怀有的情感"被赋予了一种神秘性的特点，在大多数的文化之中，这一转换阶段是与"对神灵或非人类的存在所具有的保护能力和惩罚能力的信仰"紧密地联系在一起的。例如，当恩登布部落的酋长候选人的隔离期结束，并且重新回到村庄里的时候，他下属的一位酋长——这位酋长在就职仪式上扮演的是祭司的角色——就会围绕新酋长的住所建起一圈仪式性围墙，并且在人们聚集起来观看就职仪式之前，对以前酋长的阴影进行祷告，祷告词如下：

　　　　所有的人呐，听着。就在今天，卡农吉沙要诞生为酋长。这些将要涂抹在酋长祖先神龛和祭司身上的白色黏土是给你们的。所有以前的卡农吉沙都聚集在这里（在这里，所有前任酋长的名字都被逐一提到）。所以，你们这些逝去的人，请看顾你们的朋友，就是继承你们位置（坐到酋长座位上）的人，让他变得强壮。他必须继续为你们祷告。他必须看管孩子们，他必须照顾所有的人，无论男人还是女人，让他们变得强壮，让自己变得有力。献给你们的白色黏土在这里。酋长啊，我为你加冕。人们啊，欢呼赞美吧。酋长诞生了。

在阈限中，为初次受礼者赋予新身份的力量，尽管是由社区的 代表们所发起、所调节的，却被看作超乎人类之外的力量，这在全世界的仪式中都是如此。

阈限与地位体系之间的对比

现在，让我们以列维-斯特劳斯的方式，以二元对立或二元区分的方式，来对阈限的性质和地位体系的性质之间的区别进行表述。它们可以依次排列如下：

转换/静止状态

全体/部分

同质/异质

交融/结构

平等/不平等

没有名字/体系命名

没有财产/拥有财产

没有地位/拥有地位

赤身裸体或统一着装/着装彼此相区别

性节制/性行为

将性差别最小化/将性差别最大化

没有级别/区分级别

谦恭/因地位而自傲

不在乎个人的外表/很在乎个人的外表

没有财富多少的区别/有财富多少的区别

慷慨大度/自私自利

无条件顺服/只对比自己级别高的人表示顺服

神圣/世俗

神圣的指示/技术性的知识

沉默/发言

对亲属权利和义务的中止/亲属权利和义务

对神秘力量的不断指认/对神秘力量的间断指认

愚蠢/智慧

107 简单/复杂

接受疼痛和苦难/避免疼痛和苦难

没有自治权/有一定程度的自治权

如果我们把所考察的阈限境况的范围扩大，那么这一列表也会有相当程度的扩充。不仅如此，把这些属性表现出来并赋予其形态的象征手段也是有着多重结构和多重形式的。而且，这些手段还常常与死亡和出生、合成代谢和分解代谢的生理过程联系在一起。读者也许马上就注意到了，这些属性之中的相当一部分，都是我们概念之中的"基督教传统的宗教生活"的特点。毋庸置疑，穆斯林、佛教徒、印度教徒和犹太教徒也能在他们的宗教之中找出与这些属性相一致的许多特点来。事实上，似乎随着社会和文化的特殊性日益加深，随着社会分工的复杂性日益增强，在部落社会里，原本大致"处于既定的文化和社会之间"，具有过渡性特征的体系，自身逐渐转变为制度化的状态。但是，宗教生活中的"通过性"（passage）特点，在一些固定化的表达方式中还是有所显露的，比如："基督徒对于整个世界来说，是一个陌生人、一个朝圣者、一个旅客，没有一个可供枕头的地方。"在这里，过渡成了一个永久性的状态。在世界上最有影响力的宗教中，大致都有修道士和托钵僧那样的生活方式。将阈限制度化、固定化的做法，在这种生活方式中获得了最清楚的标记和定义。

比如，西方基督教的圣本笃修道会会规（Rule of St. Benedict）"为那些愿意居住在**社区**之中，以**自我磨砺**、祷告和**工作**，完全地献身于服侍上帝的人，提供他们所需用的。他们应当成为真正意义上的**家庭**，而神父（修道院主持）照料他们，掌有**绝对的控制权**。就个人而言，他们要谨守**清贫**、**禁欲**、**忠顺**。他们宣誓要终身过这样的生活，改变原有的生活方式（最初的时候，'修道士生活'是'**共同生活**'的同义词，意思是从世俗的生活中分别出来），随之加给他们的，是一定程度的苦行，包括儆醒祷告、禁食、禁戒不当食的肉，以及**谨慎自己的言语**"（Attwater，1961，p. 51，黑体是作者所加）。我所强调的这些特点，与酋长候选人过渡到公共就职仪式（在这一仪式上，他正式入主自己的王国）的情况十分类似。恩登布穆坎达仪式进一步体现出了新受礼者与圣本笃修道会的修道士之间的一致性。埃尔文·戈夫曼（*Asylums*，1962）对"完全制度化的组织的特点"进行了讨论。他将修道院也包括在这类组织之中。"新加入修道院的人，其原有的各种社会性差异被直接涂抹掉……这是一个剥去各人所有，达到绝对平等的过程"，戈夫曼也对这一

108

过程表现出了极大的关注。他曾经引用过圣本笃告诫修道院主持的话语："在修道院里，不可将人区别对待。不可喜悦一个人甚于另外一个人，除非他在善工或谦卑上超出众人。若有人原是贵族，不可使他在地位上高过原是奴隶的人，除非有其他合理的理由在内。"（p. 119）

在这里，圣本笃修道会与穆坎达仪式之间所存在的平行一致性是十分惊人的。在穆坎达仪式里，新成员在钻过象征意义上的大门之前，原先的世俗穿着都会被"剥去"。而他们以前的名字也被弃在一边，取而代之的是共同的称呼姆瓦迪，即"新成员"，个人的待遇也都相同——就这样，他们之间"达到了绝对平等"。在穆坎达仪式的前一天晚上，施割礼者会向新成员的母亲唱一些歌曲，其中包括下述歌词："即使你的孩子是酋长家的公子，明天他也会像个奴隶。"就像酋长候选人在自己的就职仪式前一天所经历的那样，人们对待他也像对待奴隶似的。不仅如此，在隔离住所中，会有一名资格较老的教导者；之所以选他，一部分原因就是在接受割礼仪式的新成员里面，有几个是他的孩子。这样，他就为整个群体扮演了父亲的角色，类似于一位"修道院主持"；尽管他的称号 Mfum-wa ṭubwiku 的字面意思是"新成员们的丈夫"，强调的是新成员们的被动状态。

神秘的危险和弱者的力量

有人可能会问：为什么在世界上所有的地方，阈限的情况和阈

146

限的角色都被赋予了巫术-宗教的属性？还有，为什么对于那些没有经历过仪式，从而没有被纳入阈限场景的人员、物品、事务来说，这些属性常常被看作是有危险性、不吉利、有污染性的？我简要地阐述一下我的观点：对于那些看重"结构"稳定的人来说，交融的持续表现是危险的、具有无政府性质的，必须要以各种规定、禁令和条件来对其进行层层限制。而且，正如玛丽·道格拉斯（Mary Douglas，1966）所提出的那样，对于那些不能明确地归入传统标准或传统类别的事物，或是处于"不同类别的界限"的中间地带的事物，几乎在世界上所有的地方都会被视为"有污染性"和"有危险性"。

　　我再重复一遍前面说过的内容：阈限并不是交融在文化上唯一的表现方式，在大多数社会中，还有别的表现方式。通过围绕其上的象征，以及附加其上的信仰，就可以辨认出这些表现方式来，比如，"弱者的力量"，或者换句话说，就是身份较低、职位较低的人具有的或永久或暂时的神圣特性。在稳定的结构体系之中，有很多层面和组织。我们已经注意到了，被降服的土著居民可以对社会的整体福祉施加神秘力量和道德力量，而这些社会的政治框架是由征服者的家族体系或是地域组织构建的。在其他社会中——先以赞比亚的恩登布人和拉姆巴人为例——我们能够在那些秘密会社里找到这样的例子。它们的成员因有共同经历过的不幸和失去某种能力的情况，获得了治疗的能力。这种能力可以用于人们共同关注的方面，比如健康、生育能力，以及天气。这些会社组织介入了世俗政治体系，如家系、村庄、下属酋长的领地，以及酋长领地这些重要部分中。同样，我们还可以提到另一现象：在众多国家参与的体系中，结构规模较小、政治力量较弱的国家常常会担任宗教价值和道德价值的秉持者，比如古代时近东地区的希伯来人，中世纪早期"基督国度"中的爱尔兰人，还有当代欧洲的瑞士人。

很多作者都关注宫廷弄臣的角色。比如，马克斯·格拉克曼（Max Glukman，1965）就曾经写道："宫廷弄臣实际上是有特权的道德仲裁者，他们能够嘲笑国王和大臣、勋爵和领主，却有着不受制裁的特殊许可。"宫廷弄臣"常常是下层阶级的人——在欧洲大陆这一职务有的时候由神父担任——他们完全脱离了正常状态下的地位……在这样的制度下，别人很难去责备政治体系的领导者；但是此时我们所看到的，是一个制度化了的小丑，他在政治体系的最顶点活动……这个小丑能够把道德被侵犯之后的感受表达出来"。他还进一步指出，非洲的君主身旁的小丑"常常是小矮人和其他的畸形怪人"。在每年发洪水的时候，巴罗策兰（Barotseland）① 的国王和廷臣会乘坐御用驳船，从赞比西河（Zambezi）洪水平原的首都转移到边缘地带。而御用驳船上的鼓手所起的作用，就与宫廷弄臣十分相似。他们有权把那些"往年冒犯过他们，或是侵犯过他们的正义感"的王族贵胄扔进水里（pp. 102～104）。这类人物代表着穷苦人和畸形人，他们象征着交融的道德价值，与政治最高统治者的强制性力量相对抗。

在民间文学中，有着象征意义的人物也十分常见，比如"神圣

_110_

---

① 巴罗策兰是赞比亚西部的一个地区，有着单一的民族构成。——译者注

的乞丐""第三个儿子""小裁缝"，还有"傻瓜"。他们撕掉了高官厚爵者的高傲嘴脸，使他们降到了基本的人性和道德的层面上。同样，在传统的"西方"故事中，我们都读到过漂泊不定、行踪神秘、没有财产、没有姓名的"陌生人"。最终是他们消灭了办事不公、欺压平民的世俗"暴君"，使地方的政治权力关系恢复了道德和法律之间的平衡状态。在神话故事和民间传说中，受人鄙视或不受法律保护的民族群体或文化群体之中的成员，往往扮演着重要的角色，代表或体现着具有普遍性的人类价值观。这些故事之中，最有名的应当属"好撒玛利亚人"①、契诃夫所著《罗特希尔德的小提琴》中的犹太小提琴手罗斯希尔德、马克·吐温所著《哈克贝里·费恩历险记》中的逃亡黑奴吉姆，还有陀思妥耶夫斯基笔下的苏妮娅，在《罪与罚》一书中，她拯救了要成为尼采式"超人"的拉斯科利尼科夫。

　　所有这些具有神话性质的类型，在结构上都处于低下或"边缘"位置。但是，他们代表着与亨利·伯格森（Henri Bergson）所描述的"封闭的道德"（closed morality）相对的"开放性"，前者的中心意涵是有边界、有结构、有特点的规范化体系。伯格森论述了内群体如何保护自己的身份，不允许外群体的成员介入；在生活方式受到威胁时，如何保护自己，以及更新那些维持原有习俗的意愿。社会生活中的日常行为所依靠的，就是这种习俗。在封闭性或结构化的社会里，处于边缘或"低下"地位的人或"局外人"往

111

---

　　① 圣经记载耶稣所讲一则故事中的人物。——译者注

往往会成为大卫·休谟（David Hume）所称的"为人类本身所怀有的情感"的象征，从而与我们定义为"交融"的模式联系在了一起。

千禧年运动

在所谓的千禧年宗教运动中，我们会发现一些更为引人注目的交融的表现形式。正如诺曼·科恩（Norman Cohn，1961）所说，它是从"城镇和乡村中流离失所、绝望无助的人群之中产生的……他们生活在社会（即结构化组织）的边缘之处"（pp. 31～32）。或生活在那些原本是部落社会，却已被外来的复杂化、工业化的社会纳入其统治范围的地方。这种运动的特征，大多数读者应该十分熟悉。在这里，我只想对前面所提到的部落仪式的一些阈限属性做一下简单的回顾。在这些属性之中，很多都与千禧年运动有着相似之处：一致性，平等性，没有名字，没有财产（实际上，很多运动会命令其成员把拥有的财产全部销毁，以使大家更接近理想中的大同、共享状态；因为财产拥有权是与结构化的区别联系在一起的，无论是纵向的区别还是横向的区别），所有的人都被降低到同样的地位，所有的人都穿着统一的服装（有的时候不分性别），实行性节制（或是与它完全相反的局面——性共享，性节制和性共享都主张革除婚姻和家庭，因为婚姻是对结构化地位的合法化），将不同性别之间的差异最小化（"在上帝面前人人平等"或"在祖先面前人人平等"），废除级别，谦卑恭顺，不可以貌待人，没有私心，对先知或领袖绝对服从，指示有着神圣的性质，把与世俗性相对的宗教性的态度和行为做最大化处理，中止亲属权利和义务（所有的人都是兄弟姐妹，不管以前的世俗关系是什么样的），语言和行为相当简朴，某些愚行被看作是神圣的，对疼痛和苦难完全接受（有时甚至到了殉道的地步），等等。 *112*

　　这里我们注意到的是，在这些运动最初发起的时候，其中的相当一部分直接跨越了部落与国家之间的界限。交融或曰"开放的社会"（open society），就在这一点上与结构或曰"封闭的社会"区别开来。因为它在潜在的状态下或者理想的状态下能够延伸到人性的边缘处。当然，实际上，最初时的动力和能量很快就会耗尽，而"运动"本身此时就会变成一种制度性机构，与其他的机构一样——只不过常常比其他机构更加狂热、更加好战而已，因为它认为只有自己才是人类普遍真理的持守者。在大多数情况下，这种运动都是在特定的历史阶段中产生的：在许多方面，这一阶段都与具有稳定性和重复性的社会中的重要仪式的阈限时期"相一致"。此时，这类社会中的主要团体或社会力量正在从一种文化状态过渡到另一种文化状态。这些现象实质上具有转换性质。也许这就是为什么在众多的运动之中，相当数量的神话故事和象征手段都是从传统的通过仪式里借用出来的，无论这些仪式是本族的文化中所包含的，还是他们突然接触到的文化中所包含的。

嬉皮士、交融及弱者的力量

　　在当代西方社会，交融的价值十分显著地体现在日后被称为"垮掉的一代"的文学与行为中。接续"垮掉的一代"的是"嬉皮士"，而他们之中也有着一个规模较小的分支，叫作"弄潮小达人"
（teeny-boppers）。他们是十几岁和 20 来岁的年轻人之中比较"酷"
的那些人——他们并没有比"国家的通过仪式"强多少——"自主
选择"从社会秩序（这一秩序是与地位紧密联结的）之中分离出
去，打上地位较低的阶层的烙印。他们的穿着像"流浪汉"，习惯
于四处游荡，喜欢乡村风格的音乐，随意接手的工作也是体力劳
动。他们强调个人之间的关系，轻视社会义务，还把性看作即时交
融的多种形态之一，而不将其看作持久的结构性的社会纽带的基
础。诗人艾伦·金斯堡（Allen Ginsberg）尤其对性自由的功用大
加颂扬。在这里，常常被赋予交融的"神圣"属性也并不少见：他
们经常用宗教词汇比如"圣徒"和"天使"，来称呼与自己志趣相
投的人；他们还对佛教的禅宗表现出了极大的兴趣——这些都是
"神圣"属性的体现。禅宗的偈语"有即是一，一即是无，无即是有"
很清楚地表现出了普世性、无结构性，而这正是上文所列举的交融的
特点。嬉皮士对自发性、即时性和"存在"的强调，突出了某种交融
对应于结构的意义。交融是关于"现在"的，而结构植根于过去，并
且通过语言、法律、习俗延伸到未来。尽管我们此处所关注的焦点是
传统的前工业社会，但是有一点很清楚：集体性的维度、交融和结
构，存在于所有的文化与社会的各个时期与各个层面之中。

亲属社会中的结构与交融

1. 塔伦西人

在简单社会中，这种区别还有进一步的体现。关于这些情况，

我将不从状态之间的转换的角度来考察，而是从二分对立状态的角度来考察，这种状态在某些特定方面体现出了两种社会的区分，一种社会被视为是由对立的或有等级的部分组成的结构，另一种社会则被视为具有同质性的整体。在许多社会中，父系亲属和母系亲属在称谓上就有所区别，而且他们也被看作十分不同的两类人。父亲的兄弟和母亲的兄弟之间的区别尤为如此。在单系继嗣的社会规则下，财产和地位的继承要么按照从父亲到儿子的原则，要么按照舅舅到外甥的原则。在有的社会里，继承权的传递既可以按照父系亲属的继替线路，也可以按照母系亲属的继替线路。但是，即使在 *114*
这种情况下，所传承的财产和地位在不同的线路中，类别也是十分不同的。

　　现在，让我们以继承权的传递按照父系继嗣的单一线路的情况，来对一个社会进行分析。因为对塔伦西人的资料有着大量的积累，我们再一次以塔伦西人为例，因为我们有关于他们的丰富资料。我们的目的是查明：在"结构上的优越地位-结构上的低下地位"这个二元对立的结构层面上，我们是否能在二分对立中找到和仪式中"弱者的力量"相似的存在。而"弱者的力量"是与交融的模式联系在一起。福蒂斯（1949）曾经写道：

　　　　决定血统归属的亲属关系线路，为社会性人格赋予了外在的显著特征——法律上的地位、财产和地位的继承权以及接替权、政治联盟仪式权威和义务。而被掩盖了的那一亲属关系线路（由母系亲属-子女之间的关系组成，但我更倾向于使用"被掩盖的一方"这个词，因为这一关系是个体与他的母亲之间的个人关系，以及个体通过母亲所取得的与她的男性亲属和同族人之间的关系）所赋予的，是一定的精神性特征。我们很容易看到，在塔伦西人中，这是刘"与母系家族的联系，应维持在纯粹个人纽带"层面的反映。这一关系对物质、法律或者仪式方面的共同利益并无好处；它仅仅通过相互利益和相互关心的事物这一纽带将个体联系在一起，这与我们的文化之中的亲属纽带有着很大的差别。在我们的文化中，每个人与两边的亲属关系都很紧密。尽管这一关系构成了与父系亲属的排他性相制衡的因素之一，但是**它并不能创造一个足以与父系谱系和宗族相竞争的共同群体**。母系纽带只有精神性特征，因此无法削弱父系世系在法律、政治-仪式方面的稳固性（p. 32，着重号是作者所加）。

在这里，我们所见到的是父系/母系的二元对立，对立的双方有着"主导"/"被掩盖"的特点。父系纽带是与财产、职位、政治联盟、排他（可以再加上两点：特殊利益与拆分利益）联系在一起的。它是一种完美的"结构性"连接。母系纽带是与精神性特征、相互利益和相互关心，以及旁系的属性联系在一起的。它与排他性相制衡，这也就大概意味着它在相容性方面进行了补偿，而其获取的并不是物质利益。简言之，在亲属关系的层面上，母系亲属代表着交融的观念。

115　　再举一个塔伦西人的例子：母系亲属一方所具有的"精神"和"共产主义"的特点，在所谓的巴扣罗戈（bakologo，意思是通灵术士的神龛）的祝圣仪式上也有所体现。如福蒂斯（1949）所言，

在定义上，这种神龛被定义为"阴性"神龛：

> 也就是说，在定义上，与之相关联的祖先是从"通灵术士"的母系亲属世系那里来的；而他们中间最主要的人物常常是一个女人，一个"母亲"。巴扣罗戈……是祖先所怀的"复仇心"和"嫉妒心"的具体体现。它无休止地侵扰别人的生活，并对其加以迫害，直到这个人屈服了，"接受"了——也就是说，直到他着手在自己的家中建造一座神龛，供奉（母系亲属一方的）巴扣罗戈众魂灵，并且定期向他们献上祭品。在塔伦西宗教体系的引导下，**每一个男人——并不仅仅是那些遭受了极大的不幸的男人**——都会在很大程度上，将他们内心深处的负罪感和不安全感投射到"母亲的形象"上，而这一形象在巴扣罗戈情结中得到了具体化的展示。在通常情况下，人们是不会立即屈服于巴扣罗戈祖先的命令的。他们会敷衍、逃避、拒绝，有时长达数年之久，直到最后才被迫服从和接受巴扣罗戈。40岁以上的男人之中，十分之九都建造了巴扣罗戈神龛。但是，不是每个人都懂得怎样求神问卜，所以大部分人只不过是把神龛建造起来而已，并不用它来占卜。（p.325，黑体是作者所加）

我之所以大段引用福蒂斯的叙述，是因为在我看来，这部分叙述不仅生动地刻画了父系亲属关系和母系亲属关系之间的对立与紧张状态，也对个人心理所产生的紧张状态（以结构性或共有社会的方式来看待塔伦西社会的过程中，个人心理也在日趋成熟）进行了详尽的表述。我们必须记住，父系的信条——霍曼斯（Homans）

和施奈德（Schneider）称之为"硬性"的继嗣传承，地位与财产的支配权由此而传递——是占据主导地位的，它为塔伦西社会和文化的各个层面的价值观涂上了重重的色彩。对于那些在父系结构中占据权威地位的人来说，通过妇女而形成的社会纽带象征着最广义的塔勒人社区；而在这一社区中，这种纽带跨越了狭窄的继嗣和地域的团体纽带，因此它必然会显出侵扰性的一面。我认为，都是基于下述原因，塔伦西人才会把巴扣罗戈视为"母亲的形象"，而且相信这一形象在成年男子的生活中会进行"迫害"和"侵扰"的活动，直到他"接受"为止：随着成年男子的逐渐成熟，并在更广泛的社会关系领域中进行彼此的交往，他们会越来越深切地认识到，他们的父系世系只不过是塔伦西社会中的一个组成部分。对于他们自己来说（以完全直白的方式），更广范围的社区"打破"了分支家系和宗族事务的自给自足、相对自治状态，介入了他们的生活。在各族共同的节日，比如戈利布节日上，人们一年一度地表达普世性的感怀（我在上文中已经提过，在戈利布节日上会举行一种神秘的婚礼，结婚的双方是入侵的纳姆人的代表与当地的塔勒人的代表）。这种感怀对于"40岁以上的男人"来说，有着越来越深刻的意义。他们的身份是一家之主、家族分支的领头人，再也不是父系权力之下的少年人了。"外界"的准则与价值已经侵入了"家系忠诚"的排他性。

此时，由母系的祖先（尤其是母亲的形象）来象征交融，显然是十分合宜的。这是因为，在妇女婚后从夫居的父系社会里，妇女是从"外界"进入父系分支的。而且，正如福蒂斯所说的那样，大

116

156

部分的母系亲属都居住在他人的"宗族领地"之外。所以，那种魂灵被描述为怀有"复仇心"和"嫉妒心"，也就完全可以理解了：是那些"母亲"［她们是达格（dugs）——或称"母系分支"——的建立者］把纷争引入理想的父系世系的理想统一中。简言之，在某些生命危机——比如青春期、步入衰老期和死亡——之中，从一种结构地位过渡到另一种结构地位的过程可能会伴随着强烈的"人类本身"的情感，它是所有社会成员之间普遍的社会联结——这种社会在有些地方超越了部落或者民族的界限——这种情感与他们对次群的忠诚和他们在结构位置中的责任无关。在比较极端化的情况下——比如印度中部的索拉人（Saora）会去当萨满（Elwin，1955）——这可能会导致这一结果：原本具有阈限性质或超结构性质的阶段，变成了永远的"神圣的局外人"状态。萨满或先知所取得的，是处于世俗社会结构外边的"没有地位的地位"（statusless status）。这一地位赋予了他批判的权力，从而能够对所有被限制在结构之中的人进行批判，而他所依据的，就是对所有人都有约束力的道德秩序。不仅如此，这一地位还赋予了他调解的能力，他可以在结构化的体制中所有的组成部分或成分之间进行调解。

117

　　在某些社会中，其亲属关系是福蒂斯称之为社会组织的"不可约化的原则"，其社会结构的基础是父系制的社会里，每个人与其他社会成员的联系都是通过母亲完成的。通过扩展和抽象，"妇女"和"女性气质"倾向于象征那个大范围的社区，以及指导和贯穿其政治-法律系统的道德体系。向交融状态的转换与对个体的维护（它与"对地位的占有"相对立）之间的相互联结令人十分感兴趣，而这一相互联结存在于许多社会之中。例如，福蒂斯（1949）曾经向我们说明，在塔伦西人之中，外甥与舅舅之间的联系有着使人个体化的功能。而这一功能，福蒂斯指出，"是围绕父系世系的系谱围栏中的一个重要缺口，是每个人与其他氏族成员发展社会关系的主要入口之一"（p. 31）。每一个人在保留完整性格的同时，可以从父系亲属关系所决定的部分地位之中解放出来，进入更大范围的社区生活。解放他的就是母系亲属。而这一社区是延伸到塔伦西本族之外的，一直到有着相似的宗教文化的部落群体之中。

现在，让我们来对一个具体的实例进行考察，即：向巴扣罗戈神龛祝圣的做法如何通过母系亲属的纽带使塔伦西社区在更大范围内变得可见可知。所有的仪式都有这种示范性、模式展示性的特点；在某种意义上，我们可以说它们在"创造"社会，这就像奥斯卡·王尔德所说的那样，生活就是"对艺术的模仿"。在这里，我将引用一个事例（Fortes，1949）：一位名叫纳布迪亚（Naabdiya）的男子"接受"了众位祖先作为自己的巴扣罗戈祖先，其中包括外祖父、外祖父的母亲，以及外祖父的外祖母。为属于"外孙"类别的这位纳布迪亚建造神龛的，是最后提及的那位祖先所在的宗族的成员。但是，要想与他们取得联系，纳布迪亚必须做的，就是先到舅舅的家族那里去。然后，他们再陪他去找他母亲的舅舅所在的家族，母亲的舅舅离他的住处有 12 英里远。在每一个地方，他都要献一只普通鸡和一只珍珠鸡为祭——也就是一只家养的禽鸟和一只野生的禽鸟——为世系的博加（bogar）奉上。博加就是为家族的始祖所建的神龛。

占主导地位的祖先的世系——这一祖先常常是巴扣罗戈结合体中的女性祖先且几乎总是一位母系祖先——有责任为遭受病痛的人建造神龛。遭受病痛的人会提供两只禽鸟，而世系的首领会在自己的世系神龛之前将其献祭，并向祖先解释他们的外甥或外孙遭受了怎样性质和情况的病痛，使得他不得不与他们一同祈祷。世系的首领请祖先们为新神龛的建造祝福，愿受礼者成为一名成功的通灵术士，并且万事亨通、子孙满堂、身体健康——也就是那些人尽皆知的美好境况。然后，他从罐子（博加神龛最重要的组成部分）里撮起一些沉积物，放进一个小罐里，让受礼者带回家放到新神龛里。"这样一来，"福蒂斯说，"新的巴扣罗戈神龛就与母系家族的博加神龛形成了直接的联结，而且这一联结以可感可触的形式表现了出来。"（p.326）

就这样，相距12英里的两个神龛——我们需要记住塔勒人的整片领地"顶多也就20英里宽"——以及位于这两个神龛之间的其他几个神龛，就通过这些仪式形成了直接的、可感可触的联结。不同的世系之间不间断地进行交往是不太可能的，但这一事实对意识形态来说并不重要，因为巴扣罗戈神龛是整个塔勒人社区的象征手段和表现形式。90％的成年男子都有一群巴扣罗戈祖先。通过这些祖先，所有这些男人都与多重的住所联系在一起。与之相对的是，通过姐妹之间的关系，各个世系的每一个博加神龛都与一些巴扣罗戈神龛联系在一起。在整体上和横向上，这样的联系明显超越了个人和精神方面的联系；它们代表的是与结构中的裂隙相对立的交融联系。不仅如此，它们是亲属中被掩盖的一方所创建的联系，这一方在法律角度是较弱或较为次要的。我们又一次见证了"交融"与"弱者的力量"之间的紧密联结。

2. 努尔人

在许多父系社会里，个人与其外甥的关系中存在着"神圣"与"感情深厚"这两种层面。在我看来，处在这两种层面背后的，是交融与结构之间永恒的紧张关系。很多学者已经指出，在这些社会里，尽管舅舅在法律上对外甥的有效权力并不大，但是他们之间能够形成亲密的友好关系。在外甥遭遇父亲的严厉对待时，舅舅能为他提供庇护。而且，舅舅常常会拥有神秘的能力来祝福他或诅咒他。此时，在共同群体的背景下，处于弱势的法律权力与强大的个人力量和神秘力量之间形成了一种对立关系。

有趣的是，在苏丹的努尔人中，"豹皮祭司"的角色与父系社会中"舅舅"的象征意义相互关联。将这二者联系在一起的，就是我们在上文已经考察过的：在阈限、边缘和政治上处于弱势地位的事物的其他一些特点。埃文思-普里查德（1956）曾经说过："在**努尔人中**吉坎尼（Jikany）各部落的一些神话传说里，**在一定地域内**占领导地位的**父系**世系的祖先将作为**祭司**职位标志的貂皮给他们的舅舅，让他们担任部落的祭司。由于外甥和祭司之间存在亲属关系，此时，宗族内部在结构上相对立的世系之间也形成了共同的关系。外甥和祭司在两个宗族之间处于中介的位置。"（p. 293，黑体是作者所加）在政治体系上按照类别来看，豹皮祭司拥有的是舅舅的身份。不仅如此，"如果按照 rul（即陌生人）的类别，不按照 diel（即在部落中拥有领地的宗族之中的成员）的类别来看……他们并没有自己的部落领地，而是作为家庭和小规模家族，在其他宗族的领地上居住。那些领地的大部分地区都住有这样的人。他们就像利未人一样，从雅各的子孙中分离出来，散居在以色列全地。"（p. 292）在乌干达的吉苏人（Gisu）之中，割礼的执行者和求雨者过着散居的生活，他们也有类似于这种祭司的特点。努尔人的豹皮祭司"与土地有着一种神秘的关系……人们认为，他们利用这种关系发出的诅咒，有着十分强大的效力。因为……这些诅咒不仅能影响他人的庄稼，还对这个人的福祉有着整体性的作用力。这是由于所有的人类活动都是在土地上进行的。"（p. 291）祭司的主要工作是与杀人事件联系在一起的。他为凶手提供避难所、发起谈判、献上祭品，以使社会关系恢复到正常状态，也使凶手恢复以前的生活。我们由此可以看出，这一广义的舅舅身份有着很多交融性的特点，而这些特点都是我们所熟悉的：他是一个陌生人，是一个中介者，为整个社区做出行动，与所居住的土地有着神秘的联系，代表着与仇恨相对的和解，而且不与任何具体的政治成分相联合。

3. 阿散蒂人

可能有人会认为，在单系继嗣原则下的社会里，所有的结构都与父系家族联系在一起，而所有的交融都与母系联系在一起。为了避免这一误解，下面我们将会进行一次简要的考察，考察的对象是一个十分著名的母系社会：加纳的阿散蒂人。阿散蒂人是属于西部非洲的一个社会群体，这一群体有着高度发达的政治制度和宗教体系。尽管如此，单系亲属制度仍然有着相当重要的结构意义。在当地，地域化的母系家族对血统渊源的追溯，是从本身开始向上数10代

120

到 12 代，一直上溯到一位共同的祖先为止。这种母系世系是最基础的单元，要达到政治、仪式和法律的目的，都要依靠这种单元。福蒂斯（1950）曾经描述过这种世系的拆分性特点："每一个社会单元都是以与其秩序相仿的其他社会单元来定义的，依据就是通过对一位共同祖先（有着称谓上的差异）的指认。"（p. 255）对职位的沿袭、对财产的继承都在母系家族之内。在阿散蒂村庄划分的每一个区中，居住在中心位置的都是一个核心的母系世系，他们的一些同族人和姻亲住在周围。

在当地，母系家族被称为阿布苏阿（abusua）。根据拉特雷（1923）的解释，阿布苏阿"与 mogya 是同义词，意思是血"（p. 35），谚语说"同一个宗族流的是同样的血"（abusua bako mogya bako）。不过，人们有时还是会对阿散蒂亲属关系是否应当归入"双重继嗣"体系这一问题进行争论。这个观点是从拉特雷（1923，pp. 45～46）的报告发展而来的。这一报告是关于阿散蒂人称之为恩托罗（ntoro，字面意思是"精液"）的社会分类模式的。拉特雷认为，这是一种外婚分支制度，以男性成员间的传递并只通过男性成员完成为基础。福蒂斯（1950，p. 266）曾经强调过这一父系社会单元对于亲属关系体系和政治-司法体系在最小限度上所具有的意义。他把恩托罗称之为"被指名的类仪式的分支"（named quasiritual divisions），但是这种分支在任何意义上既没有族外婚的性质，也不是有组织的群体。然而，从眼下我这部论著的观点来说，恩托罗分支有着极为重要的意义。尽管交融对于理解仪式、道德、审美以及（这两点是显而易见的）政治与法律行为和进程的意义有着深远的影响，但是人们往往对社会的这一维度视而不见。这是因为人们倾向于把"社会维度"等同于"社会结构维度"。那么，就让我们跟随恩托罗的线索，来探寻阿散蒂人文化中众多不为人知的角落吧。

首先，恩托罗分支的基础——父亲-儿子之间的联系，在结构上是处于次要位置的。但是，与之相关联的象征则构成了一幅不可动摇的交融价值的图景。据拉特雷（1923）所言，阿散蒂人认为："由男性传递的恩托罗（即精液）与血液（母系家族的标志之一）相融合，这就是怀孕这一神秘的生理现象的根源所在……恩托罗……有时被当作桑苏姆（sunsum，即灵魂）的同义词使用，是存在于男人或女人之中的精神因素……作用力、个人魅力、特点、性格、能力，以及灵魂（无论你怎样来称呼它）都依靠它，健康、财富、世俗的力量、各种事业的成功——实际上就是所有那些使人觉得不枉此生的事物——都依靠它。"（p.46）我们在这里又一次见到了性格、普遍价值与"精神"或"灵魂"之间特有的联系，它们是作为交融的特征出现的。

拉特雷（1923）数出了九个恩托罗分支，但是他也说过，可能还有更多的分支。这九个分支自然跨越了每一种阿布苏阿母系世系的成员身份。在传统上，有一个恩托罗分支被认为是"赋予人类的第一个恩托罗分支，即博索姆鲁（Bosommuru）这一地方的恩托罗分支"（p.48）。拉特雷认为，关于这一分支是如何创立的神话传 *122* 说，表现出了阿散蒂人对恩托罗的普遍看法：

在很久很久以前，有一个男人和一个女人从天上降了下来，又有一个女人从地下升了上来。

从天神（Onyame）那里，也降下了一条蟒蛇（onini），它住在一条河里，就是现在被称为博索姆鲁的河。

起初，这些男人和女人没有生育后代，因为他们没有这个欲望，而且在那个时候，人们对怀孕生子一无所知。

有一天，蟒蛇问他们是不是没有后代。他们回答说是的。蟒蛇马上说，它能使女人怀孕。它让男人和女人面对面站着，然后就扎进了河里，又浮了上来，将水泼溅在他们的肚子上。泼水的同时，它还不停地口念 kus kus（在大部分与恩托罗和天神有关的仪式上，kus kus 这个词都会被用到）。然后，它下命令让他们回家上床。

女人怀了孕，生下了后代。世界上第一次有了孩子。这些孩子把博索姆鲁当作他们的恩托罗，每一个男人又都将这一恩托罗传给了他的孩子。

博索姆鲁恩托罗的男人或女人如果见到了一条死掉的蟒蛇（他们从来不会去杀蟒蛇），他们就会在它的身上撒白色黏土，然后把它埋葬。（pp. 48～49）

这个神话传说以象征的手段，将涵盖"精液"和"社会分支"两个含义的恩托罗，与天神（他同时也是雨神和水神）、水、河流、妇女受孕联系了起来。其他的恩托罗分支，比如在博索姆特威（Bosomtwe，它是阿散蒂人领地中部的一个大型湖泊）的那一支，还有博索姆普拉（Bosompra，它是阿散蒂境内涌起的一条河）的那一支，都是与水体联系在一起的。阿散蒂人的神祇中，大部分都是男性，他们是天神——身为男性的最高神祇——的儿子。不仅如此，他们都与水体联系在一起。水是良好生育能力的中心象征。推而广之，水也是阿散蒂人一致认同（无论他们分属哪一个群体）的美好事物的象征。拉特雷（1923）曾经引用过阿散蒂人的话，他们说："天神决定把自己的那些孩子送到地面上来，以使他们从人类那里获得益处，也让他们将益处赐给人类。所有的孩子的名字，都是现在的河流和湖泊……以及其他有着重要意义的河流或水域的名字。他们的孩子，就是这些水体的支流。"（pp.145～146）他又补充说："我们所提到的这些已经足以证明：阿散蒂人相信，阿散蒂领地的水体里，包含着神圣的造物主的能力或灵体，因此造物主赐给了它们伟大的、赋予生命的力量。有一次，一位祭司对我说：'就像女人生孩子一样，水中也会产生神。'"（p.146）

　　据拉特雷（1923，p.54）所说，其他的有形液体，比如唾液，也通过象征手段与"男人具有的恩托罗因素"联系在一起。在与博索姆鲁这条河流有关的仪式里，阿散蒂国王会从口中喷出水来，同时还伴随着这样的话语："赐我以生命，也愿这个民族兴旺发达。"博索姆鲁神话传说之中的白色象征，在很多的仪式语境中都会重复出现。在这些仪式里，人们敬拜众位水神，而至高神祇的祭司以及其他神祇的祭司通常都穿着白色的外衣。在很多非洲社会以及其他地方的社会中，白色这一象征暗含着精液、唾液、健康、力量和吉利等意义。我已经出版了几本著述，对这些内容进行了讨论（Turner，1961；1962；1967）。从语义的角度来看，阿散蒂人的白色象征与恩登布人的白色象征并没有太大的区别。

123

165

现在，让我们来总结一下，看看我们从阿散蒂人那里发现了什么：父亲-儿子之间似乎有着一种纽带，其中包括恩托罗，它表示精液、灵魂，以及成员散布很广的社会分支；男性气概，代表男性气概的是"父亲的形象"天神，还有他的儿子们，以及神秘的蟒蛇，它也是男性的象征；唾液；水；通过喷水来祝福；湖泊；河流；大海；祭司职务。不仅如此，酋长和国王（尤其是国王）通过阿德伊（Adae）仪式和其他的仪式，与天神和河流，尤其是塔诺（Tano）河，清楚地联系在了一起。在阿德伊仪式上，"对话鼓"（talking drum）所传递的信息表明了这一点（Rattray, 1923, p. 101）。

至于母系原则和阿布苏阿，我们已经看到，它们是由血液来联结、通过血液来传递的，并且还有为数众多、种类各异的红色象征，在二者之间起着纽带的作用。几乎在所有的地方，鲜血和红色都有着吉利和不吉利的双重含义。在阿散蒂人的社会里，红色是与战争（Rattray, 1927, p. 134）、巫术（pp. 29, 30, 32, 34）、受害者怀恨报复的鬼魂（p. 22）以及葬礼（p. 150）联系在一起的。在有些情况下，白色（男性）象征与红色（女性）象征之间存在着直接的对立关系。例如，据拉特雷（1923）所说，河神塔诺，或称塔柯拉（Ta Kora）"似乎对妇女不闻不问，有时甚至心怀敌意。他宣称，女人是不知感恩的生物（bonniaye）。女人不被允许触摸供奉他的神龛，而他也没有属于自己的女性阿柯穆夫（akomfo，即祭司）。他的忌讳之一就是经期的女人"（p. 183）。阿散蒂何尼（Asantehene）是整个阿散蒂人的最高酋长，在他的阿德伊仪式中，塔诺河扮演着重要的角色。对此，我们在下文还会再一次进行回顾。巫术和葬礼仪式上的红色象征，与阿布苏阿成员身份是联系在一起的，因为互相指责对方使用巫术的，就是母系亲属。而且就肇因而言，人们认为大多数人的死亡都是巫术导致的。此时，在血亲纽带的概念里，还隐藏着另外一个不祥的含义。红色象征是与土地崇拜联系在一起的，而被崇拜的阿萨色雅（Asase Ya）被看作"女性神祇"（Rattray，1927）。根据拉特雷所说："她并不忌讳行经（kyiri bara），她喜欢人类的血液。"（p. 342）

拉特雷（1927）记录下了关于红色象征的十分详尽的数据，我能够对其大量地进行引用，来表现阿散蒂人所建立的各种关系，其中包括女子气质、死亡、杀戮、巫术、不吉利、经血的污秽，以及以人或野兽献祭之间的关系。例如，阿散蒂人有一种"红色的"苏曼（suman），或曰"崇拜对象"，这一崇拜对象"在性质上类似于替罪羊或赎罪祭，它背负着世人的邪恶和罪孽"（p. 13）。它被浸泡在红色的伊索诺（esono）染料里面。这种染料是阿德威诺树（adwino）的树皮捣碎后制成的，阿德威诺树很可能是紫檀属的一种。这种染料是"代替人类的血液"的，常常用在土地崇拜的活动之中。伊索诺染料同样也代表着经血。在这个被称为昆库玛（kunkuma）的崇拜对象的表面，也"浸染和凝结着绵羊和禽鸟的鲜血，绵羊和禽鸟就是在它上面被献为祭品的"。在它的内部，"还藏有一块植物纤维（baha），这是妇女在行经的时候所使用的"（p. 13）。在这里，我们见到了祭祀时的鲜血以及妇女的行经，这些都与自然秩序和社会秩序的损毁——"邪恶和罪孽"——联系在一起。我再举最后的一个例子，这也许是所有例子中最有趣的，也足以证明我的论点。阿散蒂人每年一次对最古老的恩托罗神龛进行仪式上的亵渎。这一神龛就是我们在上文中所提到的博索姆鲁这一地区的恩托罗神龛。人们常常认为，这里的恩托罗就是阿散蒂何尼本人的恩托罗。在举行这一仪式的当天，恩托罗的白色和博索姆鲁河的白色会被亵渎。在亵渎的仪式结束之后，神龛会被再次净化。人们会从几条"神圣"的河流中取来一些水，然后放进碗里，与白色黏土搅拌在一起，并将其洒在神龛上面。

在许多父系社会里——尤其是那些有着宿怨血仇的社会，与模棱两可的鲜血象征联系在一起的，是通过男性一方来传承的世系。但是，在阿散蒂人的社会之中，母系是主导的系统性法则；男性与男性之间的继嗣联结，几乎永远被认为是完全吉利的，并且还与天神和伟大的河神联系在一起。这些神祇掌管生育能力、健康、力量，以及人所共享的生命价值。此时，我们又一次看到了这一现象：在结构上处于低下地位的，在道德和仪式上却占有更高的地位；世俗上的弱小却等同于神圣的力量。

阈限、低下的地位与交融

我们已经列举出了众多不同的现象，它们看上去是如此的分散和多样化，却有着共同的特征。对此，有一种假说能够做出溯源性的解释；现在，我们应当对这个假说做出仔细的考察了。那些不同的现象包括：处于仪式的阈限阶段的初次受礼者、被降服了的自治土著、人数较少的国家、宫廷弄臣、神圣的托钵僧、好撒玛利亚人、千禧年运动、"达摩流浪者"（见杰克·凯鲁亚克所著之《达摩流浪者》[1]）、父系世系制度下的母系亲属、母系世系制度下的父系亲属，以及修道院的秩序。对这一系列社会现象的列举确实没有什么条理！但是，所有这些现象都有着共同的特点：（1）处于社会结构的断裂之处；（2）处于社会结构的边缘之处；（3）处于社会结构的底层之处。这又重新把我们带回了原来的问题：如何对社会结构下定义？一个颇具权威性的定义出处是《社会科学大辞典》（*A Dicxionary of the Social Sciences*，Gould & Kolb，1964）。在这本辞典中，A. W. 埃斯特（A. W. Eister）回顾了针对这个概念的几种主要陈述方式。斯宾塞和许多当代的社会学家都把社会结构看作"对专门化的、彼此依存的社会**制度**（黑体是埃斯特所加），以及由各种职位和（或）其行动者相互作用所形成的组织的独特安排；其中所有的组成部分都以人类群体的身份，在事件的自然进程中不断发展，同时还具备一定的需求和能力，彼此之间相互作用（以互动的各种不同种类或模式），以寻求与周围的环境相适应"（pp. 668～669）。雷蒙·弗思（Raymond Firth，1951）曾经为此提出过更具分析性的概念，这一概念表述如下："在人类学家通常将其列为研究对象的社会类别中，社会结构包括首要和基本的社会关系。这些关系是以类似的情况，从与土地的联系为基础的阶层体系中发展起来的。社会结构的其他方面，是通过其他种类的持久性群体中的成

126

员身份发展起来的，比如氏族、种姓、年龄群体，以及秘密社团。其他基本的关系也是根据亲属关系体系之中的地位发展而来的。"（p. 32）

所有的定义中的大部分都含有对地位或身份的安排的概念，大多涉及群体和关系的制度化和持久性。经典力学、动植物的形态学和生理学，还有更为新近的（列维-斯特劳斯所提出的）结构语言学，都已经被社会科学家们细细考察过了，目的是从中来寻找概念、范式，以及性质相通的形式。所有这些都体现了一个共同的观点，就是针对持久存留的部分或地位，来进行超组织的（superorganic）排列；同时，还伴有随着时间推移而渐渐变化的形态调整。"冲突"的概念逐渐与"社会结构"的概念联结在了一起，因为部分之间的区别变成了部分之间的对立，而较为少有的地位就成了争夺的对象，声称拥有支配权的个人和群体之间为了这些地位而争抢不已。

我所关注的另一件事物，即"社会"的另一个层面，就更加难以定义了。希勒里（Hillery，1955）对 94 种"社区"（community）定义进行了考察，最后得出了这样一个结论："在人们置身于社区之中这一概念以外，对社区性质的定义，没有一个是完全被认可的。"（p. 119）所以，这一领域还是空缺着的，等待人们做出新的尝试！我曾经试图避开这样一个观点，即交融有其具体的区域性所在，而且还常常受到性格的制约。这个观点在很多定义中都可以见到。对于我来说，只有在社会结构没有显现的时候，交融才会显现。也许，要想将这个极具难度的概念用语言表达出来，最好的方式还是马丁·布伯

（Martin Buber）的方式——尽管我认为，他应该被当作一位有天赋的本地报道人，而不是一位社会科学家！布伯（1961）曾经使用"社区"一词来表述"交融"："社区是这样一种存在。处于社区之中的广大人群，不再彼此平行式地生活（也许有人会加上一点：不再高于别人或低于别人地生活），而是彼此之间在共同交流的方式下生活。而这一广大人群，尽管是朝着同一个目标前进，却在所有的地方都有着求诸他人，或是动态式地面对他人的经历，这是一个从我到你的转移。社区就是社区产生的地方。"（p. 51）

　　布伯所指出的，是交融所具有的自发性、即时性、具体性的特点，这些特点与社会结构所具有的受社会规范所辖制、制度化、抽象化的特点相对立。但是，可以说只有在与社会结构并置，或与社会结构相混的情况下，交融才会变得明显，变得可以达到。正如格式塔心理学所指出的那样，人物和背景有着彼此决定的意义。或者，就像某些稀有元素在大自然之中没有单质的存在形式，而只能以组成部分的形式在化合物中出现一样，交融也只能在与结构的关系之中为我们所把握。正是因为交融成分常常隐匿不见，难以捕捉到，它才有着十分重要的意义。在这里，老子所讲述的战车之轮[①]的道理是一个贴切的例子。如果没有中心的"空洞""间隙"或"虚无"的话，轮子的辐条和轮毂（轮毂是指车轮中央的一块圆木，它的用途是将轮轴和辐条固定在一起）之间的相互连接就是没有任何作用的。交融有着无结构的特点，代表着人类彼此之间的联结的

---

　　① 《老子·道德经》第十一章："三十辐共一毂，当其无，有车之用。"——译者注

"即时性"〔这种"即时性"，布伯将其称为"人际的"（das-Zwisch-enmenschliche)〕，而最能代表交融的，就是"中心的虚无"。对于车轮结构的功能来说，这一虚无是必不可少的。①

与众多曾经考虑为"交融"下定义的人一样，我发现自己也不得不求助于暗喻与类比。这并不是巧合，也不是缺乏科学的精确度。这是因为交融有着存在上的性质（existential quality），它让一个整全的人参与到与其他整全的人之间的关系中。在另外一方面，结构是与交融相对的，结构有着认知上的性质（cognitive quality）。正如列维-斯特劳斯所认识到的那样：实质上，结构是一个分类性的体系；是一个对文化和自然进行思考，并为个人的公共生活赋以秩序的模式。交融还有一个潜在的方面，它总是以虚拟语气出现。在总体性的存在事物之间的关系之中，能够产生象征、暗喻，以及类比；艺术和宗教就是这些关系的产物，而不是法律结构和政治结构的产物。伯格森（Bergson）在先知和伟大的艺术家的话语和著作中，看到了"开放性的道德"是如何被创造出来的。这种创造本身，被伯格森称为"生命冲力"（élan vital），或曰进化的"生命活力"。先知和艺术家都有着成为阈限人、边缘人或"临界人"（edgemen）的倾向。这些人满怀热诚与激情，要努力将那些与"占有地位"和"扮演角色"联系在一起的陈词滥调从他们的生活之中除掉，以此来进到与其他人所构成的、充满活力的关系之中去，无论这种关系是真实存在的还是想象出来的。在他们的作品中，我们可以对人类尚未使用的、不断进化的潜能略见一斑，而这种潜能还

_128_

---

① 《老子·道德经》第十一章："故有之以为利，无之以为用。"——译者注

没有被外在化，没有在结构之中固定下来。

交融以阈限的形式，进入了结构的缝隙之处；以边缘的形式，进入了结构的边缘之处；以地位低下的形式，进入了结构的底层之处。几乎在每一个地方，人们都认为交融是神圣的或是"圣洁的"，这可能是因为，交融逾越或化解了那些掌控"已经建构"和"制度化"了的关系的规范，同时还伴随着对前所未有的能力的体验。"平衡"与"拆除"的过程（戈夫曼使我们注意到了这一点），常常使这些行为的主体看上去充满了情感。确实，在这些过程之中，本能的力量得到了释放，但是现在我倾向于认为：交融并不仅仅是从文化的拘限下解脱出来的"人类传承的原始动力"的产物。它应该是人类所特有的智能的产物，其中包括理性、意志，还有记忆，而且随着在社会中的生活经历的发展而发展——就像在塔伦西人之中，只有那些有过经验的内行男性才能劝导别人来接受巴扣罗戈神龛。

人与人之间有着类属性的纽带联结这一观念，以及与它相关的"为人类本身所怀有的情感"，并不是什么群体性本能的附带现象，而是具有完整性的人全身心地参与其中的产物。阈限、边缘性，以及结构中的低下地位都是各种前提条件，在这些条件下，往往会产生神话故事、象征手段、仪式行为、哲学体系，以及艺术作品。这些文化形式为人们提供了一套模板或曰模型。在某个层面上，这类模板或曰模型是对现实情况和人与社会、自然以及文化之间的关系的周期性重新分类。但是，它们还不仅仅是一些分类而已，因为它们在促使人们思考之外，还促使人们采取行动。这些产物之中的每一个都具有多重含

129

173

义的特点，涵盖着众多的意义，而且每一个都能使人们同时在多个心理-生物的层面上运动。

在这里存在着一个辩证关系，因为交融的直接性（immediacy）让位于结构的间接性（mediacy）；与此相对的是，在通过仪式中，人们从结构中被释放出来之后，仍然要回到结构之中，而他们所经历的交融，已经为此时的结构重新注入了活力。有一件事是确定无疑的，那就是：如果没有这一辩证关系，没有一个社会能够正常地发挥功能。对结构的夸大往往会导向这样的结果：在结构的外面对交融进行病态的展现，或是对违反"律法"的交融进行病态的展现。那些追求"地位的平衡"的某些宗教运动或政治运动，不久之后就会沦为独裁主义、过于官僚化，或是其他的僵化结构的形式。这是因为，就像非洲小茅屋里的受割礼者、圣本笃修道会的修道士或千禧年运动的成员一样，那些在社区之中生活的人，早晚都会去寻求一种绝对权威；无论这一权威是宗教诫命、得到神灵默示的领导者，还是一个独裁者。如果人们的物质需要和组织需要不能得到充分满足的话，那么交融的状态是不会独立存在的。交融的最大化能够引发结构的最大化，从而产生革命式的斗争，以此来达到新的交融。无论是哪一个伟大的社会，其历史都提供了足够的证据，来证明这种循环往复在政治层面上的存在。在下一章，我们还会对两个主要的例子进行考察。

我在上文曾经提到过，结构与财产之间存在着紧密的联系，无论这些财产的所有权、继承权和管理权是归个人所有，还是集体所有。所以，那些千禧年运动中的大多数都试图去废除私有制，或是将所有的物品都拿来共享。在通常情况下，这种情况只可能持续很短的时间——一直到料想之中千禧年应该到来的时候，或是祖先的赠物应该抵达的时候。在这种情况下，要么预言破灭，而财产和结构仍然回归到原有的状态；要么运动本身土崩瓦解，而其成员没入身边结构的秩序之中。我有这样一个猜测，就是刘易斯·亨利·摩尔根（1877）本人，也一直在盼望交融在全世界范围内能够得以实现。比如，在《古代社会》一书的最后几段，他就写下了如此铿锵有力的话语："仅仅是为了获得财产的事业，并不是人类的最终命运……这样的事业以拥有财产为终点，以拥有财产为目标；而社会的解体，就是这种事业最终结束的希望。这是因为，这一事业本身就包含着自我毁灭的因素。政府之中的民主、社会之中的友爱、权力与特权的平等，以及全世界同一的教育，这些都预示着社会下一个更高的层次的到来。经验、才智和知识都有着向这个层次持续性靠拢的趋势。"（p. 552）

　　这个"更高的层次"究竟是什么？在这里，摩尔根似乎又犯了一个错误，而这个错误是卢梭和马克思等这些思想家都犯过的：他将各种交融混淆在一起了，而交融本就存在于所有的社会维度，无论是在过去的社会、现在的社会，还是在古代的社会、原始的社会。"那会是一场复兴，"摩尔根接着写道，"古代的君子曾经梦想过的自由、平等和博爱，在这里以更高的形式得到了复兴。"但是，正如现在的大多数人类学家所证实的那样，在无文字社会中，习俗性的规范，以及地位和名望的差别并没有为个人的自由和选择留下多少空间；为了使（在此略举一些例子）男人与女人、长老与地位

130

较低的人、酋长与普通民众之间达到真正的平等，那些个人主义者常常会被当作巫师；年长的兄弟姐妹与年幼的兄弟姐妹在地位上有着显著的差别，而手足之情往往抵不过这种差别。在塔伦西、努尔，以及提夫（Tiv）这一类社会中，彼此敌对的部族的成员甚至不会允许部落间存在兄弟式的友情：这样的成员身份将个人定位在结构之中，定位在与结构性区别无法分离的冲突之中。但是，即使是在最为简单的社会之中，结构和交融之间的区别也仍然存在，并且在阈限、边缘性以及结构中的低下地位这些文化特征中，获得了象征性的表达。在不同的社会里，以及在相同社会的不同时期里，这些"永远的对立者"（借用一下弗洛伊德的术语，但是意思有所变化）之中，总会有一方占有最高的地位。而所有这些人聚在一起，就构成了关于个人与其他人之间的关系的"人类境况"（human condition）。

第四章　交融：模式与过程

交融的形式

我曾经在康奈尔大学举办过一场研讨会，众多跨学科的学生与
教师参与其中，并且涉及社会关系的超结构方面的许多内容。这一
章所讲述的理论，就是从那场研讨会中很自然地发展出来的。我所
接受的教育，一直以来都是英国式的人类学中正统的社会-结构主
义的传统。如果用简单粗糙的方式来表述这个复杂的论述的话，那
就是：正统的社会-结构主义的传统认为，"社会"是社会地位所构
成的体系。这样的体系可能有区域性或者等级性的结构，也可能二
者兼备。在这里，我想要特别指出的是：社会结构的单元，是地
位、角色，以及职分之间的关系（当然，我在这里所用到的"结
构"一词并没有列维-斯特劳斯所偏好的那种含义）。如果想要将文
化与社会之中众多隐晦的领域阐明出来，社会-结构模式是十分有
帮助的。但是，就像其他的主要看法一样，随着时间的推移，结构
的观点已经成了一种束缚，一种被崇拜的对象。通过田野经验以及
对艺术和人文科学的广泛阅读，我已经认识到，"社会的"与"社
会-结构的"并不完全一样。除它们之外，还有其他的社会关系
形式。

在结构的社会关系形式之外，不仅有霍布斯式的战争，即"所
有人反对所有人的战争"，也有交融。交融是关系的一种形式，我
们的研讨会已经对这一点达成了共识。实质上，交融是具有具体
性、历史性、特异性等特征的个体之间的关系。这些个体并没有接

受分配给他们的角色和地位，而是以马丁·布伯的"我和你"的形式，与其他的人进行面对面的交流。伴随着这种直接、即时和全面的对话而逐渐显现的，是一种社会模式。在这种社会模式之中，社会有着同一、没有结构的交融，它的界限在理想状态下是与人类的界限相一致的。在这一方面，交融与涂尔干的"团结状态"是迥然不同的。后者的力量，要依靠内群体/外群体（in-group/out-group）的对比。在某种程度上，交融与团结状态之间的关系，和"开放性的道德"与"封闭性的道德"之间的关系类似。但是，交融的自发性与即时性——与结构的司法-政治特征相对立——很少能够持续很长的时间。交融本身会发展自己的结构。在这一结构之中，个体与个体之间的自由的关系，变成了社会人与社会人之间由规范所辖制的关系。因此，我们有必要在几种交融之间做出区分：（1）存在性的或自生的交融（existential or spontaneous communitas）——按照今天嬉皮士的说法，这种交融大概会被叫作"发生"，而威廉·布莱克（William Blake）会称之为"展翅飞起的瞬间"，或是更晚一些所提出的"彼此忘却对方的恶行"。（2）规范的交融（normative communitas）。在这里，随着时间的推移，出于对资源动员和组织的需要，以及出于对追求这些目标的群体成员进行社会控制的必要性，存在性的交融会被组织成为长久存在的社会体系。（3）意识形态性的交融（ideological communitas）。人们能以此为标签，来定义各种以存在性的交融为基础的乌托邦社会模式。

意识形态性的交融立时就会成为对存在性的交融之内在体验的外在和可见效果做出的描述——我们可以称之为外在的形式——以

及对最佳的社会条件进行的排列。只有在这种社会条件下，这样的内在经历才可能变得更加丰富，得到快速的发展。规范的交融与意识形态性的交融都已经存在于结构的领域之中；而在历史上，所有自生的交融都经历了同样的命运：大多数人会称其为重新回归结构和法律的"衰亡史"。在属于交融类别的宗教运动之中，不仅其领导者的个人魅力会被"惯例化"，连领导者的最初几个门徒和追随者之间的交融都会被"惯例化"。这种分布广泛的过程有一个宽泛的轮廓，而我的意图就是将这个轮廓追溯出来，并参考两个广为人知的历史范例：中世纪欧洲的圣·方济各修道士，以及 15 世纪到 16 世纪印度的俱生派（Sahajiyās）。

不仅如此，结构还有实用化和此世化（this-worldly）的倾向，而交融常常是内省的，并且会产生出各种意象和哲学观点。我可以为这种对比举一个例子（我们在那场研讨会上非常关注这个例子），就是体现部落成长仪式的阈限阶段特征的"规范的交融"。此时，社会结构往往会以英国人类学的方式被极大地简化；同时伴随着这种简化的，是仪式形态的结构以神话和圣礼的形式（以列维-斯特劳斯的方式）被极大地扩充。那些将结构差别——比如亲属结构、经济结构以及政治结构诸领域的差别——的细节抹去的规则，使人类的结构化倾向得到了解放，并使其在神话传说、仪式行为和象征手段的文化领域内自由地进行统管。但是，我们在这里所关注的并不是部落的成长仪式，而是宗教运动的起源——尽管我们可以说，这二者都展现了"阈限"的特征：当社会本身在经历剧烈的社会变革，从一种固定化的状态转换到另一种固定化的状态之时，成长仪

式和宗教运动就会大行其道，无论人们认为这个"终极所在"（ter-
minus ad quem）是在地上还是在天上。

我们在那场研讨会上，也多次碰到过宗教和文学的例子，在这
些例子之中，结构中地位低下的类别、群体、形式或个体，象征着
规范的交融和空想的交融，而其范围从父系社会中的舅舅身份，到
被征服了的本土民族、托尔斯泰笔下的农民、甘地眼中的"贱民"，
以及中世纪欧洲的"神圣的穷人"或"上帝的穷人"。例如，今天
的嬉皮士就像当年的圣·方济各修道士一样，他们在结构中主动承
担了低下的地位，目的就是达到交融。

空想的交融与自生的交融

134   在无文字社会和前工业社会中，我们已经见到了很多散见各处
的线索和明显的证据。它们可以证明，我们称之为"规范的交融"
的平等主义模式不仅在其文化中存在，尤其还在阈限和结构中的低
下地位中存在。而在复杂社会和文字社会之中（无论是古代的还是
现代的），这些线索和证据成了一种带有积极意义的思潮，一种表
述清晰的系统化观点，来体现人类如何才能像同志一般和睦相处，
以使共同的生活达到最佳状态。这样的观点可以称之为——正如我
们刚刚所提到的——意识形态性的交融。对理想状态下的无结构领
域的系统化表述，有着概括性很强的意义，为了表现这一点，我将
举出几个例子来加以证明。对这些例子的选择几乎都是随机的，它
们彼此在空间和时间上相去甚远。在这些例子中（既有宗教的又有

182

世俗的），一方面是阈限、结构中的低下地位、最底层的状况，以及结构上的"局外人"身份；另一方面是普遍性的人类价值，比如愿所有人都拥有平安与和谐的生活、良好的生育能力、身心健康，公正在全世界范围内得到实现，所有人之间都是同志加兄弟的关系，在上帝面前人人平等，男人和女人、老人和孩子、各个种族和民族的法律生命力得以保存——这两方面保持着相当有规律的联系。上述乌托邦式的程式归纳，都体现出了一个特殊的重要现象：平等和不拥有财产一直是联系在一起的。我再举一个例子：在莎士比亚的《暴风雨》一剧中（第二幕，第一场，第 141 行到第 163 行），贡柴罗对为人卑鄙的安东尼奥和西巴斯辛说了一番话，表达了他理想中的共和国的形象：

贡柴罗：在这共和国中我要实行一切与众不同的措施：我要禁止一切的贸易；没有地方官的设立；没有文学；富有、贫穷和雇佣都要废止；消除契约、承袭、疆界、区域、耕种、葡萄园；金属、谷物、酒、油都没有用处；废除职业，所有的人都不做事：妇女也是这样，但她们是天真而纯洁的；没有君主——

西巴斯辛：但是他说他是这岛上的王。

安东尼奥：他的共和国的后面的部分把开头的部分忘了。

贡柴罗：大自然中一切的产物都须不用血汗劳力而获得：叛逆、重罪、剑、戟、刀、枪、炮以及一切武器的使用，一律杜绝；但是大自然会自己产生出一切丰饶的东西，养育我那些淳朴的人民。

135

西巴斯辛：他的人民中间没有结婚这一件事吗？

安东尼奥：没有的，老兄，大家闲荡着，尽是些娼妓和无赖。

贡柴罗：我要照着这样的理想统治，足以媲美往古的黄金时代。①

贡柴罗的共和国具有交融的许多性质。在这里，社会被看作一个没有缝隙、没有结构的整体，并且将地位和契约——亨利·梅因（Henry Maine）爵士提出的社会发展整体系统中的进化的标准——这类事物拒之门外；避开私人财产，以及疆域、区域、耕种，还有葡萄园的诸多事务，依靠大自然的丰饶来满足所有的需要。当然，他的这一观点更加适用于加勒比地区温暖宜人的环境。在更为斯巴达式的情况下，人们不得不辛勤劳作，才仅仅得以御寒。就这样，他绕过了所有的乌托邦模式都具有的巨大困难——即他们必须通过工作来制造生活必需品——用经济学家的话说，就是"使资源得以流动"。使资源得以流动也就意味着使人群得以流动。这暗示着社会组织及其"目的"和"方式"，还有必要的"将满足需要往后推延"，而这些都要求在人与人之间建立有序的结构关系，无论这一关系维持的时间有多么短暂。既然在这些条件下，有一部分人必须发起运动并且发号施令，而其他的人必须对此做出回应并且紧随其后，那么在对资源的生产和分配体系中就会含有结构性的区分等级的因素。

136

---

① 此处采取的是朱生豪先生的译文。——译者注

第四章　交融：模式与过程

　　贡柴罗以大自然不可思议的丰饶避开了这个尴尬的处境——而
就是这一点证明了他的整个高贵梦想的荒谬性。莎士比亚常常会借
用比较卑下的人物之口，来进行有合理性的争论，这个例子中也是
如此。他笔下的西巴斯辛说道："但是他说他是这岛上的王。"在这
里，我们会发现：只要在一个社会层面上可以达到完全的平等，那
么这种平等就会导致另一个社会层面上完全的不平等。

　　贡柴罗所强调的终极交融价值，是脱离主权而生活的人所具有
的朴实与纯洁。在这里，我们假设在没有财产、没有结构、完全平
等的状态下生活的人们都自然地具有良善的本性（后来卢梭对这一
假设进行了十分细致的阐述）。确实，贡柴罗表示，他那些淳朴的
人民之中没有叛逆、重罪、剑、戟、刀、枪、炮——他的这一陈述
似乎是在表明，战争、冲突或无论哪场"政治活动"中需要的机
械，都必然与技术联系在一起，哪怕是最为基础的技术。

　　贡柴罗的共和国，几乎比所有种类的"意识形态式的交融"都
更加接近于布伯（1958，1961）所称的"人际的"或"自生的交
融"。当布伯使用"社区"一词的时候，他首先谈到的并不是有着
制度化结构的"持续存在的社会群体"。当然，他相信这样的群体
能够在社区之中找到，而且某些种类的群体，比如以色列的"科乌
扎"（kvuzoth）和"基布兹"（kibbutzim）①，能够最好地保有其精
神。但是，对于布伯来说，社区在实质上是总体和具体的人们之
间，即"你"与"我"之间的一种关系模式。这种关系总处在一种
"发生状态"，当每一个人都充分地经历着另一个人的存在的时候，

---

　　①　二者皆为集体农庄，科乌扎的体量小于基布兹。——译者注

185

"发生状态"会从即时的彼此关系间产生出来。这正如布伯（1961）所说："只有在我必须与另一个人进行本质上的交流的时候（也就是说，在这种方式下，他不再是我的'我'的一个现象，而是我的'你'），我才能够进行与另一个人的自由交谈——以彼此关系所具有的不可否认的真实性。"（p.72）但是，布伯并没有将共同体限制在二元关系之中，他还提到了"本质上的我们"。他这句话的意思是："若干独立个体组成的共同体，每个人都有自身以及对自身所负的责任……这里的我们也包括你。只有那些彼此之间能够真实地以你相称的人，才能与其他的人一起真实地自称为我们……我们无法举出这样属于独特类别的群体的形成情况，来作为'本质上的我们'的实例，但是在它们中间，有相当多的一部分可以清楚地显示出利于我们出现的各种条件……哪怕只有一个人贪婪地追求权力，利用他人来达到自己的目的，或是贪图显要的名望，过分地表现自己，那么这就已经足够阻止我们的出现，或是持续的存在。"（pp.213～214）

在这一陈述以及其他类似的陈述中，布伯很明确地指出，"本质上的我们"是作为整体的人们之间的一种关系模式，它尽管十分高效，但持续时间极短。对我来说，"本质上的我们"有着阈限的特点，这是因为长久性暗含着制度化和重复化的意义，而社区（社区大致等同于自生的交融）永远是百分之百独特的，因此在社会方面持续的时间是极短的。有的时候，布伯似乎受到了误导，在将这种"相互关系的经历"转化成为"结构的形式"的可行性上做出了错误的分析。自生的交融不可能以结构的形式充分表现出来，但是在被以制度化标准衡量或被定义为任何社会群体的成员（或所有社会群体，或不从属于任何群体）的人们那里，它会毫无征兆、随时随地出现。在无文字社会里，社会的发展和个人的发展多少间杂着一些延长了的阈限时刻。这些阈限时刻是通过仪式来保护和激活的，每一个都有着潜在交融的核心。所以，在复杂社会里，社会生活的阶段性结构也间杂着数不清的"自生的交融"时刻，只是没有制度化的激活和保护。

在前工业社会和早期工业社会里，存在着多样的社会关系。在这样的社会之中，自生的交融似乎常常与神秘力量联系在一起，并且还被看作诸神或祖先赐予的克里斯玛或曰恩典。无论如何，人们已经采取了强制性的仪式手段，尤其是在阈限阶段的隔离期，试图使诸神或祖先为人们带来这种"交融的克里斯玛"。但是，我们并没有一个具体的社会形式来表达"自生的交融"。实际上，它最可能出现的地方，是社会职务和地位的任期之间的空缺，这种空缺过去叫作"社会结构的裂缝"。在复杂的工业社会中，我们仍然能够在教堂的祈祷仪式之中，以及其他为"自生的交融"的到来做准备的宗教组织做出的制度化尝试之中，找到类似的痕迹。但是，这种关系模式似乎在自生的阈限情况下——社会-结构的角色担当处于主导位置的各种状态之间的那些阶段，尤其是处于相等地位之间的那些阶段——有着最好的表现。

在最近的一段时期里，美国和西欧的一些学者曾经尝试重新创造仪式条件，在这样的情况下，自生的交融才有可能（我们大胆地说）被激发。"垮掉的一代"和嬉皮士们从多种宗教，以及"意识

138

扩展"的毒品、摇滚乐和闪烁的灯光之中，提取出象征和仪式行为，并以折中和混合的方式来对其进行应用。他们试图通过这种应用，在彼此之间建立起一个"完全意义上的"同一性团体。他们希望（和相信），这样就能使他们以温和、沉稳、有洞察力的相互关系，以及所有具体化的形式，通过"一切感官有序的混乱"（derèglement ordonné de tous les sens）来进行彼此之间的接触。部落成员在仪式中想要达到的交融，以及嬉皮士在"发生"中想要达到的交融，并不等于朋友、工友，或同事之间随时可能形成的"舒适自在"和"不费气力"的亲密关系。他们所寻求的，是一种带有转变性质的经历，这种经历会进入每个人的本源之处，并且还会在本源之处发现有很深远的"共有性"和"共享性"的事物。

人们常常在"存在"（existence）和"狂喜"（ecstasy）这两个名词之间做同源比较。在这里，这一同源比较仍然是合适的，存在就意味着"立在外面"——也就是说，立在人们平常在社会体系中占据的结构位置的整体之外。存在就意味着处于狂喜的状态下。但是，对于嬉皮士来说——当然对于很多千禧年运动和"激情式的"运动来说也是如此——他们将自生的交融所带来的狂喜，看作人类奋斗最后的终点。在前工业社会里，这种状态在宗教中实际上被看作一种手段。通过这种手段，"成为"的进程得以终止，以免全面且越来越深地陷入"在结构中担任角色"的多样形态里。在这一方面，也许有着更大的智慧，因为人类彼此之间都负有一种责任：满足其他人最基本的需要，比如食物、饮用水、衣服，以及对物质技术和社会技术的认真传授。这样的责任暗含着对人类关系和人类对

139

自然的认识这两个方面的细致规划。人们彼此之间的距离有着神秘的性质，对此，诗人里尔克（Rilke）称之为"人类态度的审核"。这与"亲密关系"这种带有神秘性质的现象一样，对人类本身具有同等重要的意义。

我们再次回顾一下，看看将人类的社会生活看作一个过程（更恰当地说，是多个过程）有什么必要性。在这一过程之中，某一阶段的各个特点——在这一阶段之中，交融处于首要的地位——与所有其他阶段的特点相比较，都有着很大的差异，有的时候甚至可以说迥然不同。对于人们来说，最难抗拒的诱惑就是（在乌托邦理想主义者之中尤为如此）拒绝"放弃那个阶段中享有的美好而舒适的生活，让位于下一个阶段的艰难和危险"。这些艰难和危险很可能是必须经历的。自生的交融包含着多种多样的因素，能够对人们产生影响，而其中最主要的是愉悦。"结构"之中的生活充满了客观的困难：必须要做出某些决定；为了群体的愿望和需求，不得不牺牲个人的意愿；还有，通过个人所付出的代价，来解决物质上的障碍和社会中的障碍。自生的交融有着"魔力"的性质。从主观方面来说，在自生的交融之中，人们能感受到无限的力量。但是这种力量未经过转化，是不可能直接作用于社会存在的结构性细节的。它无法替代清晰的思考，以及持久的意志。从另一方面来看，如果那些参与其中的人并没有周期性地沉浸在"有再生作用"的交融深渊之中，那么结构行为也会很快变得枯燥而机械。智慧永远是在特定的时间和空间之下，在结构与交融的状态之中，发展出合宜的关系；永远是在一种模式处于首要地位，却不对其他模式进行排斥之时，才接受这一模式；永远是在一种事物现有的动能耗尽之后，就不再对它进行依附。

140　　莎士比亚带有讽刺意味地指出，贡柴罗的共和国是一个伊甸园式的幻想。自生的交融是一个阶段、一个时刻，而不是永久的。当掘土的杆子插入地面的时候，当一匹小马驹闯进屋里的时候，当人们共同面对一群野狼的时候，或是一个敌人被戴上了脚镣的时候，我们就已经具有社会结构的萌芽了。这并不仅仅是世界上所有地方的人们都戴着的锁链，而是维护尊严与自由，还有每一个男人、女人和孩子的生存权的文化方式本身。被实际采纳的结构方式，以及应用这些方式的途径，也许会有各种各样的不足之处，但是，自史前时代起就有证据表明，正是这样的方式才使人类具有了之所以为人类的最显著的特征。这并不是说自生的交融不过是"自然"。自生的交融是与结构进行对话的自然，自生的交融与结构紧密结合，就像"女人嫁给男人"式的紧密结合一样。它们共同构成了一条生命的河流，一边是丰足的能量供应，另一边是冲积而成的肥沃土壤。

圣·方济各修道士的清贫与交融

在贡柴罗的共和国与紧密整合的结构体系模式之间，存在着众多的理想化的社会形态。根据对财产的态度，我们可以将交融状态的各种模式与更趋向于以经验为导向的模式区分开。这些模式将对制度化的结构在组织方面所具有的某些优点的清楚认识与不同比例的交融成分混合在了一起。理想状态下的交融模式在文学作品中出现过，而各种运动的开创者，或在事实上建立了某种共同体的开创者，也对它进行过宣扬。众多开创者及其追随者按照这些模式去进行热情的尝试，从而产生了一些社会过程。对于这种社会过程，我们应当将它与上述理想状态下的交融区别开来，这一点至关重要。行为与决定的细微差别有着阐明性的作用，将理论与实践、存在性的交融与规范的交融之间的关系所具有的发展性结构关系显明了出来；只有对社会领域中的主导特点（无论是什么特点）进行长期性的研究，我们才能对这一差别的阐明性作用有所认识。

　　许多事例都体现出了这样的发展，而我们可以在罗马天主教会 *141* 的圣·方济各修道会的历史上发现其中十分经典的一个例子。兰伯特（Lambert）最近出版了《圣·方济各修道士的清贫》（*Franciscan Poverty*，1961）一书。在圣·方济各修道会的历史和教义方面，存在许多一手资料和二手资料，它们都具有相当重要的意义，这本书引用了这些资料，作者对一系列事件进行了清晰的重建，十分令人称道。这些事件包括圣·方济各从自身对清贫持有的观点出发，试图去遵循的生活方式，以及他鼓励别人采纳的生活方式。随着时间的推移，圣·方济各所建立的群体在某些方面也产生了变化，其中包括与已建构教会的关系，还有（潜在的）与周围世俗社会的关系。兰伯特对这些变化进行了考察，在考察的过程中，他揭示了当自生的交融进入社会历史之中的时候，它的运行轨迹所具有的进程式范式。随之而来的运动，无论是宗教运动还是世俗运动，在与这个世界进行交往的时候都倾向于以不同的程度，来遵循圣·

方济各式的生活方式。

交融和象征思维

对于圣·方济各独特的思想和对清贫的看法，兰伯特有着一个谨慎的推论。这一推论的中心意思是这样的：首先——在这一点上圣·方济各与交融类型的其他群体的众多创立者相似——"他的思维总是直接化、个人化和具体化的。思想以意象的形式在他的大脑中出现。对于他来说，一系列的思想……所包括的，就是从一个图像到另一个图像的跳跃……比如，当他要向教皇英诺森三世解释自己的生活方式时，他会将提出的请求转换为一个比喻。还有一次，当他想让其他修道士理解自己的用意的时候，他会选择用象征的方式来达到这一目的。圣·方济各曾经装扮成一个穷困的陌生人，来展示修道士桌上的物品有多么奢侈。他还会对动用金钱的行为加以惩治，让违反了这一戒律的人现身说法，当场用比喻的形式将这一行为的罪恶性表现出来。"（p. 33）那些大力提倡存在性的（existential）交融，大力提倡人与人、人与自然之间直率相处的人，常常会使用这种具体化、个人化、想象化的典型模式。抽象概念的出现，是与即时接触相对立的。比如，以文学来提倡交融的伟大诗人威廉·布莱克，就在他的《先知书》（*Prophetic Books*）中写道："如果想要为他人做善事，就应该从具体的小事做起；为大众谋求福利不过是个借口，是假冒为善的人和卑鄙无赖的人的专利。"

与对交融做出预言的其他人（无论是古代的还是现代的）一样，圣·方济各以梦想象征为基础，做出过几次重要的决定。例如，在他于 1220 年决定辞去修道会正式领导一职之前，他"梦见了一只小黑母鸡。无论这只小黑母鸡怎样努力，它还是无法把自己的孩子全都覆在翅膀下面，因为它太小了"。之后，他作为一个立法者的不足又在另一场梦中被揭示了出来。在梦中，他"试图用自己手指缝中漏出去的面包渣来让修道院里快饿死的弟兄们吃饱，但是无论他怎么费劲，也是枉费力气"（p. 34）。毫无疑问，圣·方济各思想的正确性，以及（如果我们对他身边的环境完全了解的话）他所提出的象征的多重含义，使他成了一个并不成功的立法者。社会结构的创立，尤其是罗马教会的原初教阶框架之中的社会结构，必然要求人们倾向于抽象化和一般化，能够生成单义概念，也有一般性的先见之明；但这些都与即时性、自发性、（当然还有）圣·方济各式交融彻底的质朴性相对立。不仅如此，与在他之前和在他之后的人一样，圣·方济各一直无法超越数量上的限制，这些限制似乎是加在那些将存在性的交融最大化的群体之上的。"对于小型群体来说，圣·方济各是一位无与伦比的精神领袖。但是，他无法提供一个非个人化的组织结构，而这种结构正是维持全球范围的秩序所需要的。"（p. 36）

最近，马丁·布伯（1966）已经在面对这个问题，并且做出了下述论述："一个有组织的联邦——只有这样的联邦才能联合起来，组成一个稳定和系统化的人类族群——永远不会从作为个体的众人之中建立起来，而是只能从小型的社区或是更小的社区中建立起来：'国族是社区，这个概念只能在'国族是包含诸多社区的社区'这个意义上才成立。"（p. 136）由此，他所建议的，是绕过困扰圣·方济各的这一问题，也就是使他的"包含诸多社区的社区"努力达到渐趋一致的状态，并以此为依据，来提前起草出详尽的章程。要做到这一点，就得使用"伟大的精神手法"。这一手法揭示了集权与分权、理想与现实之间的关系——"无休无止、不知劳累地对它们之间正确的比例进行权衡和测量。"（p. 137）

简言之，布伯希望通过他认为与有机体的生长相类似的过程，或是他曾经称之为"对话的生活"（the life of dialogue）的过程，将交融的具体性保存下来，甚至在规模更大的社会单元之中也是如此。

只有在特定的时间和空间的条件下，在集权制不可或缺的时候，集权制才是这样的集权制。至于那些负责画出和再次画出分界线的权威人士，如果他们能够心存警觉的良知，那么权力金字塔顶端和底端之间的关系就会与现在大不相同，甚至在那些称自己信奉共产主义——即为了社区而进行斗争——的国家中，也是如此。在我头脑中的那种社会模式下，代表制也是必不可少的。但是，它不会像现在这样，由一大群毫无组织的选举人里出来的虚假代表组成，而是由那些经受过公社生活和工作考验的代表组成。他们所代表的民众不会像现在这样，用长篇大论的抽象概念，还有党纲里华而不实的辞令，与他们的代表联系在一起，而是以共同的行为和共同的经历，与他们的代表达成具体化的联系。（p. 137）

布伯的上述措辞（这些措辞与那些一党专政的众多非洲国家的领导人的措辞之间，有着多么惊人的相似性），属于历久弥新的关于交融的演说。它并不排斥结构的可能性，却仅仅把结构当作作为整体的个人之间"直接"和"即时"的关系过度发展的结果。

圣·方济各与布伯不同，他作为罗马天主教会的成员，承担着为自己新建的修道会设立会规的责任。而且，正如撒巴梯尔（Sabatier，1905）所说："在设立会规这个方面，没有一个人比圣·方济各的水平更低。"（p. 253）他的会规根本就不是道德或法律上的规定和禁令所组成的体系的具体模式，他认为他的会规应该成为"小兄弟们的生活"（vita fratrum minorum）。我在一本书中（参见Turner，1967，pp. 98～99）强调了阈限人——我们可以将其定义为经历仪式性的转换过程的人——的重要意义，他们在没有财产、没有结构中的地位、没有特权、没有各种物质的享受，有时甚至没有衣服的情况下生活。在圣·方济各看来，他的修道士弟兄们都是阈限人，而他们所处的生活环境不过是一个通道，通往永恒不变的天国。圣·方济各的这一看法在很大程度上强调了"缺乏"和"没有"这两种状态的隐含意义。兰伯特曾经做过一个言简意赅的简要表述，这一表述是对圣·方济各的位置最为恰当的表达——"灵魂的倒空"（spiritual denudation）[①]。

圣·方济各本人是以抒情诗人的方式，来看待清贫这个问题的，他将其称颂为"我的清贫夫人"。正如兰伯特所写的那样："我们可以将其当作一个公理：就我们所见到的而言，越是极端的清贫

144

[①] 又称"神枯"。——译者注

形式，越能反映出圣·方济各的真实意愿。"他接下去说道："作为一个整体来看，1221 年会规给人留下的印象就是：圣·方济各希望他的修道会弟兄们与世界的商业系统完全脱离。比如，他坚持要向修道会义工提出若干要求，以免他们在处理货物的时候，把修道会弟兄也牵扯到世俗的商业活动中去。"（p. 38）在会规的第九章，他对弟兄们说，当他们"发现自己与身份卑微、受人厌弃、穷困潦倒、身体虚弱、意志不坚、身患麻风、沿街乞讨的人们在一起的时候"，他们就应当欢喜快乐（Boehmer，1904，p. 10）。实际上，圣·方济各一向都认为，圣·方济各修道士的清贫应当达到极致，除了生活必需品之外一无所有。

有一个具体的例子可以对这一原则进行证实，即修道士不许拥有财物。"无论我们在什么地方见到了钱币，我们都应当毫不在意，对待它们就要像对待踩在脚下的尘土一般。"（Boehmer，1904，p. 9）尽管在这里，圣·方济各称呼钱的时候使用的是"银子"（denarius）① 一词，但是在其他的地方，他将"银子"等同于"钱"（pecunia），即"任何能够行使货币职能的物品"。这样的等同行为就导致了修道士们与买进卖出的世界进行彻底的分离。这已经远远超过了以前的修道会所倡导的"清贫"，因为那些修道会或多或少仍然是在世俗的经济体系框架之中维持其社区的存在。圣·方济各通过他设立的会规，确保（如兰伯特所说）"维持生命所需物品的正常来源都非常不持久和不稳定：主要包括在定居点外做些体力活所得的薄酬，以及远行行乞所获得的东西"。〔当代的美国读者看到

---

① denarius 为古罗马钱币名，和合本圣经中译为"银子""银钱"。——译者注

这里的时候，一定会马上想起旧金山哈什阿什伯里（Haight-Ashbury）社区的嬉皮士，他们的行为与修道士是多么的相似！〕"1221年会规禁止修道士担任权力职务……早期的追随者，比如翟尔斯弟兄（Brother Giles），就总是去找些零活来做，像挖掘墓坑、编织篮子、帮人运水什么的。在缺乏生计的时候，这些工作都不足以提供稳定的收入。会规中所制定的乞讨方式，是挨家挨户地乞讨，对哪一家都毫无区别。这样的方式……通过限制对富有资助者的多次造访，从而排除了这种不稳定的状态得到减弱的可能。"（pp. 41～42）

圣·方济各与永恒的阈限

在所有这些行为之中，圣·方济各似乎都是在故意促使那些修道会弟兄在他那个时代的社会结构的边缘和缝隙之处生活，使他们永远处于阈限状态。而本书所做出的论证将会表明，在这种状态之中，最理想的情况的存在也只有一个目的，那就是使交融得以实现。但是，圣·方济各有着以"首要和可见的意象"来思考的习惯。结果，他没有以明确的法律词汇做出任何定义，来解释清楚他所指的"清贫"到底是什么意思，而"清贫"又有着什么样的要求。对于他自己来说，清贫的理想化范例就是基督。比如，他在1221年会规中，就曾经对修道会弟兄们提出过这一点：

> 他们不应当感到羞耻，而应当纪念我们的主耶稣基督，全能永活之上帝的爱子，纪念他面容坚毅，有如最坚硬的燧石；

纪念他是如何为了我们，成为一个清贫的人，成为一个陌生人，而不以为耻；纪念他是如何靠施舍而生活的，不仅是他，还有圣母玛利亚和他的门徒。(Boehmer, pp. 10, 11, lines 6~10)

据兰伯特所言：

圣·方济各头脑中最为重要的形象……就是赤身的基督的形象……对于圣·方济各来说，赤身这一象征有着重大的意义。他用这个象征标志着他归信基督的生活的起始和结束。当他立志舍弃父亲的财物，转而投身宗教的时候，就是采取了这种做法。他在阿西西的主教大殿上把自己的衣服脱掉，赤身露体。在生命的最后时期，在宝尊堂（Portiuncula），临终的圣·方济各一定要让同伴把他的衣服脱掉，以使他能够赤身躺在茅屋的地板上面对死亡……他每一次睡觉，都是直接躺在地上，上面什么也不铺……有两次，他甚至将修道士所用的餐桌都弃之不用，直接席地而坐。那两次，他都是一想到基督的清贫，就不得不这样做。(p. 61)

赤身裸体代表着贫困，而贫困是财产缺乏的现实体现。圣·方济各宣称，就像基督和那些门徒舍弃物质的财富，完全依靠上帝的恩典，以别人的施舍来过活一样，修道会的弟兄也应该这样生活。正如兰伯特指出的那样，"只有一个门徒没有这样做，而是在自己的袋子里放着存款。这个人就是卖主的犹大"(p. 66)。

对于圣·方济各来说，基督的清贫有着"极为重要的情感作用"。在他看来，赤身是最为重要的标志，象征着从结构和经济的束缚之中解脱出来，就像他自己从父亲——阿西西的一位富有的商人——所强加的束缚之中解脱出来一样。对于他来说，宗教就是交融，是人与上帝、人与人之间的交融，是纵向和横向两个层面上的交融。而贫困和赤身，这二者既是交融的有力表达方式，又是达到交融的手段。但是，在他富有想象色彩的清贫观念之中，清贫是指基督式的绝对一无所有。要让教会来强制一个社会群体保持这样的清贫，让教会不仅将创始人的个人感召力变得常规化，还要将交融产生之时的自发性变得常规化，并且将对待贫穷的共同态度制度化，以精确的法律词汇表达出来，这实在是无法做到的。财产与结构彼此联系，互不可分，而现存社会单元的构成，不但将这两个维度都整合了进来，也将核心的价值观整合了进来。这种价值观，就是将财产与结构的存在和形式合法化的依据。

在圣·方济各最初制定的会规之中，他对拥有财产做出了要求，这一要求十分简单，是他真心的意愿；但是，随着时间的推移，圣·方济各修道会渐渐地朝着结构体系的方向发展。与此同时，最初的简单要求让位给了偏律法主义的各种规定。事实上，圣·方济各只做出了两个简明扼要的指示，一次是在最初的 1221 年会规里，一次是在修订过的 1223 年会规里。在 1221 年会规中，有一章主要是关于修道会弟兄的体力劳动，以及他们定居点的所有权问题。在这一章里，他含糊其词地说道："所有的弟兄们都应当注意一点，即无论他们在什么地方，在隐修之处还是其他的定居点，都不可将此处据为己有，或占据此处，不许他人入住。"（Boe-hmer, pp. 8, 11, lines 5～7）在 1223 年会规之中，这一要求被扩展成为："修道会的弟兄们都不允许拥有任何产业，无论是房子、 *147*

定居点还是其他的一切。"我们可能会认为，这个要求的内容已经十分明确了。但是，在任何发展之中的结构里，都会产生出结构与价值的问题，而这样的问题会促使人们对中心概念重新做出定义。这种行为常常会被看作见风使舵和假冒伪善，或是失去信念。但是，实际上这只不过是针对社会关系的规模和复杂性的改变来做出的理性反应。这些反应产生之后，原有的群体在社会领域中占据的位置会随之变化，而他们的理想和达到理想的手段同样也会随之变化。

属灵派与驻院派的对抗：概念化与结构

从圣·方济各修道会初具雏形到修道会创始人逝世之后的几十年中，我们在意大利、西西里、法国、西班牙的许多地方都可以见到圣·方济各修道会的弟兄。在他们之中，有的人甚至远行至亚美尼亚和巴勒斯坦，为当地人传福音。一开始，修道士们穷困和漂泊的生活——当然还有他们的狂热——使世俗的神职人员对他们心怀疑虑。这些神职人员都是属于教廷和教区等这些本地组织的。在这样的情况下，正如兰伯特所指出的那样，圣·方济各对清贫所持的理念——我们已经看到这一理念是与存在性的交融联系在一起的——是"如此的极端化，以至于一旦施行，就立即会遇到重大的困难。这种情况不仅会出现在那些成群结队、四处游走的修道士身上；对于正在发展之中的修道会，其中的修道士还有居无定所、四处求学、罹患疾病等难处，这也同样是一个棘手的问题。"（p. 68）比这种情况更加难办的，是结构的延续问题；资源会使财产本质的问题更加凸显出来，而这种结构的延续是与对那些资源的处理联系在一起的。在圣·方济各逝世之后的一个世纪里，第二个问题始终困扰着整个修道会。结果，修道会一分为二，形成了两个主要的派别——我们甚至可以称之为阵营或集团：一个是驻院派（Conventuals），他们在实际生活中所怀有的激情比圣·方济各理念中的稍逊一筹。另一个是属灵派（Spiritals），他们秉持着谨守清食（usus pauper）的信条，在实际施行的时候，几乎比修道会的创始人更为严格。

我们可以预想一下，许多属灵派的领导者都与约押斤主义[Joachimism，这是千禧年运动的一种，它是以 12 世纪的熙笃会修道院的主持弗洛拉的约押斤（Joachim of Flora）的著作——有些是真作有些是伪作——为基础而建立起来的] 有着密切的联系。在历史上，灾难与危机的意念往往与我们所说的"即时的交融"联系在一起，这实在是一个奇特的现象。但是实际上，这也许并没有那么奇特。因为，如果人们都在等待着世界末日的迅速降临，那么这时再去立法，去创建一个防止时间侵蚀的精密社会机构体系，显然是没有意义的。从这一点出发，人们也会试图去推想嬉皮士和氢弹之间的关系。

虽然这一切情况都促使修道士的举止渐渐地改变，远离圣·方济各理念中"朴素的贫穷"，但是在最初的时候，修道会内部的分裂并不明显。正如兰伯特所叙述的那样：

> 相继就职的各个教宗都对圣·方济各修道会施加了影响，就像对与其相对立的多明我修道会一样。那些教宗自然是想去

指挥修道会，让他们变成政策——包括宗教政策和政治政策——的适用工具。在修道会之外，有些人被会中弟兄们谨守清贫的苦行所吸引，为他们捐献财物。这些捐赠往往是不好拒之门外的，而这削弱了清贫苦行。修道会的弟兄们是唯一监察自己遵循会规情况的监察者。会外的捐赠者都心怀美意，想要减轻修道士们的负担；可是，弟兄们的警惕性常常不够高，没有面对捐赠却要保持清贫的意识。圣·方济各修道会的理念在最初20年内发生了很大的改变，致使修道会弟兄们的生活也迅速地发生改变，离当初圣·方济各及其同伴的简朴生活越来越远。应该对这一情况负责的，不是会外的哪一个人，不管这个人是怎样的位高权重，而是修道会成员本身。(p. 70)

有意思的是，圣·方济各在逝世之前的几年里，放弃了对修道会的领导权。在大多数的时间里，他都是与很少的几个同伴在一起，在翁布里亚（Umbria）和托斯卡纳（Tuscany）过着隐居的生活。圣·方济各是一个拥有直接和即时的关系的人，对于他来说，交融永远都应该是具体和自生的。他发起的运动取得了成功，面对这一成功，恐怕连他自己也会惊愕不已。因为当他还在世的时候，这场运动就已经显露出结构化和制度化的征兆了，而这种结构化和制度化，正是相继在位的统管者和一系列教宗训谕所导致的结果。圣·方济各的第一位继承者以利亚（Elias），兰伯特称之为"起核心作用的组织者，在众多宗教团体中，就是这些组织者将创始人的崇高理念转化成了具体概念，让追随者们能够接受"（p. 74）。圣·方济各去世之后，人们在阿西西建起了一座宏伟的大殿，用以安放他的遗体。有着重要意义的是：这座教堂的建立是在以利亚的促使之下进行的。为了纪念以利亚的尽忠职守，阿西西市政厅还于1937年为其树立了一座纪念碑。正如兰伯特所说："他对这座城市的发展所做出的贡献是长存的，远远胜过他对圣·方济各理念的发展所做出的贡献。"（p.74）在以利亚这里，结构——既包括物质的结构又包括抽象的结构——已经开始代替交融了。

新建立的修道会人数越来越多，遍布整个欧洲。随着人数的增加，会中也逐渐出现了各种誓词和长上的管理手段，同时也产生了当时的——当然此后的一段时期也是这样的——宗教机构所特有的"类政治性"结构。这样，在他们自己的集权式政府之中，修道士的最上面是一位修道会总会长，处于顶极上司的位置；其下则是一系列的教省长上，负责领导本教省所有的修道院——也就是说，一个宗教组织（包括所有的机构和成员在内）在某一个具体地区之中的划分。这个宗教组织的地域界限常常（但并不一定）与公民国家的地域界限相一致。教省级神父对自己的总会长负责，并主要通过视察的方式，对本教省实施行政管理和宗教维护。他会召集本教省分会，而他自己也是修道会全体会议的成员。这两种会议都有立法、训诫和选举的功能。在圣·方济各修道会的内部，就有些这样的教省，比如普罗旺斯、安科纳边地（the March of Ancona）、热那亚、阿拉贡（Aragon）、托斯卡纳，还有英格兰。对于那些研究过中央集权式的政治体制——既包括无文字社会之中的也包括封建社会之中的——的人类学家来说，不难发现，结构性对立是这种等级制度所固有的。不仅如此，圣·方济各修道会的修道士都是享

150 　有宗教豁免权的，他们只听命于自己的长上，不服从当地的教会常任法官。教会常任法官，即在具体地区的外庭（external forum）拥有普通司法权限的神职人员，比如某一教区的主教。实际上，他们直接对教宗负责，中间不通过任何人。这样一来，修道院与世俗神职人员之间就可能出现结构性冲突。

　　与其他修道会的相争也同样存在。圣·方济各修道会与多明我修道会之间，一直在进行针对神学观点与组织方式的论战，并且还争相对教宗施加影响。这些都成了中世纪教会历史的显著特点。还有，毋庸置疑的是，圣·方济各修道会在社会领域之内也是卓有成效的。他们所涉及的并不仅仅限于教会，而是包括在世俗、政治方面的多重影响。比如，在读到兰伯特的叙述时，人们就不禁会感到吃惊，因为圣·方济各修道会之中的属灵派取得了十分重要的外界支持，而这些支持者包括显赫的君主，比如阿拉贡的詹姆斯二世（James Ⅱ of Aragon）、西西里的弗雷德里克二世（Frederick Ⅱ of Sicily），还有一些显赫的女王，比如伏瓦的爱丝克拉尔蒙德（Esclarmonde de Foix），以及她的女儿桑西亚（Sancia），后者是那不勒斯贤王罗伯特（Robert the Wise of Naples）的王后。有一段时间，修道会的驻院派对教宗的影响最大，那时驻院派恃此对属灵派进行迫害，多人因此入狱，而那些君主却为属灵派的领导人提供避难所和保护。

拥有财产与支配财产

　　总有一天，人类学家们会将注意力完全集中在中世纪宗教政治的领域之内。这一领域常常有着十分完整的文献记录，而人类学家们可以对延续了几个世纪的政治进程进行详尽的追踪。在这里，我只想指出，如果不是为了在复杂的政治领域中存留下来而建立组织的话，最初与圣·方济各在一起的那些自由伙伴们——在他们这一群体之中，规范的交融还几乎没有从存在性的交融之中分离出去——根本就不可能坚持下去。但是，圣·方济各以自己的生命、理念和话语，为最初的交融做出了示范。而对最初的交融的记忆，永远会在修道会中长存，尤其是那些属灵派——其中最为引人注目的，是帕尔马的约翰（John of Parma），克拉莱诺的安吉罗（Angelo da Clareno）、奥利维（Olivi），还有乌伯尔丁诺（Ubertino）。但是，因为一系列的教宗训谕相继颁布，而圣·波纳文图拉（Saint Bonaventura）的著作也已公之于世，所以法律和神学已经为绝对清贫的教条下了定义。结果，那些属灵派的修道士不得不对清贫采取一种"结构化"的态度。

151

在正式定义之中，清贫的理念已经被划分成了两个方面："拥有财产"（也可以称之为财物）及"支配财产"。"拥有财产"的主要意思是对财产的占有权，而"支配财产"是指对财产的实际控制和消费。当时，教宗格里高利九世宣称，圣·方济各修道会应当保持"支配财产"的做法，而放弃各种"拥有财产"的做法。在最初的时候，圣·方济各修道会的修道士请那些最早的资助者保留"拥有财产"的权力，但不久后他们就发现，达成一种全面的安排，将对所有物品的拥有权置于教宗的手中是更便利的。在"支配财产"的实际结果这一问题上，"驻院派"和"属灵派"之间第一次出现了意识形态的分歧，并且这一分歧最终成了一个标志，将对立的两派区别开来。这是因为，更加趋向于建构的驻院派成员深刻地认识到，在一个复杂的政治环境之中，修道会是有着这样那样的需要的。所以，他们认为必须建造坚实的房屋，无论是教堂还是住所，这样才能更为有效地进行传道和慈善工作。为了维护圣·方济各所特有的宗教立场，他们必须对较为聪明的修道士进行哲学和神学训练，因为他们必须与从事精妙思辨的多明我修道会相争，并且还要面对宗教法庭日益增大的威胁，以此在巴黎和佛罗伦萨那些有着高等文化素养的战场上取得一席之地。所以，他们需要资本，包括货币资本，连硬币都算在里面，来购买砖块和书本。

修道士"支配财产"的行为可以达到什么样的限度？在驻院派这一边，这个问题是由本地长来决定的，而且他们的这一决定权越来越扩大化。据属灵派所说——在 1309 年教皇对修道会事务进行的那场著名调查之中，所有这些都凸显了出来，而此时修道会的创始人已经逝世 83 年了——驻院派的"支配财产"，早就变成了"滥用财产"。属灵派的发言人乌伯尔丁诺举出了书面证据，其中包括对从事种植业以获取利润、用粮仓和地窖来造酒、购买和接受马匹和武器等行为的记录。他甚至还指责驻院派有"拥有财产"的行为：

> 同样，那些有财务员的修道士会把他们带在身边。他们是修道士的奴仆，奉修道士之命花钱。他们不仅掌管着钱财，还掌管着花钱的仆人们。不仅如此，有时候这些修道士身上还装着一个盒子，钱就装在里边。有时候盒子是让小孩拿着的，小

孩常常连里边有多少钱都不知道，而执掌钥匙的就是这些修道士。至于那些仆人，虽然他们有时会被称为"为修道士们施舍钱财的人的报信者"（根据教宗最初的定义，报信者是一种官员，其职务是为施舍钱财的人进行代理），但是他们并不知道——将钱财交给他们的人也不知道——这些钱财实际掌握在普通修道士之外的人手里……（转引自 Lambert，1961，p. 190）

但是，最能够充分地表达属灵派对待"支配财产"的态度的，还是"谨守清贫"这一会规。这一会规指出，修道士对物品的实际使用应当止于最小限度，仅仅满足于维持生命。事实上，有些属灵派的修道士就是因为对自己的生活过于严苛，结果丢掉了性命。对于这样的事件，他们声称，伟大的修道会创始人对清贫的看法有其独到的精神内涵，而这些修道士正是在坚守着这种精神。这种态度明显令人仰慕，而且它还有一个特点，正是这个特点，最终使它为已经建构的教会所不容。这就是属灵派对个人良知所做的强调，他们称之为"对构成清贫的因素进行仲裁的最高原则"，尽管这种良知的效力是与严苛的"谨守清贫"这一准则联系在一起的。有些属灵派修道士更为极端，他们认为，对严苛准则的任何放松，都是对谨守清贫的誓言的违背，因此是必死之罪。如果这一情况果真属实的话，那么在他们看来，驻院派中的许多人都是永远陷于必死之罪中的。而这一点正是过激的律法主义的隐患所在！

另一方面，对于宗教内部的高级人员所拥有的合法权利，教会有着自己的看法，而"谨守清贫"这一会规明显抨击了这一看法。如果一座圣·方济各修道院的带领人，甚至一个教会辖区的带领人想要按照自己的意图去行事，出于实用或结构的原因，允许人们大量地使用物资，那么属灵派的修道士就会以自己"谨守清贫"的会规为理由，认为自己根本没有义务去服从他的命令。这样一来，对清贫所立下的誓言和对忠顺所立下的誓言之间就产生了冲突。事实上，这对教会的等级制结构构成了潜在的挑战。正是这种潜在的挑战决定了属灵派的命运，教宗约翰二十二世在宗教裁判所制裁权的支持下，颁布了一系列训谕，采取强硬措施，以此来最终彻底铲除属灵派。不管怎样，他们的激情并不是完全徒劳无功的，因为他们始终顽强地坚守清贫，而在此后的圣·方济各修道会改革之中，这一精神也融入了其中。

天启式的交融

在对圣·方济各修道会的早期历史进行研究的时候，我们可以清楚地认识到，社会结构是与历史紧密地联系在一起的，因为这就是一个群体随着时代的变迁而仍然保持其结构的方式。无结构的交融虽然能够把人们联合在一起，但只能持续非常之短的一段时间。我们可以饶有兴味地对宗教史进行考察，从中发现交融形态的各个运动如何经常发展出天启的神话、神学或意识形态。例如，在圣·方济各修道会的属灵派之中——甚至包括圣十字（Santa Croce）教堂（位于佛罗伦萨）的那个指定诵经师即乏味无趣的神学家奥利维——很多人都对约押斤主义者宣扬的"千禧年"深信不疑。实际上，奥利维将巴比伦大淫妇与教皇等同起来，认为在世界的第六纪，巴比伦将会倾覆，而真正的教会，就是圣·方济各和他的12名同伴所建立的教会，将会由圣·方济各修道会的属灵派（以他们的绝对清贫）组成。如果我们想要在"危机的交融"或"灾难的交融"之中寻找结构的话，绝对不能在社会互动的层面去寻找，而是应该以列维-斯特劳斯的方式，转向存在性的交融，搜索其中产生的天启神话所具有的那些恐怖怪诞和丰富多样的意象。我们也可以在这一类型的运动中找到特征性的极端化现象。一方面，是选择极为简朴和清贫的生活，成为"赤裸身体、居无定所的人"；另一方面，创作充满激情、异象、预言的诗歌，这样的诗歌是他们进行文化表达的主要形式。但是，时间和历史将结构带进了他们的社会生活之中，将律法主义带进了他们的文化产物之中。通常，人们曾经认为真正的、全球性的灾难会降临，但后来以譬喻义、神秘义解释它，声称这不过是每一个灵魂的旅程，或者声称这是大地上"真教会"的属灵命运，或者直接将其推迟到最遥远的未来。

154

　　交融的理念绝对不会永远与世界灾难的异象和理论相关联。例如，我们至少可以在部落的成长仪式之中，看到隐含的"绝对清贫是阈限行为的标志"的理念，但是我们在千禧年运动之中，并不能找到这种末世论的观点。不管怎样，我们确实会常常发现，"对群体构成威胁或危险的事物"的在场是十分重要的。而且，危险也的确存在，割礼执行者所持的刀子、许多的考验，以及严酷的训练表明了这一点。这种危险是产生存在性的交融的主要因素之一，就像居住在当代的一个冠以圣·方济各之名的城市①之中的某些人所经历的一样，他们在寻求迷幻的交融的时候，可能会遭遇一场"倒霉之旅"。同样，在部落的成长仪式之中，我们也可以在与"神圣力

---

① 即旧金山。——译者注

量"所导致的灾祸和危机有联系的阈限之中，发现神话及其仪式性的展现，例如为了人类社会的利益而杀死重要的神祇，或是神祇献自己为祭。在这样的情况下，对危机的定位不是在即将到来的未来，就是在仍然进行着的过去。但是，当危机的定位趋向于同时代的社会活动之前，而不是之后或之中的时候，我们就已经开始移入结构的秩序之中了，并开始将交融视作一个过渡的时刻，而不是视作一个已经确立的生存方式，或是一个不久就会实现而且将会永远存在的理想状态。

孟加拉的俱生派运动

但是，并不是所有的交融都是危机的交融（communitas of crisis）。除此之外，还有退出和撤离的交融（communitas of withdrawl and retreat）。有的时候，这些类别会彼此重叠，但是在通常的情况下，它们还是会表现出各自特有的状态。退出的交融与"相信世界末日即将到来"之间并没有紧密的联系；实际上，它所涉及的，是从世界上的结构性关系之中退出，无论是完全退出还是部分退出。而这种退出，无论在什么情况下，都怀有一种永久性的"灾难时代"的设想。在成员构成方面，这种交融更加倾向于具有排他性：在自己的习俗下受训练；在进行内部活动的时候，比上文刚刚讨论过的天启更加具有保密性。尽管在基督教和世俗的乌托邦运动之中，我们可以找出众多的例子，而且在很多方面，这些例子都是从犹太教-基督教的文化传统中衍生出来的；但是，只有在印度教

155

中，我们才能找到一些最为清晰的"退出的交融"的例子。在此，我会再次把自己限定在对一种运动的讨论之中，这就是小爱德华·迪莫克（Edward C. Dimock, Jr.）所描述的孟加拉的毗湿奴教（Vaisnavas）运动（1966a，1966b）。迪莫克是一位孟加拉学者，他能力卓越，见识超群，曾经翻译出版了孟加拉故事集《从宫廷到乡村》（*Thief of Love：Bengali Tales from Court and Village*），文笔十分优美。我们应当对他提出的资料和结论表示尊重。

宗教诗人：才檀雅和方济各

迪莫克的著作讨论的是一场宗教运动。在某些方面，这场运动与声势浩大的"献身信仰"（bhakti）宗教运动互为补充；在其他方面，又与"献身信仰"运动背道而驰。"从公元 4 世纪一直到 17 世纪"，献身信仰运动"席卷了印度北部，也横扫了南部旧有的献身信仰运动"（1966b，p. 41）。因为我们已经从杰出的创始人入手，对基督教的一种"交融类型"的运动进行了考察，所以，我们值得再次以同样的方式，对孟加拉的毗湿奴教运动进行考察。考察的切入点，就是才檀雅（Caitanya，1846—1533），"孟加拉运动之中最为重要的人物"。在前面的分析中，我们将圣·方济各修道会的会规与实际执行情况进行了比较。因此，我们首先要考察的是才檀雅的教导，然后是他所发起的运动的历史。迪莫克告诉我们，才檀雅是"复兴者"，而不是印度东部"克利希那-献身信仰"（krishna-bhakti，意为热烈地献身信仰）运动的发起者。从公元 11 世纪或

156   12 世纪开始（也就是说，在才檀雅运动之前至少三个世纪），毗湿奴教运动就已经在孟加拉出现了。像圣·方济各一样，才檀雅本身并不是一名神学家。他度过了献身信仰而不是神学的一生，留下的诗词一共只有八句。在这里，经过平行对比，他与圣·方济各有着惊人的相似性，圣·方济各也仅仅写了一首圣歌《太阳弟兄》（Brother Sun）。才檀雅的"献身信仰"与圣·方济各也很相像，都充满了各种意象和认同。在才檀雅这里，主要是毗湿奴教的神圣经文，尤其是《薄伽梵歌》（*Bhāgavata*）中的那些主要人物。这些经文的主要内容是克利希那（Krishna）的幼年、童年和少年时代。人们认为，克利希那是大神毗湿奴的化身（avatāra）。反过来，也有很多人认为才檀雅是克利希那的化身，或者认为才檀雅是克利希那和他所深爱的牧牛女工拉达（Rādhā）的共同化身。这一化身以雌雄同体的形式体现了完美的人的状态，超越了所有的文化差异和社会性别差异。

克利希那的早期活动有其中心情节，即他对乌林达瓦纳（Vrndāvana）的一群牧牛女工（Gopis）的爱慕。他自己也当过牧童，在这一神圣的地方长大，并且与牧牛女工玩过各种各样温柔的性爱把戏。后来，他成年之后，就在森林里吹奏笛子，用笛声施魔法将她们引到荒无人烟的地方。就这样，她们离开了家，离开了丈夫和亲人，在夜里投入克利希那的怀抱。在一场庆祝活动中，克利希那和所有的牧牛女工一同跳舞，以独特的方式表示：每一个牧牛女工都把他看作自己的情人。在印度艺术中，这一事件有时会被表现为多位少女围成一圈，每人之间都有着她们的神圣恋人的形象：

212

呈现出蓝色，十分漂亮。在此后的孟加拉神话故事的详细叙述中，拉达成了克利希那唯一的恋人，在某种意义上说，她是所有牧牛女工的缩影。

克利希那的舞蹈，以及他随后与众位牧牛女工的缠绵，深深吸引了才檀雅。他以自己的讲道，使献身信仰的宗教得以强劲地复兴。"从他在世到他去世后的短暂时间里，印度东部的绝大部分地区都被这场复兴所席卷。"（Dimock，1966b，p. 43）他特别强调那种充满激情的活动，而其中最主要的一种，就是不断地冥想；在冥想的过程中，敬拜者成功地将自己认同为克利希那的各个亲属、朋友和情人。比如，他的养父养母，对他怀有亲情之爱的人；他的兄弟，在看待他的时候，既怀有手足之爱又有同志之忠诚；还有，最为重要的是牧牛女工，克利希那既是她们的情人，又是爱着她们的人。在这里，社会关系被看作自然状态下的启程点，启程后通向的是献身信仰，人们认为这种献身的性质是超自然的。对于后世的毗湿奴教神学家来说，经文中性爱程度较高的内容所导致的问题，与犹太教和基督教的注经学家面对所罗门《雅歌》时的问题，显然是差不多的。但是，俱生派提出的仪式解决方案（指才檀雅发起的运动）与基督教神秘主义者——比如十字架圣约翰（St. John of the Cross）和阿维拉的圣德兰（St. Teresa of Avila）——是相当不同的。基督教神秘主义者将所罗门的颂歌之中带有"性爱成分"的言辞全部看作隐喻性的。俱生派的中心仪式是一系列设计精细、动作缓慢的敬拜动作，间或重复诵念经咒。仪式达到高潮的时候，这一神秘教派中的一男一女要当场性交。这两个人都是完全愿意献身信

157

213

仰的教徒，而他们此时的举动，是在重现克利希那和拉达做爱时的场景。这并不仅仅是放纵肉体享乐的行为，因为在此之前，必须要首先进行各种禁欲性的活动、冥想，以及聆听大众认可的师尊的教导。将性行为视作某种圣礼，"将内在的、灵魂的优雅以外在的、可见的形式表达出来"，这一理念在本质上是有着宗教意义的。

从社会学的角度来看，这种仪式有着有趣的一面：就像那些牧牛女工一样，初入会的男性俱生派成员的女性伙伴也必须已与其他的男人结婚（参见 De, 1961, pp. 204～205）。正如迪莫克指出的那样，这不会被看作淫乱，而是与中世纪欧洲的求爱方式更为类似。在中世纪欧洲，真正的爱情被看作"人虽分离，爱却持续。其在逻辑上的延伸，就是婚姻之外的爱情。因为在婚姻之中，总是会有肉欲的印记"。据鲁治蒙特博士（Dr. Rougemont）所说，行吟诗人的儿子"使人们怀着高尚的情感，越发频繁地涉足婚外情，因为婚姻隐含的意义只不过是身体的联合，而'爱情'（Amor）——最高的情欲之爱（Eros）——是灵魂的上升，最终与光融为一体"（1966a, p. 8）。不仅如此，圣·方济各为他的"清贫夫人"歌唱，而这与歌唱嫁给别人、身居远方的爱人的行吟诗人相比，是极其相似的。

我自己的看法是：就现在考察的内容来说，无论是 16 世纪的孟加拉还是 12 世纪的欧洲，既神圣又有着些微违法色彩的爱情——与之相对比的是合法的、婚姻之中的爱情——是交融的象征。交融是牧牛女工之间的纽带，也是联结蓝色的天神和每一位牧

牛女工的纽带。交融同样也是那位修道士①与"我的清贫夫人"之 158
间的关系。就浪漫的爱情与婚姻之间的象征性对立来说，婚姻与财
产有着同样的性质，就像别离时候的爱情与清贫有着同样的性质一
样。所以，在这样的神学-情欲语言之中，婚姻所代表的是结构。
克利希那与牧牛女工之间的关系，就是"交融性的爱情"的缩影，
而"个人占有或拥有财产"的理念，是与这种爱情完全对立的。比
如，迪莫克曾经引用过晚些时期的一些孟加拉经文，这些经文"对
《薄伽梵歌》之中的一个故事进行了修饰"。在这里，那些牧牛女工
似乎告诉克利希那，她们心中充满了对他的爱慕，然后他们就开始
跳舞。"但是在跳舞的时候，克利希那从她们身边消失了，因为一
个念头出现在所有牧牛女工的心里：'他是我的'，而未结合之真爱
不能存在于'他是我的'这一念头里……但是，当期盼重新出现在
牧牛女工的脑海中的时候，克利希那就再次向她们显现了。"
(1966a，p. 12)

　　俱生派的教义与毗湿奴教的正统教义有所不同：后者规定，圣
礼性质的联合必须在配偶之间；可是，我们已经看到，才檀雅的追
随者规定仪式化的性交必须在一个献身教派的男人和别人的妻子之间
进行。才檀雅本人就有着这样的一个性交伙伴，"她是沙堤（Saṭhī）
的女儿，她的整个身心都已经献给了才檀雅"。牛师（Gosvāmins）
是才檀雅最初的同伴，也是俱生派神学的释义者。我们可以饶有兴
趣地注意到：牛师的仪式化性交伙伴是"没有种姓的群体中的女
人、洗衣妇，或是低等种姓的女人"（1966a，p. 127）。实际上，那

---

　　① 指圣·方济各。——译者注

些牧牛女工本身就是放牛的，可见并不属于高等种姓。事实上，"没有意识到等级、结构性差异"这一交融性质，对于俱生派来说是十分典型的，对于作为一个整体的毗湿奴教来说，也是十分典型的。

献身主义者与保守主义者之间的分离

像圣·方济各一样，才檀雅也是献身宗教的诗人，心怀谦卑，生活简朴，以自己的生活来体现自己的信仰，而不是仅仅对信仰进行考虑。但是，与他在一起的六位牛师都是神学家和哲学家。在有些地方，他们教派的正式教义可以被精细地构建出来。于是，他们制定了一套阿室罗摩（āśrama）宗教指令①，供毗湿奴派使用。在这些牛师之中，有三位来自同一个家族。尽管这个家族在名义上源于婆罗门种姓，但是由于在穆斯林统治孟加拉的时候他们身居高位，所以在这个时候已经失去了种姓。实际上，他们仍然保持着与某些苏菲派的对话。这些苏菲派是穆斯林中的神秘主义者和诗人，与俱生派之间也有着非常密切的关系。这六位学者用梵文写作，"对于这一神秘教派的教规和仪式的编纂，他们起到了主要的作用"（1966b，p.45）。但是，这场献身信仰的运动同样在"制定教规"这块礁石上，让创始人翻了船。在才檀雅逝世之后，他在孟加拉的追随者就分成了两派。其中的一派跟随尼提亚南达（Nityānanda），他是才檀雅的亲密同伴，号称"没有种姓的自在者"（Avadhūta）。

---

① 亦称"四灵性阶段"或"四行期"。——译者注

另一派则跟随阿兑塔-阿查尔亚（Advaita-ācārya），他在很早的时候就献身投靠才檀雅，是信徒中的带头人，出身于桑特普尔（San-tapur）的婆罗门家族。

尼提亚南达与圣·方济各修道会的属灵派之间，有着某些共同之处。尼提亚南达本身就是没有种姓的人，不仅如此，他还"与首陀罗住在一起"，是"班尼亚（Bāṇyas）的使徒"（首陀罗和班尼亚都是印度人中的低等种姓）。他还允许数以千计的佛教僧侣和尼姑改变信仰，成为毗湿奴教信徒。一名才檀雅的传记作者写道，才檀雅对尼提亚南达说："这是我的诺言，是我亲口所说的：无知无识、低等种姓、谦卑顺服的人将会浮在爱（prema）的海面上……你们可以靠着献身信仰释放他们，使他们得到自由。"（1966b，p.54）献身信仰的含义是凭借自身对神祇的献身而获得救赎。但是，献身信仰这一概念并没有被阿兑塔-阿查尔亚接受。他重新回到了正统的一元论者"知识之路"（path of knowledge）的信仰那里。在印度，这些正统的一元论者一直将从轮回转世之中解脱出去（mukti）看作首要的问题。作为一个婆罗门，阿兑塔对这一情况并没有轻视。他必须重新回到解脱的教义上来，这是与他的种姓归属相一致的。他这样做，是因为在正统的印度教信仰中，从轮回转世之中解脱出去在很大程度上是靠个人不断地履行他的种姓职责。如果他履行了这些职责，他就有希望来世生为更高种姓的人。不仅如此，如果他度过了圣洁和自我献身的一生，他就有可能最终脱离苦难和摩耶（māyā，梦幻泡影之现象世界）的辖制。

160

像阿兑塔一样，那些一元论者相信：只有取得关于唯一的真实本体即"梵我"（ātman-brahman）的知识，才能打破幻影，确保获得最终的解脱。换句话说，对于这些人，救赎是靠灵知，而不是靠献身。这一理念还涉及对社会结构的现有形式的接受——因为所有的外在形式同样都是幻影，终极的真实成分并不在其中。但是尼提亚南达并没有像别人那样接受这种消极的社会保守主义。他相信，每一个人，无论属于什么种姓，恪守什么信条，都可以通过对克利希那和拉达的直接敬拜而得到救赎。他强调了毗湿奴教的宣教方面。

才檀雅和尼提亚南达使很多穆斯林改宗，成为毗湿奴教信徒——这样一来穆斯林的统治力量就受到了对抗——而这种做法，是对一系列正统印度教法律的故意违背。例如，当说服瓦苏德瓦（Vāsudeva）不洗手就拿走祭余（prasāda，献给神祇做祭品的食物的残余）的时候，才檀雅十分欣喜。"现在，"才檀雅说，"你已经真正脱离了与肉体的联结。"（1966b，p.55）他的这番话，让我们想起了耶稣说过许多次的话——比如，"安息日是为人设立的，人不是为安息日设立的"，还有"真理使人得自由"。对于才檀雅和尼提亚南达一派的追随者来说，献身信仰使他们从法律和传统的束缚之中解放了出来："他们满心狂喜，载歌载舞，就像发了疯一样。"（1966b，p.65）如果对迪奥尼索斯（Dionysos）的"狂喜的交融"与克利希那的"狂喜的交融"进行考察的话，是不难发现它们之间的相同之处的。实际上，奥维德的"永恒少年"（puer aeternus）就源于"其最遥远而失色之处，恒河环绕的印度"〔adusque decolor extremo qua cingitur India Gange，《变形记》（*Metamorphoses*），

Chapter 4，Line 21]。

俱生派和圣·方济各主义的共性

尼提亚南达和他的对头阿兑塔各自所代表的，是"规范的交融"的原则和群体组织层面上的"结构"原则。他们这两个派别，分别与圣·方济各修道会的属灵派和驻院派有着相同的性质。在这 *161* 两个分别发生在欧洲和亚洲的事例中，创始人的继承者必须要处理群体延续性的问题和神学定义的问题。两位创始人，圣·方济各和才檀雅，都是宗教诗人。他们的冥思中充满了多姿多彩的宗教意象，而他们用自己的生活方式实现了这些意象。在毗湿奴教俱生派这个案例中，为本教派的中心概念下定义的使命，是由牛师群体来担当的。圣·方济各修道士将他们的"阿基米德点"定位在了清贫这一理念之上；继而又在财产这一问题上对"拥有财产"及"支配财产"进行了区分；他们最终面对的，是围绕"谨守清贫"这一会规所出现的派别之争。而俱生派却将彼此之间的论争定位在了"占有"的另一个方面上，即对性的占有——尽管我们已经看到，对于他们来说，在性行为上的联合已经具有了圣礼的性质。

毗湿奴教的圣书《薄伽梵歌》和《牧童之歌》（*Gita Govinda*）都充满了性爱的意象，它们讲述了牧牛女工对克利希那的爱慕。但是，正如迪莫克所指出的那样："对于印度社会中的大部分人来说，与别人的妻子幽会这一行为是不能被接受的。"（1966b，p. 55）我们也许可以附加一句，就算有着传统的宗教宽容意识也不行，即使这种宽容不是基于什么"第二修正案"的结果，毗湿奴教的注经学家，尤其是俱生派，遇到了许多问题。毗湿奴教的教规一直自由借用梵文诗歌理论，而这种理论的一个突出的特点，就是将女性划分成两个等级：一类是"属于自己的"（svakīyā 或 svīyā），另一类是"属于别人的"（parakīyā）。后者既可能是那些尚未成婚的人，也可能是通过婚姻而属于别人的人。在《薄伽梵歌》的经文中，牧牛女工很明显是后面一种。第一次尝试去对这段经文做注释的，是一位牛师，名叫吉瓦（Jīva）。他认为对于经文的内容，不能去做字面上的理解。首先，标准的诗歌理论并不认为"属于别人的"女性可以扮演戏剧的主要角色，所以那些作为女主角的牧牛女工不可能是真正"属于别人的"。还有，那些牧牛女工从来没有真正使自己的婚姻达到圆满。"克利希那运用了自己的摩耶能力（制造幻象的能力），使得那些牧牛女工的丈夫并没有与牧牛女工同床。与他们同床的，是形象与牧牛女工相似的幻影。不仅如此，那些牧牛女工实际上是克利希那的性力（śakti）。〔从神祇身上放射出来的力量被视为女神。因此，男性湿婆的性力是女神时母（Kali）① 或女神难近母（Durga）②。〕对于他而言，她们至关重要；在某种意义上，她们与他是同一的。"（1966b，p.56）不仅如此，她们应当归于"属于自己的"的类别，她们实际上是属于他的。她们只不过看上去是"属于别人的"。

牛师吉瓦有一个亲戚，名叫鲁帕（Rūpa）。鲁帕接受了"属于

① 又译"大黑神女""迦梨""迦利"等。——译者注
② 又译"突迦""杜尔迦"等。——译者注

别人的"这种诠释，因为这样可以较少地扭曲原始经文，但是他却认为，日常的人类道德准绳对于"掌管万有的统治者"来说，是不可能适用的。犹太-基督教的注经学家曾经引用过他的这一论点，来解释耶和华的一些较为奇怪的行为和命令，比如命令亚伯拉罕献以撒为祭。在《薄伽梵歌》的经文中，有人问克利希那——克利希那被描述成"虔诚信仰的持守者"——为什么竟会耽于和别人的妻子玩爱情游戏。他得到的回答是："因为，对于那些心中已经没有自我的人来说，合宜的行为已经不能带来任何个人的利益；而相反的行为，也不能带来任何个人的损失。"有的宗派认为自己已经超越了平常的、已建构的社会范围和标准，而克利希那的回答所表现出来的观点，与他们的态度是十分一致的。许多其他的运动和宗派都强调"激情式的交融"或"献身式的交融"，将其作为他们的基本原则，而这些人的信仰之中，也充满了相似的"自由"成分。在这一方面，我们可以提及的是布拉格的胡斯派信徒（Hussites），以及纽约州的奥奈达人社区（Oneida Community）。

拉达、"我的清贫夫人"以及交融

但是，后来的注经学家渐渐接受了经文的字面观点，并将其奉为正统，即克利希那对牧牛女工的爱慕与她们是"属于别人的"的情况是和谐的——而且，这种情况使克利希那的爱慕之情显得更为纯洁和真实。这是因为，正如迪莫克所说：'属于自己的'导致欲乐（kāma），即渴望得到本身的满足，而只有'属于别人的'才能带来爱（prema），即深切地渴望所爱的人能够得到满足。牧牛女工的这种爱慕之情，正是献身信仰的人（bhakta）所效仿的对象。这是因为，

163 牧牛女工的爱是对'属于别人的'的爱，十分热烈。分手时的痛苦，恐怕只有'属于别人的'才能感受到。在此之后，牧牛女工的头脑之中克利希那的身影会一直挥之不去，而这就是她们的救赎。"（1966b，pp.56～57）在这里，我们再一次想起了《雅歌》之中的某些段落，以及十字架圣约翰所著的诗句。在这些诗章之中，作者的心灵渴慕那不在身边的爱人，即上帝。但是，在俱生派的理念中，这种渴慕并不是永远的。"六十四种献身信仰行为的条例"涉及的内容有"各种活动、对吠陀经颂文的重复诵念、对身体的训练、对知识的认知、禁欲行为、冥思"（1966a，p.195）。在这一条例颁布之后，俱生派就进入了规范性献身（vidhi-bhakti）性行为仪式的阶段，从此与毗湿奴教的正统信仰分道扬镳了。在这一仪式之中，参与性行为的双方都入会不久，他们彼此视对方为师尊，即为别人提供教导和心灵指引的人；在这里，他们是作为克利希那和拉达本身的"圣礼式展现"而出现的。参与性行为的双方被认为"同属一个类型"（1966a，p.220），在这种情况下，"他们可以融合为一体"（p.219）。这种类型就是他们各自性别的最高类型。至于参与这一行为的动机，肉欲显然不是主导因素。这是因为，充满性爱描写的著作可以证明，在那个时代的印度，可供享用的色情服务是遍地开花的；享受这些服务之前，根本不需要先接受禁欲主义的长期训练。

在精神分析学的时代里，我们必然会在一种极端理想化、双方相隔万里时才最神圣的爱情之中，留意俄狄浦斯情结的迹象。这一做

法是很自然的。还有，荣格的追随者也会提到很多关于与"伟大的母亲"联合的内容，这种联合是头脑的下意识与无意识成分的象征；这种联合在"个性化"的整体出现之前就存在。但是，如果我们所关注的焦点在社会关系的形态之上，那么这种精神分析的"深度"在社会和文化的层面上就可能会变为"肤浅"。那些俱生派似乎十分重视以各种文化和生物学为手段，来获得无结构状态下的纯粹社会交融。即使是在性行为的仪式上，他们的目标也不仅仅是把一个男人和一个女人联合在一起，而是把存在于每个人之中的男性和女性成分联合在一起。才檀雅本人据说就是男性和女性成分的联合体，同样，每一个献身信仰的人也会即时成为克利希那和拉达的化身，成为一个完整的人。但是，在象征意义上，婚姻的纽带——与此相伴的还有家庭这一社会结构的基本单元——被"属于别人的"爱情剪断了。因此，在这样一个主要靠亲属关系和种姓建构的社会里，结构在其根源之处是被视作无效的。这是因为，那些恋人把所有的种姓法规打破了。财产是社会的支柱之一，而圣·方济各修道士立意放弃财产。至于那些俱生派，他们立意放弃另一个主要的社会支柱：婚姻和家庭。1967年，人类学家埃德蒙·利奇（Edmund Leach）曾经在BBC的第三频道做了颇具影响的雷斯系列讲座（Reith Lectures）。他后来也转向对家庭的攻诘，认为家庭是所有精神障碍和心理障碍的原因所在，而他的攻诘只是为了赞美集体共居和社区的生活方式，例如设立了托儿所的以色列基布兹。利奇博士对南部印度文学和僧伽罗文学十分熟悉，或许他的攻击也带有一些密宗的回音。无论如何，他似乎是为交融而击出了重重的一拳。

164

鲍勃·迪伦和巴乌勒

才檀雅的那些继承者都失败了，因为阿兑塔派日趋被吸收进种姓制度，而尼提亚南达派不仅排外，还充满了宣教的激情，结果他们受到了迫害，渐渐地失去了信心。在历史上，俱生派的潮流似乎在17—18世纪的时候慢慢退去了，尽管，据迪莫克观察，毗湿奴教在孟加拉仍然是一支强大的力量。例如，人们称之为巴乌勒（Bauls）的音乐家神秘教派，使用的是一种"原始但又十分引人入胜的单弦乐器，叫作埃克-塔拉（ek-tara）"。这一教派所唱的歌曲，是"柔和而能打动人心的，就像风一样；风就是他们的家"。他们宣称："克利希那的笛声使他们疯狂。就像牧牛女工一样，他们已经不在乎家，也不在乎世界了。他们完全被这笛声所驱使。"（1966a，p. 252）

在现代的运输条件和通信条件下，我们可以在今天的许多音像店之中，找到西方与东方的阈限和交融主体的一个有趣的集中体现。鲍勃·迪伦最近发行的一张专辑的封面上，印着他自己（一位美国乡村歌手）和在结构中处于低下地位的群体的发言人（在左右支持他的是巴乌勒，这些人是孟加拉的流浪汉音乐家）的图像：吉他和埃克-塔拉走到了一起。在文化的领域里，对交融的表达常常是与简单的吹奏乐器（笛子和口琴）以及弦乐器联系在一起的，如果我们对这一现象进行考察的话，就会觉得它更加耐人寻味。要对此做出解释的话，除这些乐器便于携带之外，恐怕就得归因于它们对"自生的人类交融"做出表达的能力了。鲍尔斯人与圣·方济各一样，都是"上帝的行吟诗人"。在这里，我将以他们的一首歌来结束本章的内容。这应当是恰如其分的。这首歌的歌词明确地表达出了毗湿奴教的交融如何延续到了今天的社会之中：

> 印度教徒、穆斯林——并没有什么区别，
>
> 世界上也不存在什么种姓的区别。
>
> 献身信仰的卡比尔（Kabir），他的种姓本是久拉（Jolā），
>
> 但是他陶醉于真爱（prema-bhakti，意思是真实的爱，我们
>
> 在上文中已经看到了，婚外恋是这种爱的最佳表现形式）之中，
>
> 他抓住了黑宝石的双脚（指克利希那的双脚）。
>
> 一轮明月就是世界的一盏灯，
>
> 从一粒种子里迸出了整个世界。（1966a，p. 264）

这就是"自生的交融"的真实声音。

第五章 | 谦卑与等级：地位提升与地位逆转的阈限

地位提升与地位逆转的仪式

正式的过程性分析（processual analysis）的创始者范热内普使用了两套术语系统，来描述从一个以文化来定义的状态或阶段过渡到另一个状态或阶段的三个阶段。他不仅使用了"分离""边缘"和"聚合"这一系列主要指代仪式的词语，还使用了"前阈限""阈限"以及"后阈限"这些主要指代处所转换的词语。当范热内普对他所提出的最初一套术语进行讨论，并且将其应用于数据当中的时候，他强调了我称之为过渡的"结构性"方面。与之相对的是，他对第二套术语的使用，显示出了他对时间单元和空间单元的基本关注。就是在这两种单元之中，行为和象征主义暂时从统管占据结构性位置的人的公众生活的规范和价值之中解放了出来。在这里，阈限处在了中心位置，而范热内普使用了与"阈限的"这一形容词相关联的前缀，来显示结构的外围性地位。当我提到"结构"一词的时候，如前文一样，我所指的是"社会结构"。这一词是大多数的英国社会人类学专家所使用的，也就是说，这是针对"相互依靠的专业化机构"和他们暗指的"位置和（或）参与者的制度化组织"所做出的安排，这一安排或多或少有着独有的特点。我在这里所提到的"结构"的含义，并不是现在列维-斯特劳斯使之被广泛接受的那种含义。他所推广的"结构"的含义是与逻辑类别以及他们之间关系的形态联系在一起的。事实上，在仪式的阈限阶段，我们常常能见到"英国式的社会结构"被简化甚至消除，同时也常

166

167

常能见到"列维-斯特劳斯式的结构"被扩展。我们能够发现，社会关系在这里被简化了，而神话传说和仪式得到了细致的阐释。这种情况的出现并不难理解：如果阈限被看作"从正常状态下的社会行为模式之中分离出来的一段时间和空间"，那么它就可以被看作一段潜在的详细考察的时间，而它所考察的对象，是产生它的文化的中心价值和准则。

在这一章中，阈限将会是首要的内容，其中包括阶段和状态。在复杂的大型社会里，阈限本身（作为劳动分工细化的结果）常常会演化成为宗教或准宗教状态。不仅如此，这种具体化的行为还有重新回归结构，并取得结构中的身份和地位的趋向。我们所拥有的不是隔离受礼者的小茅屋，而是教堂。除此之外，我还想对两种主要的阈限类型做出区分——尽管还有很多其他的阈限类型有待发现，这一点毋庸置疑——首先，是地位提升的仪式所特有的阈限。在这种阈限中，处于一个制度化的等级体系之中的"仪式的主体"或"仪式的新手"，会从一个较低的地位提升到一个较高的地位，并且这种提升是不可逆转的。其次，是常常在周期性和年度性仪式中出现的阈限，这种阈限常常是集体性的。在这种阈限中，他们遵循的季节性周期之中存在着某些按照其文化而规定的时间点。在这些时间点上，那些同属一个群体或类别，在社会结构中固定地处于低下地位的人就会被明确吩咐对那些地位处在他们之上的人进行仪式性的领导。而那些身处高位的人必须心怀善意地接受这种仪式性的降卑。我们可以把这样的仪式称为地位逆转的仪式。那些身处高位的人常常会受到激烈的言语和身体攻击，那些地位低下的人则用这种方式来辱骂甚至虐待他们。

这个种类有一个常见的变体，那就是地位低下的人模仿身处高位的人的等级和类别。有时他们甚至会模拟所谓的"高等人"的世俗等级结构，在其中为自己排序。简单地说就是：我们可以将处于强势地位的群体（和正在变得更强者）的阈限和永远处于弱势地位的群体的阈限进行对比。处于上升状态者的阈限通常会涉及"将新手的地位降低或使之谦卑"，这是一个主要的文化成分。而与此同时，永远在结构中处于弱势地位的群体的阈限则包含着"对仪式主体进行象征性或模拟性的提升，使之处于显著的权威地位"，这是它所具有的重要社会性因素。处于强势地位的群体的能力被削弱，而处于弱势地位的群体表现得像处于强势地位的群体一样。处于强势地位的群体的阈限是没有社会结构的，或者只有简单的社会结构；而处于弱势地位的群体的阈限所代表的，是对结构中较高地位的幻想。

生命危机仪式与年度性仪式

既然我已经把底牌亮了出来，我便会提供一些实例来支持这些论点。我首先要举出的实例，是生命危机仪式（life crisis rites）与季节性或称年度性仪式（seasonal or calendrical rites）之间，按照传统的人类学方式所进行的区分。生命危机仪式，正如劳埃德·沃纳（Lloyd Warner, 1959）所说，是仪式主体（可以是一人或多人）从"他母亲的子宫胎盘将其固定之处，到他死亡之后墓碑的最终树立之处，以及作为一个死夫的有机体在坟墓中的安放之处——

231

在这一期间，会不断穿插一些重要的转换时刻。对于这样的时刻，所有的社会都会将其仪式化，并且用适宜的纪念将其公开标记，以此来对眼下生活在社区之内的成员强调个人或群体的重要意义。这些重要的转换时刻，就是出生、青春期、结婚和死亡"(p. 303)。在这些时刻之外，我还要加上"与获得更高的地位有关的仪式"，无论这一地位是政治职务，还是有排外性的组织或秘密社团的成员身份。这些仪式既可以是个人性的，也可以是集体性的，但是为个人而举行的可能性会更大些。另一方面，年度性仪式几乎总是针对大型群体，而且常常覆盖整

169 个社会。不仅如此，这些仪式常常在一年一度的生产周期之中规定的时间点上举行，并且以此来证实从缺乏到丰足（比如果实初熟之时或收获之时的节日）或是从丰足到缺乏（比如人们预料到冬天的艰难，并且奇迹般地避免了这一状况的出现）的转换。除这些之外，我们还应该加上所有的通过仪式。它是在一个群体从一种状态进入另一种状态、出现某些变化时举行的。这些变化可以是整个部落被卷入了战争，也可以是一个大型的当地社区为扭转饥荒、旱灾或瘟疫所导致的后果而举行的仪式。生命危机仪式和就职仪式几乎都是地位提升的仪式，而年度性仪式和群体危机的仪式（group crisis rites）有时却是地位逆转的仪式。

我在其他地方（1967, pp. 93～111）曾经描写过阈限的诸多象征。这些象征所展示的是经历生命危机仪式的新手的"结构性隐身"(structural invisibility)——比如，他们是如何与日常生活的圈子隔离开的，他们是如何用涂色或戴面具的方式伪装自己的，或者他们如何在保持沉默的规则下变得无言。我在上文已经展示过

（边码第 108 页）——按照戈夫曼的说法（1962，p. 14）——他们所有的世俗性地位差别以及拥有财产的权利如何被"剥去"，以"达到绝对平等"。不仅如此，他们还要接受各种各样的考验，以学习谦卑的功课。对于这种待遇，我在此只举一例就足够了。据亨利·于诺（Henri Junod）的描述（1962，Vol I，pp. 82～85），在松加（Tsonga）部落的男孩割礼仪式上，那些男孩会"被那些放牧羊群的人痛打一顿……而作为借口的仅仅是不值一提的小事"（p. 84）；还会饱受寒冷之苦，在六月到八月这一段寒冷的时期内，他们必须全身赤裸地整夜躺卧；在整个成长仪式之中，他们绝对不允许喝一滴水；他们不得不吃下毫无味道和难以下咽的食物，在刚开始的时候，他们会"大犯恶心"直到呕吐的地步；他们还会经受严酷的惩罚——在他们的每根手指之间夹上竹签，而一个壮汉会握住那些竹签的两端，使劲将它们挤压在一起，并且把那些可怜的男孩们拎起来，他们的手指被紧紧地挤住，骨头几乎都被压碎；最终，如果受割礼的男孩的伤口没有痊愈的话，他们还得做好死去的准备。根据于诺的看法，这些考验不仅仅是为了教会那些男孩忍耐、顺服，培养其男性气概。其他的社会中还有众多的实例可以表明：它们有着重要的社会意义，即熬炼他们，使他们成为人类"原初质料"（prima materia），剥夺其特有的形态，使之沦为这样一种状况：尽管还是有着社会性，但是已经不具有任何被认可的地位形态，或是处在所有被认可的地位形态之下了。其隐含意义就是，对于一个作为个体的人来说，要想在地位阶梯上爬得更高，就必须得比这个地位阶梯更低。

170

233

地位的提升

因此，生命危机的阈限使有志于获得更高结构地位的人变得谦卑和普通化。在非洲的许多就职仪式上，我们可以看到同样的过程，其上述特点被更为生动地表现了出来。首先，未来将就任的酋长或头人会被从平民之中区分出来，然后他必须经历阈限性仪式，在这一仪式之中他会被粗鲁地贬低。在此之后的重新聚合仪式上，他才可以荣登宝座就任酋长。我已经对恩登布部落的就职仪式进行了讨论（第三章），在他们的就职仪式上，即将成为酋长的人和他的仪式意义上的妻子会被隔离到一间小茅屋里并待上一夜，在此期间他们要受到众多之后的臣民的贬低和斥责。在杜·柴鲁（Du Chaillu，1858）对选举"加蓬湾国王"的记述中，我们可以看到另外一个具有相同模式的非洲实例。在描述了老国王的葬礼仪式之后，杜·柴鲁描述了"村庄里"的长老是如何秘密地选出一位新国王的，而新国王自己"毫不知情，直到最后揭晓答案的时候，他才知道自己交了好运"。

我自己的一位朋友恩约贡尼（Njogoni），就有幸被选为了新国王。他被选中一部分是因为他出身于一个良好的家庭，更主要的是因为人民十分爱戴他，使他能够赢得最多的选票。我并不认为恩约贡尼对自己的当选有过哪怕一丝的预感。在（老国王逝世之后的）第七天早晨，他正在沙滩上散步，忽然所有的部落成员都向他涌来，将他带到大典的现场。这一典礼是新国王加冕之前的仪式（就整个葬礼仪式复合体系而言，这一典礼也应被看作是阈限性的），而且必须打消人们对王位的妄想，除了那些野心勃勃的人。

他们把新国王紧紧围住，然后把他淹没在辱骂和击打之中，这种行为只有最凶狠的暴徒才想象得出来。有的人把痰吐在他的脸上，有的人用拳头揍他，有的人用脚踢他，有的人把令人恶心的东西扔在他的身上。而那些只能站在人群外面的不走运的人，就只能用言语才能攻击到他。他们激烈地咒骂他、他的父亲、他的母亲、他的兄弟姐妹，以及他所有的祖先，直到最遥远的一代。如果一个外人看到即将被加冕的这位的遭遇，会觉得他简直一钱不值。

就在这嘈杂的声音和混乱的争闹之中，我听到了能够为我解释这一切的话语，因为每过几分钟，一个打得最狠踢得最准的家伙就会大声吼叫："你现在还不是国王哩；眼下这一会儿，我们想把你怎么样就把你怎么样。过不了多久，我们就得听你使唤啦。"

恩约贡尼表现得像个男子汉，也与未来国王的身份相称。他控制住了自己的脾气，脸上挂着微笑，忍受了所有的辱骂和痛打。在持续了差不多半个小时之后，他们把他带到了老国王的房子里。在那里，他再一次成为他的臣民的辱骂对象，辱骂又进行了一段时间。

然后就是一片寂静。臣民中的长老站起身来，脸色肃穆地说道（众位臣民重复着他们的话）："现在，我们选择你来做我们的国王；我们将会听你的命令，并且服从你。"

接下去又是一片寂静，这时王族的标志（一顶丝绸的帽子）被送了上来，扣在了恩约贡尼的头上。此时，人们为他披上红色的长袍，而他接受了所有臣民满怀尊敬的欢呼——就在几分钟之前，这些人还在对他进行辱骂和痛打。（pp. 43～44）

这段叙述不仅描绘了酋长候选人在地位提升的仪式上受到的降卑待遇，同时它还是一个例证，阐明了"在结构中处于低下地位的人"在政治性仪式周期中的地位反转仪式阶段所具有的能力。在这样的复合性仪式的其中一个仪式里边，既包含地位提升的诸方面，又包含地位逆转的诸方面。在前一方面，个人永久的结构性提升得到了强调。在第二个方面，强调的重点放在了统治者和被统治者地位的暂时性转换上。个人的地位不可逆转地改变了，但是他的臣民的集体性地位仍然保持现状，没有改变。地位提升的仪式之中的考验也同样是我们的社会的一个显著特征，正如兄弟会和军事院校的成长仪式之中的肆意侮辱所证实的那样。在我的头脑中，至少还有
172 一个关于现代的地位逆转仪式的例子。在圣诞节那一天，英国陆军中的下等兵们会吃一顿大餐，而在一旁侍立的都是军官和士官。这一仪式结束之后，下等兵的地位是不变的。实际上，军士长可能还会对他们变本加厉地破口大骂，因为他们居然会支使他跑来跑去地端火鸡。事实上，这一仪式对群体的社会性定义做出了十分重要的强调，而这一强调具有长期的效用。

地位逆转：面具的作用

在西方社会里，从万圣节等节日的风俗中，我们仍然能够见到年龄与性别逆转仪式的痕迹。这些节日风俗里，处于结构中低下位置的人的力量，由尚未进入青春期的儿童的阈限性主导地位表现出来。他们常常戴着用来掩饰自己身份的面具，其形状十分恐怖，代表着地狱或世界上的邪恶势力——阻止人们生育的巫婆、从地下爬出来的尸体或骷髅、土著居民（如印第安人）、穴居者（如小矮人和地精），以及流浪者或反抗权威的人（如海盗或传说中的西部枪手）。如果没有好吃的东西或礼物作为补偿的话，这些并不强大的地方力量还会耍些出人意料、令人称道的花样，让手握权柄的家长们吃些苦头——他们所耍的花样，与那些地上的精灵（人们曾经相信，很多恶作剧都出自他们之手）比如妖怪、恶鬼、小精灵、仙女和巨怪所做的差不多。在某种意义上，这些孩子是生者与死者之间的中介者；他们从母腹中出世并没有多久。在许多文化中，母亲的子宫和坟墓有着相同的含义，因为这二者都是与大地联系在一起的，而大地是果实的源头，是逝者的归宿。阈限的几个主题，在万圣节前夜的孩子们身上得到了体现：他们的面具保证了他们的身份不被暴露，因为这样没有人会知道他们到底是哪个孩子。但是，就跟大部分地位逆转的仪式一样，遮掩身份是出于侵略性的目的，而不是为了谦卑。孩子的面具就像拦路强盗的面具一样——实际上，在万圣节前夜，孩子们往往会戴上夜贼或刽子手的面具。面具赋予了他们猛兽、行恶的土著，以及超自然存在物的力量。

173　　在所有这些方面，我们都能够找到原始的神话传说中半人半兽的成分。比如，列维-斯特劳斯在《生食和熟食》（*Le Cru et le Cuit*，1964）一书中描写了说格语（Gê-speaking）的亚马逊民族，他们关于"火"的神话传说中的雄性和雌性美洲虎就是一个例子。芝加哥大学的泰伦斯·特纳（Terence Turner）重新对格人（Gê）神话传说进行了分析。卡雅波（Kayapo）神话记述了家用火的起源，泰伦斯·特纳对此进行了准确而复杂的分析。他从中得出这样一个结论：美洲虎的形象是一种面具，它既能揭示又能掩饰结构重组的过程。这一过程所涉及的，是男孩子从核心家庭移至男子居所的过程。在这里，美洲虎的形象所代表的不仅是父亲和母亲的地位，而且是男孩与父亲和母亲关系的改变——但是，这些改变是与可能的（并且是痛苦的）社会冲突和心理冲突联系在一起的。这样一来，神话中的雌性美洲虎在最初总是一个善恶的矛盾体，后来却变成了满怀恶意的动物，并且最终为采纳了雄虎建议的男孩所杀。

　　每只美洲虎都是具有多重含义的象征：雄性美洲虎既代表了做父亲的痛苦和快乐，又象征着普遍意义上的父亲身份。实际上，卡雅波人有一个仪式性的"代理父亲"的角色。在男孩 7 岁左右的时候，这位"代理父亲"会把他从家庭环境中带出去，并使他融入更广阔的男性道德社区。在象征意义上，这一事件看上去与作为"母子"关系中一个重要层面的"死亡"和"毁灭"联系在一起。这一层面与男孩子杀死雌性美洲虎的神话记载相一致——雄性美洲虎进一步加强了他杀戮的意志。显然，神话记载并不是针对个人的，而是针对社会角色的。但是，"对结构的考察"与"对历史的考察"二者之间的相互联结是如此的紧密而微妙，以至于在神话和仪式中，以人类的形式对父亲和母亲的直接表现，在某些情况下会被作用力很大的外界影响所阻止，这种外界影响常常产生于社会转型的重要时期。

美国万圣节前夜的面具与卡雅波神话和仪式中的面具还有另一个层面的功能——在许多其他的文化之中，也存在着同样的情况。*174* 安娜·弗洛伊德（Anna Freud）对此有很有洞见的详尽论著，解释了儿童常常在游戏中扮作凶猛的野兽和其他骇人的怪物的原因。弗洛伊德女士的论证——我们不得不承认这一论证的力量来自其声名赫赫的父亲的理论主场——虽然复杂，却前后一致。在儿童的幻想中，以动物的形式隐藏起来的，是父母（尤其是父亲）的侵略性和惩罚性力量，其中以害怕被父亲阉割的"阉割恐惧"为甚。她指出了幼年的孩子是如何毫无道理地惧怕动物——比如狗、马和猪——她解释道，这都是正常的恐惧，是面对父母的威胁而产生的"无意识恐惧"所决定的。然后，她继续进行论证，说"自我"会应用最有效的防御机能对这样的无意识恐惧进行抵制，那就是将自己认同为可怕的事物。这样一来，"自我"就会感觉到可怕的事物的力量被剥夺了，也许这种力量被清空了。

对于众多深度心理学家来说，认同（identification）意味着代替（replacement）。从一个强有力的事物中吸收力量，就是在削弱这个事物。所以，孩子们常常会在游戏中扮作老虎、非洲狮、美洲狮、枪手、印第安人，或是怪物。根据安娜·弗洛伊德的观点，这样一来，他们就无意识地将自己与深深恐吓他们的力量等同了起来，并且靠着一种"柔术"，通过恐吓他们的力量使自己的力量得到加强。当然，这些行为有着"叛徒"的性质——无意识地以"杀死所爱的人"为目标。而在美国的万圣节前夜习俗中，整体意义上的父母从整体意义上的孩子那里得到的，就是这一性质的行为：捣乱、损坏财物或假装损坏财物。同样，对神话中美洲虎的认同也能够表现初次受礼者潜在的"成为父亲的能力"，以及在结构中替代他的父亲的能力。

将半人半兽的实体和面具与父母角色间的这种关系，在地位提升的仪式和年度周期变化的固定时间点（由其所在的文化决定）中表现出来，是一个很有趣的提法。我们可以推想，将父母以野兽的形式表现出来，只涉及纵贯整个亲子关系的某些方面，这些方面会引发强烈的情感和非法性欲的意志，尤其是有攻击性的那些情感和意志。这些方面看上去是由结构决定的。孩子对其父母的个人特质的理解，与他必须要对其做出的举止——根据文化习俗的要求，而且父母也期待他有这样的举止——在这些方面的作用下变得有所分歧了。当父亲的行为与权威式的规范相一致，而不是与通常所说的"人性"相一致的时候，他一定会这样想："父亲的行为根本不像是人类应当做的嘛。"因此，按照对文化类别的阈限性理解来看的话，父亲的行为会被认为是在人性的范围之外的，更像是动物的行为。"而且，如果他以动物的形式，而不是一位我所熟知的人的形式来对我施威的话，那么我可能会借用或消耗它的力量，只要我也能获得那种我认为他所属的、由文化定义的动物特性的话。"

175

240

生命危机所提供的是这样的一种仪式：在这种仪式中，并且借助这种仪式，结构中各位置之间的关系与处在这些位置上的人之间的关系会被极为彻底地重组。年长的成员担负起了执行"习俗规定的这种变革"的责任。至少，他们招入一名新手的愿望可以被满足。但是年轻的成员对这种变革的基本社会原理并不那么清楚，他们发现，在变革中，预想之中长辈对他们的态度被现实粉碎了。因此，从他们的结构性角度来看的话，他们的父母和其他的长辈是具有威胁性甚至虚假性的。起初，在他们的行为与父母的要求不一致的情况下，他们会惧怕遭受身体受伤和其他形式的惩罚。而此时，虽然他们并没有意识到，但这一惧怕也许重新出现了。这样一来，虽然长辈的行为是在那个年龄群体能力之内的——在某种程度上对他们来说他们所推动的结构性变革是可预知的——但是，对于年轻人来说，同样的行为和变革却是超出他们的掌控或预防能力的。

为了对在认知上的这些缺乏进行补偿，在举行仪式的场合下，年轻人和处于低下地位的人会调用一些充满了巨大力量的象征。根据这一原则，地位逆转的仪式为弱者戴上了面具，要求强者顺服。那些在结构中处于低下地位的人，会将象征性甚至真实的侵犯强加在他们身上，而他们必须耐心地忍受。但是在这里，我们需要重新回到前面所说的"地位提升的仪式"和"地位逆转的仪式"之间的区别上来。在前一种仪式中，对即将就任更高职位的候选人的侵犯行为尽管一直存在，但有着被限制和压制的倾向。不管怎么说，这些候选人在象征意义上是"升到更高的位置上去了"，而且，在仪

176

式结束的时候，他们所享有的好处和权利是比以前多了很多的。但是，在后一种仪式中，得到允许而表现为"似乎在结构中处于较高地位"的群体或类别——而且他们完全有权痛骂和殴打那些处于较高地位的人——实际上是永远处于较低地位的。

显然，社会学模式和心理学模式的解释在这里都是合适的。同样一件事物，对于一个训练有素的人类学观察者来说，是在结构中"可见"的；对于被观察的社会中的某个成员来说，他的心理上却是"无意识"的。然而，如果社会要在没有破坏性的紧张局势的情况下存活下去，就必须考虑到他对结构性变化和规律性的本能反应，再乘以一代又一代面临变局的成员数量。这样一来，如果社会想继续存在而无分裂性紧张之虞的话，他的反应就必须在文化上尤其是在仪式上受到重视。生命危机仪式与地位逆转的仪式以不同的方式来使这些反应受到重视。通过先行后继的一系列生命危机仪式和地位逆转的仪式，作为个体的人在结构中的地位上升了。但是地位逆转的仪式以象征的模式和行为的模式，使一些社会类别和群体形式变得可见。人们认为，这些类别和形式是不言自明的和不变的，无论是在本质上还是在彼此的关系上都是如此。

在认知局面上，没有什么比荒谬（absurdity）或矛盾（paradox）更能突出常规了。在情感层面上，没有什么能够像过度的和暂时被允许的违法行为那样，为人们带来极大的满足感。地位逆转的仪式容纳了这两方面的内容，通过把身处低位者抬高，把身处高位者降低，重新对等级性原则做出了肯定。通过身处低位者假拟（常常会到夸张失笑的地步）身处高位者的举止的做法以及限制高位者的主动权的做法，他们对社会各阶层在文化习俗中可预知的日常行为的合理性做出了强调。从这一点来看，地位逆转的仪式常常处于年度周期中的固定时刻，或是在有限的一段时期之内，与时间不固定的移动瞻礼联系在一起。这是十分合宜的，因为在这里，结构的规则性在暂时的秩序中反映了出来。我们也许可以提出这样一个论点：地位逆转的仪式是临时的，是在灾难威胁整个社区的时候才举行的。但是，我们也可以令人信服地指出，正是因为整个社区受到威胁，人们才会举行这些补偿性的仪式——因为，人们认为，具体的"历史中的非常规行为"，可以改变那些所谓"结构中的永久类别"之间的自然平衡。

地位逆转的仪式中的交融和结构

让我们回到地位逆转的仪式的话题上来吧。它们不仅重新强调了结构的秩序，还使在这一结构中占有位置的真实历史人物之间的关系得以恢复。所有的人类社会都或明或暗地遵循着两种相互对立的社会模式。一种是我们已经见过的，即由法律、政治和经济地位，职务，级别，身份组成的结构。在这一结构中，我们只能在"社会人"的背后含混地对作为个体的人进行把握。另一种社会模式中，社会是由具体而异质的个人构成的交融。这些人尽管在身体与精神的天赋上有所不同，但是在共同的人性的层面上，仍然被看作是平等的。第一个模式是由有彼此区别、由文化定义、有若干区间，并且通常具有等级系统的体制化的位置构成。第二个模式将社会表现为没有彼此区别、同质的整体，而不是被"划分"成级别和身份的"区间"。

在社会生活中，与其中一种模式相一致的行为会倾向于与另一种模式"渐行渐远"。但是，其最终的愿望却是依照交融的价值而行动，甚至在结构中担当角色时也是如此——尽管他以所属文化为依据而做事，也只是被认为是为了达到和维持交融而采取的手段。从这个角度来看的话，季节性周期就可以被视为一种衡量结构从交融中分离的程度的尺度。这种观念适用于处于所有阶层或社会地位上的人，但是对于地位极其之高和极其之低的社会类别或群体之间的关系来说，情况尤为如此。人们使用职位赋予他们的权力，来苛待或虐待那些较低职位的人，这就混淆了地位与地位上的人。而地位逆转的仪式，无论是处在年度周期的策略性的时间点上，还是从人们所认为的"严重的社会罪孽"导致的灾难中产生的，都被认为有着特殊的力量，能够将社会结构和交融重新引入正确的相互关系之中。

阿散蒂人的阿颇典礼

为了做出进一步的阐释，我将在下文引用一段人们所熟知的例子，这个例子是从人类学作品中抽取出来的，所讲述的是加纳北阿散蒂部落的阿颇（Apo）典礼。据拉特雷（1923）在特吉曼人（Tekiman）中所进行的观察，这种典礼在特吉曼新年（公历 4 月 18 日）之前的八天里举行。几内亚海岸的早期荷兰历史学家博斯曼（Bosman，1705），对拉特雷称为"毫无疑问是同样一种"（p. 151）的典礼进行了描述，记载如下："……宴会一共开八天，在此期间，人们可以尽情地唱歌、跳跃、舞蹈、欢笑，还有饮酒。在这个时候，人们享有绝对的自由来对别人进行嘲讽。丑闻被大大地赞扬，以至于他们可以对地位低于自己的人以及地位高于自己的人随便恶语相向，说出他们犯的错误、做的坏事、设的骗局。他们这样做并不会受到惩罚，连最轻微的阻拦都不会碰到。"（Bosman，Letter X）

　　拉特雷的观察足以证明博斯曼对其特点的概括是正确的。他从表达"粗暴或无礼地对某人说话"之意的词根中推出了"阿颇"一词，并且指出，ahorohorua 典礼的另外一个说法可能就是从动词 horo——"洗濯"或"涤净"之意——演化而来的。在阿散蒂人看来，直率、粗暴的言语与净化之间有着积极的联系。这一点在塔克斯（Ta Kese）神①的年长大祭司所说的话中得到了证实。在特吉曼，人们将这段话讲给了拉特雷听，而他将其直译如下：

　　　　你知道，每个人都是有一个灵魂的，这个灵魂也许会受伤害、被碰撞，或是生疾病，这样一来，身体也会生病。糟糕的身体状况往往是别人头脑中所怀的针对你的恶念和怨恨造成的。尽管也可能有其他的原因，比如巫术。而且，你自己心中可能也有仇恨别人的想法，因为那个人曾经对你进行过伤害。这也会使你的灵魂烦躁、生病。我们的先人知道这

179

----

① 亦作 Ta Kesi。——译者注

种情况的由来，所以他们规定每年举行一次活动，每一个男人、女人、自由人和奴隶都可以在活动中发言。他们有绝对的自由来说出他们头脑中所存的想法，把对邻居本人及其所作所为的看法都据实告诉邻居。但这不仅仅限于邻居，还可以延及国王或酋长。当一个人这样自由地讲过话之后，他就会感觉到自己的灵魂冷静、平和了下来，而另外一个公开指责他的人的灵魂也会平和下来。阿散蒂国王也许曾经杀掉了你的孩子，而你对他满怀仇恨。这使他身染疾病，你也身染疾病。当你被允许在他面前把你的想法说出来时，你们两个人都会获益。（p. 153）

我们马上可以从这个本土人的诠释中看到，"地位的平衡"是阿颇仪式的主要功用之一。身居高位的人必须顺服、降卑，而身居低位的人通过直率发言的特权被高举。但是，这一仪式还有更为深刻的意义。结构中的区别，无论是竖直的还是水平的，都是纷乱与分裂的基础所在，也是"某一职位的在任者"与"觊觎同一职位的对立者"之间不等价关系中存在争斗的根源。在本身已经结构化的宗教体系之中——最为常见的建构方式是将太阳年的成分与太阴年的成分整合在一起以及通过气候变化的节点完成——在争吵与纠纷出现的时候，人们处理的并不是这些问题本身，而是采用一种普遍性和混合性的方式，视其为处在仪式周期的某个规律性循环出现的点上。正如阿散蒂人所说，阿颇仪式是在"一年的周期回归的时候"，或是"两个年头的边缘相遇的时候"才会举行。实际上，这一仪式所能提供的，是将前一年在结构的关系里所积存的不良情绪

发泄出去。通过直率的言语来净化结构，使结构变得纯粹，正是为 *180*
了鼓舞交融的精神。撒哈拉沙漠以南的非洲居民有着一个流传很广
的信仰，那就是相信脑中或心中所滋生的怨恨，会对怀有怨恨的人
和遭到怨恨的人造成身体上的伤害。在这里，这一信仰得到了实
践，以此保证错误被消除，而犯下错误的人不会对那些宣称他犯错
的人进行打击报复。既然身处高位的人更有可能对身处低位的人犯
下错误，而不是相反的情形，那么酋长和贵族被看作公众谴责的特
定目标也就不足为怪了。

互相坦诚相见所具有的净化功能，使从结构到交融的仪式性降
格得以实现。矛盾的是，这种降格有着使分类和秩序的原则重新确
立的效果，而社会结构正是基于这些原则产生的。比如，在阿颇仪
式的最后一天，新年即将开始，所有的本地神祇的塑像和一些阿散
蒂族群的神祇的塑像都会从神龛里被依次抬出来，塑像周围是男女
祭司和其他的宗教官员，一直将塑像抬到神圣的塔诺河旁。在那
里，人们将水和粉末状白色黏土的混合物喷洒到神龛和已逝祭司的
涂黑的凳子上，并以之将其清洗干净。特吉曼人的政治领袖酋长并
不在场，但是王太后会出席，因为这是事关神祇和祭司的场合。他
们所代表的是阿散蒂人文化中的普世层面，而不是更为狭窄的结构
层面的酋长意义。有一位祭司身份的发言人，他专事某位神祇。他
一边向着本地神祇中最伟大的塔克斯神的神龛喷洒，一边口念祷
词："我们向你恳求，赐我们以生命。当猎手进入森林里的时候，
求你使他们打到猎物。求你使生育子女的人生育更多的子女。赐生
命给瑶·克拉默（Yao Kramo，酋长名字）吧，赐生命给所有的祭

247

司吧，我们已经拿起今年的阿颇，并将它放进河里了。"（pp. 164～166）在这篇祷词中，普世的性质得到了体现。所有的凳子和所有在场的人都会被水喷洒一遍。在将神龛清洁完毕之后，每个人都会回到村庄里面，此时神龛被重新放进了神庙，神龛平时就放置在这里。尽管是以纵情欢闹的仪式作为结束，这一农神节式的庆典实际上是特吉曼阿散蒂人宇宙论最为复杂的表现形式。这是因为，每一个神祇都代表着一整套价值与思想体系，与在周而复始的神话传说中占据的地位联系在一起。不仅如此，每一个神祇身边都围绕着很多人，这就是对酋长身边围绕着很多人的情况进行的复制，它所象征的，就是阿散蒂人头脑中的结构性等级的概念。好像结构被交融所冲刷、净化了，再一次以洁白闪亮的形象出现在众人面前，即将开始新一轮的结构时间的周期。

　　新年的第一场仪式在第二天举行，主持仪式的是酋长本人。女人不允许在场，即使是王太后也一样。这一点有着重要的意义。仪式在本地神祇塔克斯的神庙中举行。酋长独自向其献上祷告，然后以一头绵羊为祭。这一仪式与前一天的仪式迥然不同。在前一天的仪式上，参与其中的既有男人也有女人，举行的地点是塔诺河（这条河对于所有的阿散蒂人来说都是十分重要的）边的露天场地，有带血的大型祭品，而且酋长被排除在仪式之外。交融是标志着旧的一年结束的肃穆的音符。结构被交融所净化，被祭品的鲜血所滋养，在新年的第一天又重生了。这样一来，属于地位逆转的仪式的许多方面似乎有着这样的效果：不仅暂时扭转了长幼尊卑的顺序，而且首先将"族群统一体"的原则与"等级和部分"的原则划分开来，然后以戏剧化的方式显示出，特吉曼人的统一体——不仅限于特吉曼人的阿散蒂族群本身也包括在里面——是一个区分等级和部分的统一体。

萨温节、万灵节和万圣节

我们已经提到过，强调在结构中处于低下地位者的净化性力量，以及强调将这种力量与良好的生育能力和其他的普遍性人类利益和价值联系在一起，要先于对固定和排他性的结构的强调，比如阿颇的案例。西方文化中的万圣节前夜与此十分相似，它对小孩子和土地众灵所具有的能力做出了强调，并且在时间上处在两个传统的基督教节庆之前，而那两个节庆是代表着基督教宇宙论的结构性级别的：万圣节和万灵节。法国神学家 M. 奥利耶（M. Olier，转引自 Attwater，1961）曾经就万圣节说过这样的话："在某种意义上，它比复活节庆祝或基督升天节庆祝还要盛大，因为基督在这一神秘事件中变得完美。因为，基督作为我们的头，只有在与他所有的肢体和圣人（无论是被封为圣徒的还是没有被封为圣徒的，无论是广为人知的还是不为人所知的）联合在一起的时候，他才是纯粹的，才得以成为完美的。" *182*

在这里，我们再一次见到了关于"交融"与"等级性结构"的完美组合的理念。将天堂描绘成一个等级性的结构，有着不同层次的圣洁性，与此同时，它又是光明的统一体或曰交融，在它里面没有一个地位较低的圣徒会嫉妒地位较高的圣徒，而地位较高的圣徒也不会因地位而自傲。做出这样的描绘的，不仅仅是但丁和托马斯·阿奎那。在这里，平等和等级神秘地统一在了一起。紧随其后的是万灵节，这一节日所纪念的是炼狱中的灵魂，直接强调的是他们比天堂中的灵魂更低的等级性地位，以及生者所享有的积极的交融。生者请求圣徒为那些尚在炼狱中经历阈限性考验的人代祷，也为那些天堂和炼狱中已经得救的逝者代祷。但是，与阿颇典礼上的"任意辱骂"和地位逆转一样，粗暴的力量为良好的等级体系和教历周期中"万圣与万灵"良善的交融赋予了活力。这种力量似乎是从前基督教时代的本土源头演化出来的。但是，在民间基督教的层面上，这种力量的源头却常常被视为地狱。直到公元 7 世纪的时候，11 月 1 日才开始作为一个基督教节日来庆祝，而万灵节一直到 10 世纪才被纳入罗马天主教的仪式之中。在某些凯尔特人地区，异教徒的冬季节日萨温节（Samhain，就是我们的 11 月 1 日）的某些成分被吸收进了这些基督教节日之中。

　　萨温的意思是"夏季的结束"。根据 J. A. 麦克库劳克（J. A. Mac Culloch，1948）的解释，"萨温很自然地指向这一事实：使万物枯萎的力量（冬天是其典型的代表）开始了它的统治。但是这个节日原来可能也有为收获的季节而庆祝的成分，它同时与畜牧联系在一起，因为宰杀牲畜并保存其肉作为冬天的食物是与此有关的……大型的篝火被点燃，它代表的是太阳，而现在太阳的力量已经开始减弱了。点燃篝火就是为了使它的力量魔法般增长……在扎营的地方，篝火被熄灭，这一行为也许是与季节性驱邪联系在一起的。人们将树枝在篝火上点燃，并把它们拿回家以点燃新的篝火。

183

有证据表明，在萨温节上被献为祭（有可能是人祭）的牺牲品担负了社区的困危，就像希伯来人的替罪羊一样"（pp. 58～59）。

在这里，我们似乎可以看到，萨温节与阿颇典礼一样，都代表着季节性的驱邪，以及恢复良好的生育能力，这种能力与宇宙和阴间的力量联系在一起。在欧洲的民间信仰中，12 月 31 日的午夜已经与巫术和魔鬼的阴间力量联系在一起了，就像圣沃尔普尔嘉之夜（Walpurgisnacht）和塔姆·欧山特（Tam o' Shanter）① 所经历的万圣节前夜一样，几乎送掉性命。随之而形成的是一种由无辜者与行恶者，即小孩子与巫婆组成的奇怪的联盟。他们以"不给糖就捣乱"这种假装的慈悲和恐吓使社区得以净化，并为交融性的南瓜馅饼（形状如同太阳）大餐做好了准备——至少在美国是这样的。但是，正如戏剧家和小说家所熟知的那样，少许罪孽和邪恶似乎是必需的燃料，能让交融的火焰烧得更旺——尽管要运用细致入微的仪式机制使这些火焰不会吞噬人，反而为家庭所用。任何一种宗教体系，只要它是与人类发展的结构性周期紧密结合在一起的，那么在它的中心，总是会有"有福之罪"（felix culpa）。

性别、地位逆转和交融

其他的地位逆转的仪式，还会涉及男性的权威和角色被女性所替代的情况。这种仪式会在节期变更的某些节点上举行，祖鲁人的

---

① 见罗伯特·彭斯所著之诗"Tam o' Shanter"，讲述了农夫塔姆·欧山特醉酒后遇到女巫和魔鬼，被发现之后骑驴仓皇遁逃的故事。——译者注

农库布瓦纳（Nomkubulwana）典礼就是一个这样的例子。马克斯·格拉克曼（Cluckman，1954）曾经对此进行过分析，"在这一典礼举行的时候，女人会被赋予主导性的角色，而男人会被赋予从属性的角色。当粮食作物开始生长的时候，祖鲁人领地中的各处都会举行这些仪式"（pp.4～11）。在南部和中部的很多班图族社区之中，我们也可以见到相似的仪式。在这些仪式中，女人会穿上男人的服装，并且放牧牛群、挤牛奶。当激烈的土地争端或严重的自然灾害——比如虫灾、饥荒或旱灾——发生的时候，这类仪式的举行就会更为频繁。彼得·利格比博士（Dr. Peter Rigby，1968）出版了一本著作，其中详尽地描述了坦桑尼亚的戈戈人（Gogo）所举行的这类女性仪式。其他的权威人物，比如艾琳·克利奇（Eileen Krige）、格拉克曼和于诺，也在不同的地方对这些仪式进行过细致的讨论。由此，我仅仅指出一点：在这些仪式产生的所有情况中，人们都心存这样一个信仰，即出于某种原因，男人（有的还在社会结构中占据重要位置）引起了众神或祖先的不满；或者是另一种情况，即男人将社会和自然之间的神秘平衡改变了，结果社会的混乱引起了自然的异常。

简言之，由于对一些特定的或部分的利益进行争执，那些在结构中处于较高地位的人给本地的社区招来了灾祸。这样一来，只有那些在结构中处于较低地位的人才能进行拨乱反正的工作，在祖鲁人的例子中，被视为这类人的是年轻的女人，在平常的状态下，她们总是受父权（patria potestas）控制或是处在丈夫的手（manus）

底下，她们代表着交融，或超越所有的内部纷争的"全球性社区"。她们通过象征性地暂时剥夺那些在结构中处于较高地位的人（也就是男人）的武器、服饰、装备以及行为方式，来达到这一目的。但是旧有的形式现在添了新的内容。此时交融本身戴上了结构的面具，对原来的权威进行掌控。结构的形式剔除了自私的成分，交融的价值与结构的形式联合在一起，使结构的形式得到了净化。此时，平常被人们看作处于"为司法和政治地位而争斗"的层次以下的人，却能够使被自私的争斗所分割、被心中的恶意所遮盖的统一体得以复原。但是，"处于……之下"有两方面的意思：它不仅仅指在结构中处于较低的地位，也指所有的社会生命共同的基础所在——大地和它的果实。换句话说，一个社会层面上的法律，在另一个社会层面上可能只是基础的东西。

　　少女常常是主要的仪式参与者，这一点或许有着十分重要的意义：她们还没有成为孩子的母亲，而孩子在结构中的地位会再一次为对立和竞争提供基础。但是，地位的逆转是历时短暂的、昙花一现的（如果你愿意的话，也可以称之为"阈限的"），这一点无法避免。这是因为，社会性的彼此关系所具有的两种模式，此时在文化上是两极对立的。让女孩子去放牧与阶层的划分是相互矛盾的，这样的一个矛盾只能在仪式的阈限中才能存在。如果不改变其性质，不再成为交融的话，交融就无法支配资源或行使社会控制权。但是，它能够通过短暂的天启来"焚烧"或"洗净"——无论用什么样的隐喻来表示净化——结构所累积的罪孽和纷争。

185

印度乡村"爱筵"中的地位逆转

迄今为止，我们在地位逆转的仪式中已经有了不少的发现。现在让我们来对此进行一下总结吧：弱者戴上面具，装成拥有侵略性力量的样子，而伴随着强者的是谦卑与顺服的面具，这是除去结构产生的"罪孽"和日后被嬉皮士称为"大难题"的事物，是使社会得以净化的设置。这时，供人们满怀欢喜地经历交融的舞台已经搭好，随之而来的却是严肃地回归已经净化和重新激活了的结构。对这种仪式过程所做出的最好的"内部"记述之一，我们可以在一篇文章中找到。它的作者就是分析印度乡村社会的专家麦基姆·马里奥特（McKim Marriott，1966），他的著述向来严肃认真、不带个人偏见。在这篇文章中，他对基山加希（Kishan Garhi）村举行的洒红节（Holi）进行了讨论："这个村庄坐落在朱曼（Juman），位于马图拉（Mathura）和伏林达坂（Vrindaban）之间，从这里到神话中年轻时的克利希那所居住的毗罗阇（Vraja），大约要步行一天。"事实上，仪式中的统领神祇就是克利希那，而人们向马里奥特所描述的"爱筵"（the feast of love）仪式，是春天的节庆，是"一年之中最盛大的宗教庆祝仪式"。此前一年，在马里奥特刚刚从事田野工作的时候，就被拉入了这些仪式。他被哄骗喝下过掺有大麻的混合饮料，被赭石涂抹身体，还被当地人兴致十足地拳打脚踢。在深入参与的这一年里，他对这些喧闹的仪式可能具有的"社会功能"——这是基于拉德克利夫-布朗的说法——进行了考证：

迄今为止，我已经在这里进行了一年之久的观察，而"爱的节日"又将来临了。我对自己的身体状况十分清楚，但是我提前做好了准备，了解了关于社会结构的知识，这些知识也许会让我更好地理解即将到来的事件。这一次，我一口大麻也没有抽，却目睹了洒红节的喧嚣降至一场异乎寻常的社会秩序整顿。但是，这一秩序与日常生活的社会原则和仪式原则完全是相反的。洒红节上的每一次骚乱，都暗示着村庄日常的社会组织所具有的某些相对立、有积极意义的规则或事实。

那些男人是谁？他们的小腿被女人无情地击打，却面带微笑。这些人是村庄里最为富裕的婆罗门和贾特（Jāt）农场主，而击打他们的人是热情洋溢的"本地拉达"，她们被称为"村庄中的妻子"。真实的亲属关系体系和虚拟的亲属关系体系，都在这一称呼中得到了体现。"大哥"的妻子正是男人开玩笑的对象，而"小弟"的妻子被带离他的身边，依据的是终极尊敬之规则。但是此时，在超越所有的低等家系与关系的革命性的"妻子"阴谋集团那里，这二者与男人的"母亲替代者"（他的婶婶）一起出现了。事实上，在这个隐而不现的军队里，那些最勇敢的击打者常常就是农场主所雇用的低种姓耕夫、工匠或仆役的妻子——那些"遭殃者"的姘妇和厨娘。"做面包去！"农场主这样支使眼下攻击他的这些人。"想不想让我给你下点种？"另外一个心情不错的遭殃者喊道；他一次又一次挨了狠打，却没有趴下。六个婆罗门男人一瘸一拐，气喘吁吁地从住所逃离。他们都有50来岁，是这个村庄社区的中流砥柱。

255

现在，追在他们身后的，是一个身材高大，手持长棍的年轻扫厕工（Bhangin）。村庄里的男人都在混战，村庄里的所有女人却分散了开来。但是，她们已经做好了准备，要对那些外村——与本村人有通婚关系的村庄——中闲暇之时信步来访的男人（潜在的丈夫人选）发动袭击。

倒骑在毛驴上的那位"洒红节之王"是谁？他是一个略为年长的高种姓男孩，出了名的小霸王。眼下，受过他欺负的人联合在一起，把他架到了驴身上。但是，他看上去正在十分快乐地享受着自己的遭遇。

在陶工小巷里满怀激情地同声歌唱的是谁？不仅是那些居住于此的种姓的人，还有六个洗衣工、一个裁缝和三个婆罗门。在每一年中，只有这一天他们会聚集在一起，仿照众神友谊的样式来组成理想中的乐队。

那些装扮成"牧牛人"，将泥土和灰尘堆在所有上流公民身上的是谁？他们是运水工、两个年轻的婆罗门祭司，还有一个理发师傅的儿子。在日常的例行洁身事务这一方面，他们都是专家，热切地盼望着一展身手。

这是谁的家庭神庙？它被不知名的人寻开心，用山羊骨头装点了一番。这是一个婆罗门寡妇的神庙，她总是不断地把邻居和亲属告到法庭，人家不堪其扰。

这是谁的房子？在房子的前面，村子里的职业苦修者在唱滑稽逗笑的挽歌。这座房子属于一个非常活跃的放贷人，他收债向来准时，慈善却付之阙如：就是因为这个，他才远近闻名。

　　人们快乐地给一个人的整个脑袋涂上一把又一把鲜艳的红色粉末，额外再添上一加仑①柴油。这又是谁？他是村庄里的地主，而在他的脑袋上乱涂的是他的表弟，官拜基山加希的警察局长，地主最大的对头。

　　被迫在街上舞之蹈之，像克利希那一样大吹其笛子，脖子上还挂着一圈旧鞋当花环的是谁？就是本人：来访的人类学家。他问的问题太多了，还总是要求人家做出正经的回答。

　　在这里出现的，实际上是许多种村庄之爱的混合体——对父母和恩主的尊敬之情；理想化了的兄弟之情、姐妹之情，还有同志之情；人们想与神祇联合在一起的渴慕之情；满怀性欲的男人的渴望之情——忽然之间，所有这些情感的强度都同时增加，突破了原有的狭窄坑道。原来的种姓和家庭是彼此隔膜的，但是所有这些无界限的单边的爱，淹没了原有的歧视与漠视。无法控制的性冲动淹没了所有业已建立起来的等级体系，无论是年龄等级体系、性别等级体系、种姓等级体系、财富等级体系，还是权力等级体系。

　　这个印度北部乡村版本的克利希那教导，其社会意义与耶稣的登山宝训所隐含的保守社会意义并没有什么两样。登山宝训进行了口气严肃的训诫，但是与此同时，又把对世俗社会秩序的毁灭往后推延，一直推延到了十分遥远的将来。不过，克利希那并没有把神圣者进行清算的这一天推延到审判日，而是

---

　　①　1加仑约合 3.8 升。——译者注

对其做出了十分规律的安排，就像安排每一场三月份月圆之夜的假面舞会一样。克利希那的洒红节也并不仅仅是爱的教导：更恰当地说，它是一幕戏剧的脚本，每一个献身其中的人都会充满激情、充满欢乐地进行这场演出。

洒红节的戏剧化平衡——世界的毁灭和世界的更新、对世界进行污染之后再对世界进行净化——不仅会在结构原则的抽象层面上产生，也会在参与其中的每一个人身上产生。在克利希那的监管之下，每一个人都在扮演着与他自己相反的角色，经历着这一角色在这个时刻的生活。平时专心服侍的妻子扮演起了作威作福的丈夫，反之亦然；抢夺别人资财的扮演起了被人抢去资财的；仆人扮演起了主人，敌人扮演起了朋友；处处受到限制的年轻人扮演起了公众的统治者。对别人进行观察的人类学家，平日一直对那些将人们纳入轨道的力量进行观察和研究，而眼下却被迫扮演愚不可及的乡下土包子。每个人都快乐地拾起了别人的角色，拾起了与自己平时迥然不同的人的角色。因此，每个人都可以从中学会如何重新扮演自己平时的角色。这时，他们一定拥有了更新的理解力，也许举止也会更加有礼，甚至还会以爱来回报他人。（pp. 210～212）

我对马里奥特的记述不免有一两处吹毛求疵的地方，但这篇记述仍然是令人赞许、共情色彩很重的。"淹没了所有业已建立起来的等级体系，无论是年龄等级体系、性别等级体系、种姓等级体系、财富等级体系，还是权力等级体系"的，并不是所谓"性冲动"的生物学推动力，而是对交融的解放性经历。而交融，按照布

188

莱克的口吻，是"心智的东西"——也就是说，它涉及对另一个人的全部认知。交融并不仅仅是本能的，它还涉及意识和意志。洒红节中地位的逆转将男人（和女人）从结构中释放了出来。在某些条件下，在词源学中"作为个体的人站在他在结构中地位的外面"的意义上，这可能是一个让人"狂喜"的经历。"狂喜"（ecstasy）＝"存在"（existence）。还有，我不可能从演员所扮演的"另外一个自我"（alter）之中推衍出马里奥特感觉到的"回报他人的爱"。我更倾向于将这个模拟的"扮演角色"仅仅看作摧毁所有角色、为交融的出现做准备的工具。不过，马里奥特确实已经对地位逆转的仪式进行了详尽的描述，也把握了其显著的特征：在结构中处于低下地位的人在仪式中的主导地位；这些人粗俗的谈吐和无礼的行为；在结构中处于高于他们的地位的人的"象征性谦卑"和"实际上受到的羞辱"；那些处于结构"之下"的人所表现出来的跨越结构界限的交融，这种交融始于强力，结束于爱；还有，最后一项是对等级体系（也就是设有级别的组织）的原则的强调，而不是推翻。而这一等级体系毫无疑问是已经净化了的。这种净化甚至（这一点很矛盾）是对很多印度污染法则的违背所导致的。净化的手段是地位的逆转，凭借这一过程，它仍然是村庄生活结构的脊柱。

谦卑和地位逆转的宗教

到目前为止，我一直在对某些社会中的宗教体系的阈限仪式进

189 行讨论。这些社会是高度建构、具有循环性和重复性的。我将会试探性地提出一些观点，以此来继续下面的讨论。即"地位提升的仪式的阈限"与"地位逆转的仪式的阈限"之间存在的某种差别，这种差别似乎也存在于超越部落范围的宗教中，至少在其早期阶段，尤其是在迅速的、史无前例的社会变革的时代，而它们本身就含有阈限的特征。换句话说，有的宗教与地位提升的阈限是很相似的：它们强调谦卑、忍耐，以及地位、财产、年龄、性别和其他自然或社会特殊性之间的差别。不仅如此，它们还对神秘的合一、灵照性（numinosity）和无差别的交融进行了强调。这是因为很多宗教都认为生命本身就含有阈限阶段，而葬礼仪式是为初次受礼者再次聚合到更高水平或层面的存在——比如天堂或涅槃——做准备的。与此相反的是，其他一些宗教运动却显示出了部落或农民地位逆转的仪式的很多特点。地位逆转的阈限并没有取消多少结构的差别，而是对其加以强调，甚至到了（常常是无意识的）歪曲的地步。与此相似的是，这些宗教对以下的内容做出了显著的强调：宗教领域内的功能性差异和/或世俗地位的宗教性逆转。

南非分离主义中的地位逆转

桑德克勒（Sundkler，1961）对南非班图族的分离主义进行了研究，我们可以在他的研究中找到一个十分清楚的"地位逆转的宗教"的例子。众所周知，南非现在有非洲人组织的一千多个较为小型的教会和小宗派，它们都是从白人差会（mission churches）或

260

其他的黑人教会之中分离出来的。桑德克勒对祖鲁地的非洲人独立教会进行了研究，他用这一事例阐述了"天堂里的肤色门槛逆转"：

> 在这个国家里，不负责任的白人告诉非洲人，耶稣是白人的上帝。非洲人对此进行了报复，将肤色带进了天堂。肤色情结使他们将自己的天堂画成了黑色，而掌管天堂的是黑人基督。在天堂的门口，著名的祖鲁先知舍姆比（Shembe）将白人挡在外面，因为他们是财主，生前已经享过福了，他只为忠实的信徒开门。至于那些属于白人差会的非洲人，他们的命运就比较凄惨："一个种族不可能从另一个种族的门进天堂"，他们到了白人的门口的时候，就会被挡在外面……肤色情结使耶稣的比喻得到了实际应用。这里还有一个比喻，我在一些锡安主义的教堂里听人们提起过："有这样十个童女，五个是白人，五个是黑人。其中五个白人童女是愚拙的，而五个黑人童女是聪明的，她们拿着灯，又预备油在灯里。十个童女都来到了门前，但是五个白人童女得到的答复和财主得到的答复一样：因为白人统治全地，所以黑人统治天堂。白人不得不苦苦哀求，想用指头尖蘸点凉水。但是他们只能得到这样的回答：'不行（Hhayyi），谁也不能统治两次。'"（p. 290）

190

我们会注意到，地位逆转在这里并不是一整套仪式体系的一部分。仪式体系的最终效果，是为结构等级中不同的阶层提出和解。我们所涉及的并不是已整合的社会体系，在这样的体系中，交融是遍布整个结构的。这样一来，我们强调的只有地位逆转的方面，并且十分希望这是人类的终极状态。不管怎么说，这个事例是富有指导意义的，它显示出：将等级性（无论是直接的还是逆转的等级性）作为宗教生活的一个普遍特征来强调的宗教，是从依靠强力和共识共同作用的社会-政治体系里面"在结构中处于较为低下地位的人"中间产生的。在这里还有一点值得指出，那就是在南非的这些小宗派之中（尽管它们规模很小），有很多已经建立了细致的神职人员等级体系，而妇女常常在仪式中担任重要的角色。

美拉尼西亚千禧年主义中的虚拟等级

尽管关于宗教运动和半宗教运动的文献并没有为我所持的理论提供完全的支持，而且还有许多问题和困难尚待解决，我们仍然能够找到足够的有力证据来证明：在结构中处于低下地位的群体或类别所特有的宗教模式，在很短的时间之内就会采纳等级体系的许多外在特征。这些等级体系可能仅仅将世俗的阶层进行了转换，或者对世俗的框架进行了替换，代之以教会的结构或赋之以末世论的信仰。我们在彼得·劳伦斯（Peter Lawrence）的《船货之路》（*Road Belong Cargo*，1964）一书中，能够找到一个很好的例子，这就是：一场运动试图以有组织的形式对欧洲的社会结构进行复制。在一位马当（Madang）美拉尼西亚先知雅利（Yali）的计划中：

> 人们将会放弃小村庄里的生活，改为在规模较大的"营地"里共同居住。在那里，他们的房子将沿着街道搭建，并以鲜花和灌木丛加以装点。每个"营地"里面都会建一个新的

"休息中心"，名字也不再是原来的"行政官邸"（haus kicp），而是叫作"雅利之家"（haus yali）。当雅利以行政官的身份，力所能及地对民众进行访问的时候，就住在那里。每个"营地"都要建造像样的卫生间，新修的马路也必须贯穿整个营区……原来的头人必须要被"孩子上司"所取代，他们的职责就是监督重建的工作，并保证雅利的命令都得到执行。一夫一妻制得以推行，丈夫必须与二房的太太离婚，让她嫁给单身的男人。（p. 160）

其他模仿欧洲的行政结构、物质文化和宗教文化特征也被带入了这个"船货崇拜神秘教派"。当然，其他的船货崇拜神秘教派在结构上也具有相似的特点。而且，他们还持有这样一个信仰，即欧洲人会被驱逐出去或横遭毁灭，但是他们自己的祖先和活着的先知会在一个虚拟官僚政治的结构中统治他们。不过，"从阈限-宗教状态中产生的虚拟等级体系，仅仅是在结构中处于低下地位者的产物"这个说法究竟是不是属实，还是不能确定的。我坚持认为，地位逆转的因素是与结构中永恒性的低下地位联系在一起的。但是，有细致的阶层划分的仪式等级或礼仪等级很可能代表着世俗平等主义群体的阈限，不管这些群体在较大社会中处于什么样的阶层。我们立即就能够想到共济会（Freemasons）、蔷薇十字会（Rosicrucians）、马鹿兄弟会（Elks）、西西里黑手党，以及其他种类的秘密社团和兄弟会。这些组织都设有细致的仪式和礼仪，而且普遍都有浓烈的宗教色彩。这些组织的成员常常是从阶层成分相似的人们所组成的社会-政治社区里面招募的，他们持守着同样的平等主义价

192

值，经济消费的水平也很相似。

我在这里所举的例子也是地位逆转的一个方面，这一点毋庸置疑——因为阈限的等级是与世俗的平等互相抵触的——但与其说这是对一个特定的结构体系内部阶层秩序的颠倒，还不如说是以一种类型的体系（等级性的）来代替另一种体系（平等主义的）。在有些情况下，比如在黑手党、三K党和一些中国的秘密帮派中，阈限等级会要求设立工具性的政治价值观和功能，并且会失去其"演戏"的空想性质。当这样的情况出现的时候，对于政治性或半军事性的行动所具有的"有指向性"和"有目的性"的特点来说，等级模式对于其组织要求而言很可能是十分合适的。这就是为什么在研究共济会和加利福尼亚的"地狱天使"（Hell's Angels）飙车党，并在他们之间进行比较的时候，对"他们在其发展周期之中到达了什么阶段"和"在什么样的社会领域现有条件下他们才会出现"这两个因素进行确认是十分重要的。

地位逆转和虚拟等级体系的一些当代实例

在这些阈限运动之中，随着成员数量的增加，等级制的组织也必须发展——这一观点很可能会遭到反对。但是很多实例都证明，这样的运动中有着为数众多的职位，成员的数目却很有限。例如，康奈尔大学的埃伦·C. 斯皮尔斯（Allan C. Speirs, 1966）描述了犹他州的亚伦族（Aaronites）社区。这是一个从摩门教分离出来的小宗派，成员仅有两百多人。尽管如此，他们却有着一个"复杂的

等级结构，与摩门教有些相似……他们设立了众多的职位，如第一　*193*
大祭司、第二大祭司、会长、第一副会长、第二副会长、分会祭
司、公会主教、教师，以及执事"(p. 22)。罗彻斯特大学的 R. 林肯·
凯瑟（R. Lincoln Keiser）著有几篇已经发表的文章和几部未经发
表的手稿，其中描述了一个十分特殊的群体：一个名叫"保守派恶
行党"(Conservative Vice Lords）的芝加哥的黑人青少年团伙，也
可称之为"俱乐部"或"部族"。凯瑟先生慷慨地让我阅读"泰迪"
（"恶行党"的领导者之一）的精彩自传。这些"恶行党"会开展一
系列礼仪性的活动，比如为死掉的或进了收容所的成员举行的"饮
酒典礼"。在这些场合和其他的场合中，他们会身着典礼制服：黑
色或红色的斗篷。

　　"恶行党"和"埃及眼镜蛇"（Egyptian Cobra）与"帝国牧师"
（Imperial Chaplains）之类的团伙相比有着一个显著的特点：他们
的组织具有复杂和等级的性质。例如，"恶行党"成员有"高级"
"初级"和"低级"之分，这是依照加入团伙的先后时间来定的。
不仅如此，这样的等级划分还推及地域性的分支，这些分支汇总在
一起就构成了"恶行党国度"。"泰迪"是这样描述圣·多马分支的
组织结构的："在圣·多马，帮会中的每一个人都有职务，从刚刚
入会的时候就是这样。领头的是会长、副会长、财务官、首席战争
顾问、战争顾问，还有警卫官。"（p. 17）总体来看，在没有为争夺
对地盘的控制权而彼此斗殴的时候，这些团伙成员的行为举止还是
相当随意和带有平等主义色彩的。但是在正式的场合和礼仪的场合
中，他们的结构却与平等主义完全相反。此时，职位的高低次序有

了十分严格的规定，而那些本想从最初的"俱乐部"中独立出去的分支，也被迅速地拉拢归队。

在结构中处于低下地位的类别倾向于获取等级阈限。在这一点上，"地狱天使"（加利福尼亚的一帮年轻摩托骑手）为我们提供了一个当代的范例。亨特·S. 汤普森（Hunter S. Thompson，1966）声称，这个飙车党的成员大多都是第二次世界大战之前迁居加利福尼亚的居民——山里人、俄克拉荷马州人、阿肯色州人还有阿巴拉契亚山人——的孩子（p. 202）。现在，这些人是"扛码头的、管仓库的、开卡车的、修机器的、当职员的，还有随处找活的——什么活计都可以，只要工钱付得快，而且不用永远为一家公司效力。有一份稳定的工作和体面的收入的，恐怕十个人里面才能挑出一个来"（pp. 73~74）。他们称自己为百分之一人，就是"那百分之一与社会格格不入，也并不在乎融不融入社会的人"（p. 13）。他们将"正常"世界的成员称为"公民"（citizens），而这一称呼的隐含意义就是：他们自己并不是公民，他们选择跳出这个结构性制度。尽管如此，他们还是像那些黑人"恶行党"一样，构成了正式的组织。组织中设有复杂的成长仪式，而组织成员的级别由徽章来标明。他们还有一系列章程，一个仲裁委员会，其中包括主席、副主席、秘书、财务员还有警卫官，以及每周召开一次正式会议。

我们可以发现这样一个现象：世俗的联合性组织所具有的结构，在"地狱天使"那里得到了复制。但是在他们的成长仪式中，我们确实能够找到地位逆转的成分。在这一仪式中，新入会的"天使"将干净、崭新的牛仔裤和夹克衫带到指定地点去，为的就是将它们泡在粪便、尿液和油污中。他们浑身肮脏、褴褛，衣服的"尊容"已到快要散架的地步。这是现在的地位的标志，这一地位是对困在地位和结构中的"公民"的"干净和整洁"标准的逆转。尽管"恶行党"和"天使"们设的是虚拟等级，但是他们都对交融的价值进行了强调。例如，"恶行党"的"泰迪"就对全体公众做出过这样的评价："过不了多久，他们就会说我们是有组织的。但是我们心里想的是，我们只不过是哥们儿而已。"（Keiser，1966）汤普森也常常对"地狱天使"的"团结性群体"（togetherness group）这一特点做出强调。这样一来，虚拟结构看上去就不再是与真正的交融不一致的了。与其说这些群体以真诚的热情致力于社会-经济结构的构建，不如说他们在玩一场结构的游戏。大体上看，他们的结构还是"很富有表现力"的，尽管还有一些手段性的成分。但是，在某些情况下，这类富有表现力的结构可能会转化为实用性的结构，就像中国的秘密帮派——比如古斯塔夫·施莱格勒（Gustaaf Schlegel）在《洪门》（*The Hung League*，1866）一书中讨论过的"三合会"——的实例一样。与此相似的是塞拉利昂的泼罗（Poro）社团的礼仪性结构。在1898年的门德人（Mende）起义中，这一结构被用作政治性叛乱组织的基础（Little，1965，各处）。

谦卑的宗教及其来自社会高位的创始人

很多宗教、意识形态运动以及道德运动的创始人，都在结构中 *195*
拥有很高的地位，即使不是很高，也是受到人们高度尊敬的。这样的例子我们可以举出很多。有一点尤其值得我们注意：在这些创始人的基本教导中，"剥去属世的差异、财产、地位"等内容随处可见，而且很多都对男性和女性的"属灵"身份或"实质"身份做出了强调。在这些方面以及其他很多方面，他们所致力于创造的阈限宗教状况——他们的追随者从世界中抽身出来并进到阈限宗教状况里——与部落的生命危机仪式中的隔离期阈限有着极其相似的关系。当然，在其他地位提升的仪式中也是一样。身份降低和举止谦卑并没有被看作这些宗教的最终目标，而仅仅是阈限阶段的特点，信徒们必须经过这个阶段，才能一路走下去，最终走上天国、涅槃或乌托邦之路。这是以退为进（reculer pour mieux sauter）的实例。当这种宗教流行起来，而且众多在结构中处于低下地位的人纷纷投身其中的时候，显著的改变常常会发生，宗教会向着等级性组织的方向转移。在某种意义上，这些等级体系是"反向"的——至少在占主流的信仰系统中是这样的——因为其领导人（无论是一个还是多个）像教宗一样，是作为"上帝仆人的仆人"的身份出现的，而不是暴君或独裁者。担任职务者将属世的权力交卸，并会采取"顺服、谦卑和尽职尽责关照教内成员甚至所有的人"的态度。尽管如此，就像南非的分离主义小宗派、美拉尼西亚的船货崇拜、"亚伦族"宗教团体、青年黑人团伙，还有"地狱天使"一样，一种宗教或礼仪性组织的大众化扩展常常会导致其变得等级化。首先，将数目众多的成员组织在一起是个问题。其次，在具有复杂等级体系、人数很少的小宗派里，常常会出现这一情况：贫穷和软弱的人的阈限披上了世俗结构的外衣，而且还以家长力量作为伪装。

在前文对假扮成动物和怪兽的讨论中，我们就已经看到了这一点。

佛陀

很多宣讲谦卑和交融的价值的宗教创始人，在结构中都处于较高地位或其地位得到了坚实的确立。如果要举例的话，我们可能会提到佛陀、圣·方济各、托尔斯泰、还有甘地。而耶稣的情况就不是那么清楚了：尽管马太和路加将他名义上的父亲（pater）约瑟的家系上溯至大卫王，尽管在许多农业社会中，木匠具有相当重要的意义和相当高的地位，耶稣却通常被认为是"和人民在一起的人"。据资料记载，佛陀的父亲是释迦族部落的酋长，地位十分显赫；而他的母亲摩耶夫人是附近一个王国的公主，这个王国坐落在喜马拉雅山的东南方。根据广为流传的记述，这位王子的名字叫作悉达多，在王家宫殿护卫的高墙内度过了 29 年被百般呵护的生活，只等着接替他父亲的王位了。接下去就是著名的"三次冒险"的故事，他和他的马车夫阐陀三次走到宫门之外，见到了外面的世界。在这三次冒险之中，他先后遇见了一位被繁重的劳役折磨得疲惫不堪的老人、一个身患麻风病的人，还有一具正在腐烂的尸体。这是他第一次看到在结构中处于低下位置的人的命运，也是他第一次目睹死亡。在此之后，他刚刚回到宫殿里，就碰上了庆祝大典。音乐的声音此起彼伏，庆祝他的长子暨王位继承人的诞生——这是对他的世系延续的保证。但是他闷闷不乐，行使权柄和能力的义务也成了他的烦恼。他和阐陀一起偷偷溜出了宫殿，在印度的普通民众之中游荡了很多年，了解了种姓制度的现实。过了一段时间，他变成了一个苦修的隐士，跟随他的还有五个弟子。但是，这种结构的形式仍然没有使他得到满足。当他在菩提树下进入禅修状态（他以此而出名）的时候，已经是在很大程度上对宗教生活的严苛加以修正。得道之后，他将自己生命余下的 45 年用在了讲道上，而他所传讲的，实际上是很简单的课程：无视种族、阶级、性别或年龄的差别，对所有的人都心怀谦卑和顺服。他宣讲他的教理并不是专为了让哪一个阶级或种姓获得好处，甚至最卑贱的"被社会遗弃的人"都可以称自己为他的弟子，有时他们确实也这样做了。

197　　在佛陀的身上，我们看到了一个经典的实例：这位宗教创始人原本"被赋予了结构中很高的地位"，但是他将自己所拥有的尽数散去，将自己与其他人视为平等，他表现出了弱者和穷人的举止。通过这些行为，他经历了成长仪式，进入了交融之中。在印度这个地方，我们还可以进一步引用很多实例，来表明那些"在结构中处于较高地位的人"是如何通过抛弃财富与地位来宣扬"神圣的清贫"的，比如才檀雅（见本书第四章）、大雄（Mahavira，耆那教的创始人，与佛陀同时代但略早一些），还有锡克教的创始人那纳克（Nanak）。

甘地

在近代，我们还可以看到莫罕达斯·卡拉姆常德·甘地（Mohandas Karamchand Gandhi）的生平和他的献身，其给人留下的印象十分深刻。甘地作为宗教领袖的身份至少不亚于政治领袖。正如他在自己的自传（1948）中所写的："甘地家族……从

我的祖父开始算，一共有三代……在好几个卡替阿瓦（Kathia-
wad）土邦里担任首相的职务。"（p. 11）他的父亲卡巴·甘地
（Kaba Gandhi）在一段时期之内先后担任过拉吉科特（Rajkot）和
万卡纳（Vankaner）的首相一职。甘地在伦敦学习了法律专业，
在此之后去南非从事法律方面的工作。但是，他很快就放弃了财
富和地位，转而带领在南非的印度人为正义得到更大程度的伸张
而斗争。在此期间，他发展了自己的非暴力和"真理的力量"的
主张，使之成为一个有力的政治和经济手段。

　　在此之后，甘地作为印度"国家独立运动"的主要领导人度
过了后半生。这一点大家都十分清楚。在这里，我只想从他的自
传（1948）中引用他对"割舍财产，使自己跟所有人一样平等"
的一些想法。甘地一直对印度教的精神指南《薄伽梵歌》一书景
仰之至，他在经历信仰危机的时候，就会转向这本"行为的字
典"，来寻求内在难题的解决方案。

　　　　不拥有财产（aparigraha）和平等（sambhava）这样的词
　　　使我着迷。如何培养和保持平等是主要的问题。人们应当怎样
　　　才能对侮辱他人、粗鲁无礼、贪污腐败的官员，昨天还在不断 *198*
　　　提出没有意义的异议的工友，还有一直对别人友好的人一视同
　　　仁呢？怎样才能使人将所有的财产都抛下呢？身体本身不也是
　　　财产吗？妻子和孩子又是不是财产呢？我应不应该将书柜中所
　　　有的书都毁掉呢？我是不是应该抛下一切所拥有的，来跟随
　　　神？答案来得很直接：要是不放弃所拥有的一切，就不能跟随
　　　他。（p. 323）

最终，在某种程度上也归因于他对英国法律的研究［尤其引人注意的是斯奈尔（Snell）对平等原则的讨论］，甘地开始理解了"不拥有财产"更深层的教诲意义。这就是：渴望得到救赎的人"应该表现得像受托人一样，尽管对为数众多的财物有控制权，却不把哪怕其中的一点点视为自己的"（p. 324）。就是这样，尽管走的是另外一条道路，甘地与天主教会在这一方面却得出了一样的结论：在拥有财产（dominium）和支配财产（usus）之间有着法律上的区别。甘地对自己的新信条恪守不渝，因为他已经相信"神既然已经创造了我的妻子、孩子和我，就必然会看顾我们"（p. 324）。

基督教领袖

在基督教的传统之中，也同样有不计其数的修道会和小宗派的创始人出身于社会金字塔的上层，但是他们所宣讲的，却是"生命危机的阈限成为救赎的道路"这一形式的理论。如果要列出一个最短的名单的话，我们可能会举出天主教中的圣·本笃、圣·方济各、圣·多明我、圣·克莱尔（St. Clare），还有阿维拉的圣·德兰，以及新教中的卫斯理家族（他们推崇的是"朴素的生活，深邃的思考"），教友会（Quakers）的创始人乔治·福克斯（George Fox），还有（下面引用一个美国的例子）亚历山大·坎贝尔（Alexander Campbell）——"基督门徒"（Disciples of Christ）的领导者，他致力于在新教的背景下，使初期基督教的形式得以恢复尤其是初期基督徒团契的情况。这些基督教的领导者都有着殷实的中产阶级背景，但是他们却力求在追随者之中推行简单、朴素的生活方式，消除世俗地位的区别。他们的运动很快就屈从于"世界"了。而且，实际上就像韦伯给我们展示的那样，它们在"世界"之中依然得以发展壮大，这对他们最初的意图并不能算是一个打击。实际上，就像我们所看到的那样，这种运动的常规轨迹就是使交融从一种状态降为在不断发展的结构中担任职务的状态。

托尔斯泰

对甘地产生深远影响的不仅仅是印度教的某些方面，伟大的信奉基督教的无政府主义者和小说家列夫·托尔斯泰的话语和著作也对他影响甚大。甘地曾经写道，《上帝的国就在你们心里》（*The Kingdom of God Is Within You*，1948）一书"完全征服了我，给我留下了不可磨灭的印象"（p.172）。托尔斯泰是富有的贵族，也是一位著名的小说家。在他 50 岁那年，他经历了一场信仰危机，在此期间他甚至考虑过自杀，想以此来摆脱上流社会、知识分子以及美学专家过的那种毫无意义、肤浅苍白的生活。在这个时候，他忽然明白："如果想要理解生活的话，我要理解的就不是比如我们这些'生活的寄生虫'的常理之外的生活，而要去理解淳朴的劳苦大众——创造生活的人——的生活，以及他们为之赋予的意义。在我身边，最为淳朴的劳苦大众就是俄罗斯人民，我转向了他们和他们所给予的'生命的意义'。如果要将这一意义用语言表达出来的话，就是这个样子的：每一个人来到世界上都是上帝的旨意。上帝将人创造成了现在的样子，使每一个人能够毁灭或拯救自己的灵魂。人生的目的就是使灵魂得救，要想得救，人就必须过一种圣洁的生活。而要想过圣洁的生活的话，人就必须放弃生命中所有的快乐，必须劳苦，降卑自己，经受苦难，并且仁慈宽容。"（1940，p.67）正如大多数人都知道的那样，托尔斯泰为把信仰复制到自己的生命里做出了极大的努力。他以农夫的方式生活，一直到生命的结束。

地位提升和逆转的一些问题

200   我们已经对很多问题进行了讨论，一方面是为了强调"地位提升仪式的阈限"与"在结构中处于较高地位的先知、圣徒和教师的宗教教导"之间的相似关系；另一方面是为了强调"涉及地位逆转的年度性仪式或自然危机仪式的阈限"与"由那些在结构中处于低下地位者所控制的宗教信仰和运动实践"之间的相似关系。用直白的话来说，就是"强者的阈限即软弱，弱者的阈限即刚强"。或者换句话说，富人和贵族的阈限是经历贫穷和扮成乞丐，而穷人的阈限是炫耀铺张和虚拟等级。这其中很显然有一些问题。比如，为什么处在从一个"由所在文化定义"的社会-经济位置和地位到另一个社会-经济位置和地位之间的时候，男人、女人和孩子在某些情况下会趋同于标准的行为模式，而在其他情况下，会选择做出（或在感觉上倾向于）与标准的行为模式相反或不同的举动？他们在经历所有这些"赎罪的行为"和"地位的逆转"的时候，是仅仅出于百无聊赖，将其看作对日常例行事务的一种丰富多彩的改变，还是因为现在重新得以释放原本受压抑的性冲动或侵犯性的冲动，从而做出反应，还是为了满足某种认知二元对立体系的需要，抑或是有什么其他理论体系才能解释的原因？

就像所有的仪式一样，那些要求谦卑的仪式和具有等级性的仪式也是十分复杂的，而且在很多层面上都有共通之处。但是，要想理解它们的话，其中一个重要的线索也许就是前面的章节中涉及的一个内容：彼此联结的社会关系有两种模式，即交融和结构，而这二者之间是有区别的。有些人——不管是通过出身还是自身的成就——在结构中占有主控性的位置，而且他们感到职务的压力很大。这些人可能会感觉到，强调"除去或解散结构性的束缚和责任"的仪式和宗教信仰可以带来"解脱"（release）。很多历史上的宗教使用的就是这个词。当然，这样的解脱是以考验、苦行以及其他的难行之事作为补偿的。但是，尽管如此，对于发出命令、接受命令，以及永远在身份和地位的面具之后生活等精神上的负担来说，这些身体上的负担还是更容易接受。另一方面，当这种阈限出现在仪式之中时，它可能会使初次受礼者降卑。这恰恰是因为在仪式即将结束的时候，他在结构中的地位会升高。由此可见，考验和苦行能够对相反的功用做出推动。一方面，它们对新手进行了惩罚，因为他们身处阈限的自由中得意忘形；另一方面，这又是对他们的磨砺，让他们能够胜任更高的职位。职位越高，权力越大，要求也相应地越发严格。现在，这样模棱两可的说法已经不应该让我们感到惊讶了，因为这是所有"本质上阈限性"的过程和制度的性质。与此相对的是，出身于结构中较高地位的人在寻求解脱，而在结构中处于低下地位的人，却在他们的阈限中寻求进一步参与到某

201

种结构中去。尽管这种结构是幻想性的，是虚拟的，但是它能够让他们在一段合法的时间里以另外一种命运的方式，来经历一种不同的解脱。现在他们可以做主了，可以"昂首阔步、横眉怒目，诸如此类，不可胜数"① 了。而且他们攻击和虐待的目标，常常就是平常情况下他们必须要尊敬和服从的人。

　　这两种类型的仪式都是对结构的加强。在第一类仪式中，社会职位的体系没有受到挑战。对于结构来说，社会位置间的缺口和缝隙是必要的。如果没有间隔的话，结构也就不复存在了。而且，在阈限中再次被肯定的正是这些缺口。整个平衡结构既取决于其负面的标志，又取决于其正面的标志。这样看来，谦卑能够对职位中正当的骄傲重新做出强调，贫穷能够对财富做出肯定，而苦行能够维持男性气概和身体健康。现在我们可以看到，另一方面，地位的逆转并不意味着一种"反常状态"，而仅仅是一个新的视野，从这个视野可以对结构做出观察。它"颠三倒四"的性质甚至能够给这个仪式观点提供幽默的温暖。如果我们能够将生命危机仪式的阈限（也许是过于大胆地）与悲剧比较的话——因为这二者都暗示着谦卑、剥去其所有以及痛苦——那么地位逆转的阈限就可以与喜剧相比较，因为这二者都涉及对"结构规则"和"对规则过度执着的人"的嘲弄和倒置，但并没有将其彻底毁灭。我再一次阐明，针对这些仪式类型的精神病理学，在第一种情况下，我们可以将其看作新手受虐式的心理体系；在第二种情况下，我们可以将其看作含有施虐的成分。

202　　至于交融之中的关系，那些每日行使权力或是代表主要的结构

---

　　① 出自苏格兰诗人罗伯特·彭斯的诗歌 "A Man's a Man for A' That"。——译者注

群体的人，很少有机会把同胞作为具体和平等的人来看待。也许在生命危机的阈限和地位变化的阈限之中，他们能够找到一个机会，摆脱所有外在标志和内在情感的身份差异，融入大众，甚至至少在象征意义上被看作大众的仆人。至于那些在正常情况下处于长幼尊卑次序的底端，与同属低位者共享同志关系和平等关系的人，地位逆转可以为他们提供一个机会。凭借这个机会，他们能够从不得不进行的交融（这种交融并非真实的交融）中脱离出去，进入虚拟结构之中。在虚拟结构里，所有过分的行为都是可能发生的。但是，有意思的是，这些戏谑的"交融承担者"却能通过玩笑和嘲弄，将交融渗透到整个社会之中去。这是因为，此时存在的不仅是地位的逆转，还有地位的平等化。造成这一情况的原因，是处于那些拥有过度权威的地位的人被一个缺少权力的人所欺侮，剩下的就是一种社会平均化现象，或者是像变速箱里的中性位置一样。从这个位置出发，可以开始新一轮的运动，以不同的速度向不同的方向前进。

　　我们所考察的这两种类型的仪式，似乎与多元的社会关系所组成的"周期性循环"有着十分密切的系统关系。在这个层面上，制度化而且改变得极为缓慢的结构与一种特殊的交融模式之间似乎有一种紧密的联结。这种特殊的交融有这样一个趋向，即在上述结构中得以本土化。毋庸置疑的是，在规模庞大、复杂多样的社会里，劳动的专业化和分工的细致化已经达到了很高的水平，而且，随着众多单一利益的、协会式联结的出现，以及紧密合作关系的普遍削弱，情况很可能会变得大为不同。在努力寻求交融的时候，个人会参与到普世性意识形态的运动中去，而这些运动的口号完全可以是

203 托马斯·潘恩（Thomas Paine）的"世界就是我居住的村庄"。或者，他们也可以加入小规模的"退出社会型"群体，就像旧金山和纽约的嬉皮士和掘土者社区一样。在那里，"我居住的村庄（格林尼治村或是其他的村庄）就是我的世界"。不过到目前为止，这些群体都没能解决这样一个问题：部落式的交融是部落式结构的补充物和正面形象，但其与18世纪和19世纪的"新大陆"乌托邦主义者不同的是还没有发展出一种"在一段较长的时间之内足以保持社会秩序和经济秩序"的结构。但是，现代工业社会里社会关系的灵活性与流动性可以为"存在性交融"的出现提供更好的条件，哪怕这种交融仅仅在不可计数、稍纵即逝的情况下出现。这是以往的社会秩序模式都无法比拟的。也许，当沃尔特·惠特曼写出下面的诗行的时候，他想表达的就是这个意思吧：

> 我为自己歌唱，虽然我只是一个简单的、独立的人，
> 却能述说"民主"这个词，还有"大众"这个词。

最后的评论：与其说社会是一种事物，不如说社会是一种过程——一种辩证的过程，其中包含着结构和交融先后承继的各个阶段。在人类的生活中，似乎存在着一种"需要"（need）——如果我们能够使用这个有争议的词语的话——来使人们参与结构和交融。那些急迫地想使这一"需要"在日常活动之中得到满足的人，会在仪式的阈限中去寻求。那些在结构中处于低下地位的人，在仪式中寻求象征性的"在结构中处于较高地位"；而那些在结构中处于较高地位的人，则寻求象征性的交融，即使在达到目标的路上经历苦难，也在所不惜。

参考文献

APTHORPE, RAYMOND.   *204*

   1961. Introduction to C. M. N. White, *Elements in Luvale beliefs and ritu-*
als. Manchester: Manchester University Press. Rhodes-Livingstone Paper No. 32.

ATTWATER, DONALD (ED.).

   1961. *A Catholic Dictionary*. New York: Macmillan.

BAUMANN, H. , and D. WESTERMANN.

   1948. *Les peuples et les civilizations de l'Afrique*. Paris: Payot.

BOEHMER, HANS.

   1904. *Analecten zur Geschichte des Franciscus von Assisi*. Leipzig: Tübingen.

BOSMAN, WILLEM.

   1705. *Coast of Guiana*. London.

BUBER, MARTIN.

   1958. *I and Thou*. (Trans. by R. G. Smith) . Edinburgh: Clark.

   1961. *Between man and man*. (Trans. by R. G. Smith) . London and Glasgow: Fontana Library.

1966. *Paths in Utopia*. (Trans. by R. F. C. Hull.) Boston: Beacon Press.

COHN, NORMAN.

1961. *The pursuit of the millennium*. New York: Harper Torch Books.

205 DE, SUSHIL JUMAR.

1961. *The early history of the Vaisnava faith and movement in Bengal*.

Calcutta: General Printers and Publishers.

DEARDORFF, MERLE H.

1951. Handsome Lake. In William N. Fenton (Ed.), *SymPosium of local diversity in Iroquois*. Washington, D. C. : U. S. Government Printing Office.

DIMOCK, EDWARD C. , JR.

1966a. *The place Of the hidden moon*. Chicago: University of Chicago Press.

1966b. Doctrine and practice among the Vaisnavas of Bengal. In Milton Singer (Ed.), *Krishna: myths, rites, and attitudes*. Honolulu: East-West Center Press.

DOUGLAS, MARY.

1966. *Purity and danger*. London: Routledge and Kegan Paul.

DU CHAILLU, PAUL B.

1868. *Explorations and adventures in Equatorial Africa*. New York: Harper.

ELWIN, VERRIER.

1955. *The religion of an Indian tribe*. London: Oxford University Press.

EVANS-PRITCHARD, EDWARD E.

1956. *Nuer religion*. Oxford: Clarendon Press.

1965a. *The position of women in Primitive society*. London: Faber and Faber.

1965b. *Theories of primitive religion*. Oxford: Clarendon Press.

FENTON, WILLIAM N.

1941. *Tonawanda longhouse ceremonies: ninety years after Lewis Henry Morgan*. Bureau of American Ethnology, Bulletin 128, Anthropology Paper No. 15.

FIRTH, RAYMOND.

1951. *Elements of social organization*. London: Watts.

FORTES, MEYER.

1949. *The web of kinship among the Tallensi*. London: OxfOrd University Press.

1950. Kinship and marriage among the Ashanti. In A. R. Radcliffe-Brown and C. D. Forde (Eds.), *African systems of kinship and* marriage. London: Oxford University Press.

1962. Ritual and office. In Max Gluckman (Ed.), *Essays on the ritual of social relations*. Manchester: Manchester University Press.

GANDHI. MOHANDAS K.

1948. *Gandhi's autobiography: the story of my experiments with truth*. (Trans. by Mahadev Desai.) Washington, D. C. : Public Affairs Office.

GENNEP, ARNOLD VAN.

1909. *The rites of passage*. (Trans. by Monika B. Vizedom and Gabrielle L. Caffee.) London: Routledge and Kegan Paul.

GLUCKMAN, MAX.

206

281

1954. *Rituals of rebellion in South-East Africa*. Manchester: Manchester University Press.

1955. *Custom and conflict in Africa*. Oxford: Blackwell.

1965. *Politics, law and ritual in tribal society*. Chicago: Aldine Publishing Company.

GOFFMAN, ERVING.

1962. *Asylums*. Chicago: Aldine Publishing Company.

GOULD, J. , and W. L. KOLB (Eds.).

1964. *A Dictionary of the social sciences*. London: Tavistock.

HILLERY, G. A.

1955. Definitions of community: areas of agreement. *Rural Sociology*, vol. 20.

JUNOD, HENRI A.

1962. *The life of a South African tribe*. New Hyde Park, N. Y. : University Books. 2 vols.

KEISER, R. LINCOLN.

1966. Autobiography of the Vice Lord, "Teddy. " Unpublished manuscript, Department of Anthropology, University of Rochester.

KRIGE, EILEEN.

1968. Nomkubulwana ceremonies of the Zulu. *Africa*, vol. 38, No. 2.

LAMBERT, MALCOLM D.

1961. *Franciscan poverty*. London: Allenson.

LAWRENCE, PETER.

1964. *Road belong Cargo*. Manchester: Manchester University Press.

LEVI-STRAUSS, CLAUDE.

1964. *Le cru et le cuit*. Paris: Plon.

1967. *The savage mind*. Chicago: University of Chicago Press.

LEWIS, IOWAN M.

1963. Dualism in Somali notions of power. *Journal of the Royal Anthropological Institute*, vol. 93, Part

LITTLE, KENNETH.

1965. The political function of the Poro. *Africa*, vol. 25, No. 4.

MACCULLOCH, JOHN A.

1948. *The Celtic and Scandinavian religions*. London: Hutchinson's University Library.

MAIR, LUCY.

1960. The social sciences in Africa south of the Sahara: the British contribution. *Human Organization*, vol. 19, No. 3.

MARRIOTT, MCKIM.   *207*

1966. The feast of love. In Milton Singer (Ed.), *Krishna: myths, rites and attitudes*. Honolulu: East-West Center Press.

MORGAN, LEWIS HENRY.

1877. *Ancient society*. Chicago: Charles H. Kerr.

RATTRAY, R. S.

1923. *Ashanti*. Oxford: Clarendon Press.

1927. *Religion and art in Ashanti*. Oxford: Charendon Press.

RESEK, CARL.

1960. *Lewis Henry Morgan, American scholar*. Chicago: University of Chicago Press.

RICHARDS, AUDREY I.

1956. *Chisungu*. London: Faber and Faber.

RIGBY, PETER

1968. Some Gogo rituals of purification: an essay on social and moralcategories. In E. R. Leach (Ed.), *Dialectic in practical religion*. Cam bridge: Cambridge University Press.

ROSCOE, JOHN.

1924. *The Bagesu and other tribes of the Uganda protectorate*. Cambridge: Cambridge University Press.

SABATIER, PAUL.

1905. *The life of St. Francis*. (Trans. by L. S. Houghton.) New York: Scribner's.

SCHLEGEL, GUSTAAF.

1866. *The Hung league*. Batavia: Lange.

SINGER, MILTON (Ed.).

1966. *Krishna: myths, rites and attitudes*. Honolulu: East-West Center Press.

SPEIRS, ALLAN C., JR.

1966. Village in the desert: the Aaronite community of Eskdale. Unpublished B. A. thesis, University of Utah.

SUNDKLER, BENGT.

1961. *Bantu prophets in South Africa*. London: Oxford University Press.

THOMPSON, HUNTER S.

1966. *Hell's angels*. New York: Ballantine.

TOLSTOY, LEO.

1940. *A confession: the Gospel in brief, and what I believe*. (Trans. by Aylmer Maude.) London: Oxford University Press.

参考文献

TURNER, TERENCE.

n. d. *The fire of the jaguar*. Chicago: University of Chicago Press. In press.

TURNER, VICTOR W. *208*

1957. *Schism and continuity in an African society*. Manchester: Manchester University Press, for the Rhodes-Livingstone Institute.

1961. *Ndembu divination: its symbolism and techniques*. Manchester: Manchester University Press. Rhodes-Livingstone Paper No. 31.

1962. *Chihamba, the white spirit*. Manchester: Manchester University Press, Rhodes-Livingstone Paper No. 33.

1967. *The forest of symbols*. Ithaca, N. Y. : Cornell University Press.

1968. *The drums of affliction*. Oxford: Clarendon Press.

WARNER, LLOYD.

1959. *The living and the dead*. New Haven, Conn. : Yale University Press.

WEINSTOCK, STEVEN.

1968. The vagabond and his image in American society. Unpublished paper delivered at the Society for the Humanities Seminar, Cornell University.

WILSON, GODFREY, and MONICA WILSON.

1939. *The study of African society*. Manchester: Manchester University Press. Rhodes-Livingstone Paper No. 2.

WILSON, MONICA.

1954. Nyakyusa ritual and symbolism. *American Anthropologist*, vol. 56, No. 2.

1957. *Rituals of kinship among the Nyakyusa*. London: Oxford University Press.

索 引 （所注页码为英文原书页码，即本书边码）

附录：特纳的主要作品

Turner, V. (1957). *Schism and continuity in an African society: A study of Ndembu village life.* Manchester, England: Manchester University Press.

Turner, V. (1967). *The forest of symbols: Aspects of Ndembu ritual.* Ithaca, NY: Cornell University Press.

Turner, V. (1968). *The drums of affliction: a study of religious processes among the Ndembu of Zambia.* Oxford: Clarendon Press.

Turner, V. (1969). *The ritual process: structure and anti-structure.* Chicago: Aldine Publishing Co.

Turner, V. (1974). *Dramas, fields and metaphors: Symbolic action in human society.* Ithaca, NY: Cornell University Press.

Turner, V. (1975). *Revelation and divination in Ndembu ritual.* Ithaca, NY: Cornell University Press.

Turner, V. (1977). "Variations of the theme of liminality," In *Secular ritual.* Ed. S. Moore & B. Myerhoff. Assen: Van Gorcum, 36 – 52.

Turner, V. (1978). *Image and pilgrimage in Christian culture : Anthropological perspectives*. New York: Columbia University Press.

Turner, V. (1982). *From ritual to theater : The human seriousness of play*. New York: PAJ Publications.

Turner, V. (1985). *On the edge of the bush : Anthropology as experience*. Tucson, AZ: University of Arizona Press.

译 后 记

　　回想起 2003 年末第一次拿起《仪式过程：结构与反结构》这本书，一边拜读一边在心中视译，一边还在感叹作者维克多·特纳理论严谨，描述生动，行文流畅，修辞精准，典故甚多，还有一丝丝幽默感，真有老一代学者的风范。受托翻译这本人类学领域具有开创性意义的作品，我自然觉得非常荣幸，也很珍惜这次借翻译来进行学习和锻炼的机会。我决定不仅要将作者的学术信息完整传达出来，也要在译文中保留一点作者的文风，让读者阅读中译本的时候，有与阅读英文原著相似的体验。

　　虽然我的设想非常美好，但随后的翻译实践无疑是一场攻坚战。当年作为一名英语专业本科生，比较熟悉的是英美文学经典作品，对人类学的了解是相对比较欠缺的，对特纳描述的非洲赞比亚恩登布人、孟加拉毗湿奴教信徒等更是闻所未闻。很遗憾，作者已经作古，无法致信求教。于是，我一遍一遍地精读文本，逐字逐句确定具体含义是什么，并查阅其他人类学书籍，还在网上寻找为数不多的资料，来把握特纳著作中的关键词和其他专有名词，来尽力做好这本书的笔译工作。

　　在这个过程中，我了解到"阈限"指的是仪式的过渡阶段，参与者处于他们以前的身份和新身份之间。特纳将其视为具有不同阶段和结构的过程，而这种过渡阶段为个人成长、自我认识和自我转变提供了机会。个人体验到真切的心理、情绪和精神感受，从而促进自己的成长和发展，并接受新的社会角色或地位。而"交融"则意味着一种平等的共同体，可以被视为对现存的社会结构的逆反。这种共同体暂时搁置了社会规范和阶层界限，参与其中的成员表现出团结一致和相互支持，并经历深刻的精神或情感体验，获得归属感和更新感。这种"交融"通常是一种短暂的现象，在特定的仪式过程的背景下出现，所建立的平等的共同体无法持久存在。正如特纳在书的标题中所指出的，仪式过程体现在社会的结构和反结构之中，他在书中也阐释了，仪式及其"阈限"可以带来暂时的社会地位提升和逆转，对社会的长期稳定发展有一定的促进作用。而这种仪式过程在任何时代、任何宗教语境、任何国家和文化中都可能存在。无论是一般人眼中较为"原始"的非洲土著，中世纪的天主教方济各修道士，15 世纪孟加拉"献身信仰"的毗湿奴教信徒，还是特纳本人所耳闻目睹的 20 世纪 60 年代美国嗑药、结帮的嬉皮士运动，仪式过程遍及人类生活的方方面面。特纳以其人类学家独到的慧眼，发掘并解读了其结构性共同点的现象和本质，有助于我们了解仪式过程在人类社会中的重要意义、在各种古代和现代已建构的宗教和民间信仰实践中的作用，以及仪式有什么样能够促进社会变革、增强共同体凝聚力的潜力。此贡献不可谓不大！

第一版《仪式过程》的翻译工作，我于 2003 年末开始动笔，2004 年最终完成。2006 年，这本书由中国人民大学出版社出版。

此后，我取得了北京外国语大学英美文学硕士、北京大学英美文学与文学理论博士的学位，其间还获得了国家留学基金管理委员会的公派机会，在美国耶鲁大学接受博士生联合培养。博士毕业之后，我到北京语言大学高级翻译学院任教，成为了一名口译教师。20年间，无数次听到学界对这本《仪式过程》的高度评价，也无数次看到它被人类学的学者们引用、介绍、推荐，被视为权威书籍和业内佳译。作为译者，必然与有荣焉，但与此同时也感到一丝丝不安。如今，我已经担任了多年翻译专业本科生和硕士生导师，深深地知道本科生的译笔还是有些稚嫩，未必经得起时间的考验，何况翻译的是自己专攻的英美文学、中西交通史等领域之外的书籍。

在内心深处，我对《仪式过程》还是很有感情的，毕竟这是我第一部独立翻译并出版的译著，敝帚自珍。因此，我一直怀有一个愿望，若有机会出修订版，可以亲自再仔细校对一遍，把当年做得有些粗糙的活儿打磨精细一些。所幸，2022年，中国人民大学出版社再次购得版权，并联系我商量中译本再版的事宜。虽然当时还在疫情中，出行和见面多有不便，中国人民大学出版社的策划编辑盛杰老师还是专程来到北京语言大学，和我沟通再版的程序和要求。2023年，盛杰老师将当年第一版《仪式过程》的原稿清样和责编修改过后的新稿清样邮寄给我，我便开始了这迟来的修订。

捧着厚重的译稿，不禁感叹这20年光阴转瞬即逝。当年在大方头的电脑显示器屏幕上一个字一个字敲进去译文，仿佛还是昨天的事情，自己仿佛还是那个清亮如水的大学生。但光阴就这样悄悄地溜走了，现在我要像指导本科生翻译实践一样，给译文"挑虫"，对之前有些欠缺的表述做出校订，这样才对得起这部经典著作，也才对得起 20 年前的自己。

校对译文花去了整整一个寒假的时间，几乎每一页都有需要修改的字词。有些是当年不甚了解也无从查考的专有术语，比如恩登布人在仪式中使用的一些非洲本土植物名称，比如孟加拉的"俱生派"，以及各种印度教神祇名字和地名。第一版中不得已保留了英语原文，而现在网络资源丰富多了，可以很便捷地在各种文献数据库和专门的科学、宗教学网站中找到合适的中译名称。还有一些是法语、德语、拉丁语等小语种的表达。对于当年的我而言，处理这些词语确实有些力不从心。有时知其字面含义，却无法用晓畅的中文将其转译出来。但现在我已经在掌握多种语言方面有所进步，因此翻译这些词汇更加熟练了。还有个别地方是当时的疏漏，没有正确理解原文的意思，或者在打字的时候不慎点错，这次在校对的过程中也一并修正了。

虽然校对译稿花去了很多时间和精力，也给策划编辑盛杰老师、责任编辑陈希老师等中国人民大学出版社的同仁带来了不少额外的工作量，但我必须要确保这部再版的中译本质量更加可靠，能够代表一位北京语言大学高级翻译学院教师的水平，也给曾经阅读过第一版《仪式过程》并在学术道路上受到点滴启发和影响的读者一个交代。非常感谢策划编辑盛杰老师整理书稿，费心推进，把再版的层层手续打通关，非常感谢责任编辑陈希老师对译稿逐字逐句审读，同时尤其要感谢的是广大读者在过去的 20 年中对拙译的厚爱，也热烈欢迎大家阅读这部新译本。若是在阅读的过程中发现仍然有未达之意，请不吝赐教。我的邮箱是 lbyblcu@126.com。

柳博赟

写于北京语言大学

2024.04.03

图书在版编目（CIP）数据

仪式过程：结构与反结构／（英）维克多·特纳
（Victor Turner）著；柳博赟译. -- 北京：中国人民
大学出版社，2024.6
　　ISBN 978-7-300-32838-6

　　Ⅰ.①仪… Ⅱ.①维… ②柳… Ⅲ.①非洲原始宗教
-宗教仪式-研究 Ⅳ.①B933

中国国家版本馆 CIP 数据核字（2024）第 096958 号

仪式过程

结构与反结构

维克多·特纳（Victor Turner） 著

柳博赟 译 黄剑波 审校

Yishi Guocheng

出版发行	中国人民大学出版社	
社　　址	北京中关村大街 31 号	**邮政编码** 100080
电　　话	010 - 62511242（总编室）	010 - 62511770（质管部）
	010 - 82501766（邮购部）	010 - 62514148（门市部）
	010 - 62515195（发行公司）	010 - 62515275（盗版举报）
网　　址	http://www.crup.com.cn	
经　　销	新华书店	
印　　刷	北京联兴盛业印刷股份有限公司	
开　　本	890 mm×1240 mm 1/32	**版　　次** 2024 年 6 月第 1 版
印　　张	10.375 插页 4	**印　　次** 2024 年 6 月第 1 次印刷
字　　数	211 000	**定　　价** 79.80 元